林权改革对农户生产效率及其家庭生计的影响研究

魏　建　刘　璨　张大红　刘　浩　著

中国财经出版传媒集团
中国财政经济出版社
·北京·

图书在版编目（CIP）数据

林权改革对农户生产效率及其家庭生计的影响研究／魏建等著．-- 北京：中国财政经济出版社，2024.8.
ISBN 978－7－5223－3238－3

Ⅰ．F32

中国国家版本馆 CIP 数据核字第 2024ZV4091 号

责任编辑：潘　飞　　　　　　　　责任印制：张　健
责任校对：张　凡

林权改革对农户生产效率及其家庭生计的影响研究
LINQUAN GAIGE DUI NONGHU SHENGCHAN XIAOLÜ
JIQI JIATING SHENGJI DE YINGXIANG YANJIU

中国财政经济出版社 出版

URL：http：//www.cfeph.cn

E－mail：cfeph@ cfeph.cn

社址：北京市海淀区阜成路甲 28 号　邮政编码：100142

营销中心电话：010－88191522

天猫网店：中国财政经济出版社旗舰店

网址：https：//zgczjjcbs.tmall.com

中煤（北京）印务有限公司印刷　各地新华书店经销

成品尺寸：170mm×240mm　16 开　21.25 印张　325 000 字

2024 年 8 月第 1 版　2024 年 8 月北京第 1 次印刷

定价：85.00 元

ISBN 978－7－5223－3238－3

（图书出现印装问题，本社负责调换，电话：010－88190548）

本社图书质量投诉电话：010－88190744

打击盗版举报热线：010－88191661　QQ：2242791300

前　言

我国集体林地面积占全国林地面积的比重维持在60%左右，在生态文明建设和改善农户家庭生计中，集体林占据重要地位。改革开放40多年以来，我国政府不断探索有效的集体林产权制度安排。2003年，福建省成为全国第一个试点推行新一轮集体林权制度改革的省份。2004年，辽宁、浙江、江西等省份相继成为改革的试点地区。2008年，改革在全国范围内推行。2009年，在以集体林地确权为主的主体改革基础上，陆续出台涉及森林保险、林业补贴、采伐制度改革、林业专业合作社以及减免林业税费等相关配套改革措施。2013年，我国基本完成了新一轮集体林地确权工作。2016年，国务院印发《关于完善集体林权制度的意见》，明确要求继续做好集体林地承包确权登记颁证工作，不断健全归属清晰、权能完整、保护严格的集体林权制度，进而实现集体林区森林资源持续增长、农户林业收入显著增加、国家生态安全得到保障的目标。那么，林权改革经历十余年的发展历程。是否激发农村生产要素配置活力？是否真正激励农户林业生产和非农就业积极性？是否显著提升农户家庭生计水平？是"量"的提升还是"质"的转变？其影响机理是什么？尤其是在考虑生计策略异质性的前提下，林权改革能否促进农户家庭实现生计转型？是亟须回答的现实问题。本书利用国家林业和草原局发展研究中心"中国集体林权制度改革相关政策问题研究"研究团队的多层次大样本农户调查数据库，涉及9省（区）、18县（市、区）、1128户农村家庭、2003年和2007—2017年的长期大样本农户面板数据。利用双重差分模型、中介效应模型和调节效应模型，估计林权改革对农户林业生产投资和非农就业的影响，在此基础上，进一步分析林权改革对农户生产效率、收入以及消费的影响。

本书的经验性结果表明：①林权改革促进农户林业生产投资的增加，尤其对生计策略非农化程度越低的纯农户表现出更强的正向效应，并且林权改革通过促进林地经营规模扩大和提升信贷可得性间接提升了农户林业生产投资水平；林权改革对农户林业生产投资的影响具有明显的种植决策偏好，林权改革显著促进农户对竹林、经济林、速生丰产林的生产投资，而对其他林种的影响则不显著，这当然与竹林、经济林、速生丰产林的短经济回报期和高经济回报率显著相关；林权改革对农户林业生产投资的政策效果的持续时间不长，仅在中短期内表现出较好的可持续性。②林权改革显著增加了农户非农劳动供给，尤其是生计策略非农化程度越高的非农户表现出更强的正向效应，并且林权改革通过缩小林地经营规模和提升信贷可得性间接激励农户非农就业，但从非农就业类型来看，这种间接激励作用只显著存在于农户非农创业中，而对其非农务工并不成立，这显然与非农务工和非农创业对劳动力和资金的需求属性密切相关；林权改革对农户非农就业的影响具有较好的持续性，但是持续时间并不长。③林权改革显著提升了农户生产效率和收入水平，并且通过增加林业生产投资、强化非农劳动供给、提高林地流转发生率和提升信贷可得性能够实现农户生产效率和收入水平的双增，说明林权改革对农户生产行为决策的影响不仅具有“量”的增效，还实现了“质”的提升，不存在过密化的生产要素堆积现象，进而实现有质量的增收效果；随着生计策略非农化程度的提高，林权改革对农户林业生产效率和林业收入的正向效应呈现减弱态势，而对其非农生产效率和非农收入的正向效应则呈现增强态势，基本上与农户在不同生计策略环境中的生产行为决策偏好呈现同质化分布格局；虽然林权改革的政策效应在非农创业和非农务工中实现了“质”和“量”的双增，但在林业生产结构中仅在竹林、经济林、速生丰产林等短生长周期的林种中实现“质”和“量”的双增，而对其他林种的影响则不显著。④林权改革促进农户家庭消费的增长，且林权改革引起林业收入和非农收入的增长是提升农户家庭消费水平的主因。其中，由林业收入长期可持续增长引起食品消费的可持续增长是农户家庭总消费增长具备良好可持续性的关键所在，而非农收入短期持续增长造成其他消费增长的可持续性相对较弱，这便是其对农户家庭总消费可持续增长的促进作用相对有限的原因所在。随着生计策略非农化程度的提高，受约束的林业增收效应将进一步限制林权改革对农户家庭消费的提升能力，而增强的非农增收效应将进一步扩大林权改革对农户家庭消费的约束边界。虽然林权改革促进农户家庭消费支出增长，但对其家庭消费结构升级的作用效果颇为有限。从农户家庭消费结构来看，林权改革的林业增收效应对农户家庭消费的影响主要体现在保障生活的自给性消费和基本性需求消费，而林权改革的非农增收效应对农户家庭消费的影响主要体现在提升生活质量的购买性消费和非基本性需求消费。⑤在经济发展水平、森林资源禀赋、代际程度、人力资本禀赋差异下林权改革对农户生产行为决策、生产效率以及家庭生计的影响呈现出明显的情景依赖性。

本书可能的边际学术贡献在于：①厘清林权改革通过改变生产行为进而影响农户生产效率及其家庭生计的复杂作用机理和传导路径，更加重视测度中介效应和调节效应来界定林权改革对农户生产效率及其家庭生计所产生的直接和间接影响，从而有利于更好地理解林权改革的影响以及分析其成因。②充分考虑社会经济条件和市场环境等重大变革与农户各项经济行为决策之间的关联性，明晰林权改革政策效果在不同生计策略中发挥的边际条件，进而有效保证农户不同行为决策与现实情况的吻合程度。③深化林权改革助推农户家庭实现可持续生计的理论路径，将已有“林权改革—农户生产行为—农户家庭收入”的理论分析框架进一步拓展延伸至农户家庭消费，且在消费结构方面探讨了林权改革对农户家庭不同层次和不同来源消费所造成的影响，这便关系到林权改革对农户形成何种收入预期以及收入预期的变动如何作用于农户家庭消费。④采用自然实验的方法开展实证研究，更加重视解决林地产权与林业生产投资、劳动力分配以及经济发展之间可能存在的内生性问题，提升实证检验结果的准确性和可靠性。

鉴于本书所得结论，林权改革对农户林业生产投资、非农就业、生产效率、家庭生计的影响需要得到我国政府部门的高度重视，需要继续深化林权改革和相关配套政策的调整，通过还权到赋能以提高农户生产效率及其家庭生计，切实发挥林地、资本、劳动力等生产要素的市场活力，并加大对低非农化生计策略农户群体的技术服务、政策引导和资金支持，引导其生产方式的转型、升级，进一步根据经济发展水平、森林资源禀赋、人力资本禀赋、代际差异和生产结构差异下农户对林权改革的响应程度，有针对性地提出相关优化措施，推动实现生态保护、效率提升和生计改善的共赢。

目 录

第1章

导　论

1.1 研究背景与意义

森林资源作为保障国家生态系统安全的主要载体，兼备包括保护生物多样性、涵养水源、净化空气、调节气候等在内的生态功能和包括解决农村劳动力就业、改善农户生计等在内的经济功能。我国森林资源按照产权类型可以分为国有林和集体林，根据第九次森林资源清查结果，我国集体林地面积为19287.1万公顷，占全国林地面积的59.59%，国有林地面积为13081.45万公顷，占全国林地面积的40.41%。由此我们可以看出，集体林地在我国林地面积中占据主体地位，对新时期林业可持续发展具有重要作用。从第三次全国森林资源清查期到第八次全国森林资源清查期，集体林地面积、集体有林地面积、集体活立木蓄积、集体林分面积和集体林分蓄积分别增长了20.10%、84.45%、109.22%、92.35%和146.45%，我国集体森林资源已经取得了长足进步和发展。然而，长期以来，我国集体林存在森林质量差、林地生产力水平低、林业生产效益不高、农户林业投入明显不足、林业收入占农户家庭总收入比重低等问题，严重制约了森林资源增长和林区农户生计水平的可持续发展。根据第八次森林资源清查统计结果，集体林活立木蓄积和林地生产力水平分别相当于国有林活力木蓄积和林地生产力水平的64.41%和45.87%，尤其在以集体林为主导的南方集体林区，集体林地生产力水平实际上也就相当于国有林生产力水平的40%左右（国家林业局，2014），进而表现出占全国林地面积60%左右的集体林地的活立木蓄积量却不足全国林地活立木总蓄积量的40%。学术界普遍认为集体林困境的主要障碍在于集体林地林木权属不清、责任不明（张蕾和文彩云，2008；郑风田等，2009；陈永富等，2011），导致农户缺乏经营集体林地的积极性，对集体林地林木的劳动力和资本投入长期低迷，进而不利于集体林的可持续经营和林区经济的长远发展。为了改善集体林区农户生计与森林资源状况，以集体林为核心的林地产权制度改革成为我国政府寻求解决集体林问题的关键突破点。

自改革开放以来，我国政府在这40余年的发展历程中持续不断地探索积极有效且符合国情的集体林产权制度安排。自20世纪70年代末期以来，我国森林资源经营模式从政府和集体组织统一集中控制森林资源逐步转向以家庭经营为主，森林资源管理呈现出分权和经营管理权力下放的总体态势，但中间不断出现分权与集权、分散与集中的多次波折。20世纪70年代末期，我国政府在国家层面上重新调整并定位社会经济发展道路，由此进入改革开放的伟大时期。20世纪80年代初期，我国政府在农村地区率先开展土地改革，实施耕地家庭联产承包责任制，农村土地的经营模式开始由集体经营向个体或家庭经营转变。由此，鉴于耕地家庭联产承包责任制取得的巨大成功，为我国集体林进行类似管理探索提供了可借鉴参照系。考虑到当时我国出现严重的森林资源乱砍滥伐和森林资源退化状况，中央和地方对于如何改变这一林业困境给予高度重视。集体林区"以林为生"的农民强烈要求获得集体林地使用权，但是否借鉴农地产权制度改革成为集体林主要经营模式在当时存在较大争议。反对者认为林业生产长周期不适合以私有制进行经营，而应采取公有制进行经营；赞成者则认为以家庭经营为集体林主要经营模式可以有机地把责权利有效结合起来，降低林地权属的不确定性，充分调动农户林业生产积极性。1981年，中共中央、国务院出台《关于保护森林发展林业若干问题的决定》，实施以"三定"（划定自留山和责任山、稳定林地权属、确定林业生产责任制）为主要内容的集体林产权制度改革，由此引入家庭经营成为中央和地方解决林业所面临这一困局的重要抓手。林业"三定"改革给予家庭经营充分的开放度和自由度，有效解决了国家、集体和家庭之间的利益关系，标志着集体林产权制度改革探索的开始。然而，由于农户对林地家庭承包责任制并未建立完全的信心和安全感、林地分配和管理仍然存在诸多制度障碍等原因，林业"三定"并未实现激励农户生产积极性的政策预期。相反，在1985年以后，为了在短期内将森林资源变现，集体林区出现大面积森林采伐现象，导致森林面积和蓄积量急剧下降。1987年，中共中央、国务院出台《关于加强南方集体林区森林资源管理，坚决制止乱砍滥伐的指示》，明确叫停分林到户的工作，甚至部分地区还将已分配下去的林地重新收回，停止以家庭为主的集体林经营，重新由集体控制并统一经营。因此，林业"三定"改革对集体林经营探索并未取得显著突破，由此进入两次集体林权制度改革（林业“三定”改革和新一轮集体林权制度改革）的过渡期。在这一时期，地方政府对集体林经营形式进行了大量探索，出现了股份合作制、国户联营、集体林地租赁经营和四荒拍卖等多种模式，但依然难以扭转集体林经营粗放、林地生产力不足、森林资源增长缓慢的困局。进入21世纪，我国经济和社会发展思路开启了由“以农补工”向“以工助农”以及城乡之间协调共同发展的重大转变。由此，林业发展的核心理念开始从森林资源的永续经营利用向兼备生态效益和经济效益的可持续经营转变。同时，巩固脱贫成果、推进乡村振兴和实现“双碳”目标也对新时期林业发展理念提出了新要求。2003年，中共中央、国务院出台了《关于加快林业发展的决定》，标志着以“明晰产权”“放活经营权”“落实处置权”和“保障收益权”为主要内容的新一轮集体林权制度改革（以下简称“林权改革”）的开始，福建省成为全国第一个试点实施以“均山分林”为主要经营模式的林权改革。2004年，包括浙江、辽宁、江西等在内的省份接连成为改革的试点地区。2008年，中共中央、国务院出台了《关于全面推进集体林权制度改革的意见》，明确要求进一步创新集体林经营机制，不断解放和发展林业生产力，至此改革全面在全国范围内推行。2009年，在以集体林地确权颁证为主要工作内容的主体改革基础上，陆续出台涉及森林保险制度、林业补贴政策、采伐限额管理制度、林业专业合作社以及减免林业税费等一系列相关配套措施，逐步形成资源增长、生态良好、农民增收、林区和谐的可持续发展机制。截至2017年，已确权的集体林地面积达1.80亿公顷，占全国集体林地面积的比重为98.69%，已确权集体林地的发证面积累计达1.76亿公顷，占已确权林地面积的97.65%（国家林业和草原局，2018）。然而，在实施林权改革过程中，仍旧存在集体林地“四至”边界不清、集体林地划错和划漏、产权保护不严等一系列问题。2016年，国务院出台《关于完善集体林权制度的意见》，明确要求继续做好集体林地承包确权登记颁证工作，不断健全归属清晰、权能完整、保护严格的集体林权制度，进而实现集体林区森林资源持续增长、农户林业收入显著增加、国家生态安全得到保障的目标。截至2017年底，77.70%的集体林地已经确权到户，并且发放了全国统一编号和具有法律效应的林权证书或不动产证书。

林权改革历经多个阶段，各地对集体林产权模式和实现形式均进行了有益的探索，出现各种类型的林地林木权属制度，集体林权属的内涵和外延已发生重大调整，在实现形式和权属结构等方面均产生了深刻且广泛的变化，如以计划手段决定资源配置转向市场在资源配置中发挥决定性作用。与此同时，我们需要看到，由于我国各地区自然环境、社会经济、文化习俗等方面存在明显差异，集体林区农村社会经济发展和农户收入水平亦存在相当大的差异。随着工业化的不断发展和城镇化水平的不断提高，大量农村劳动力不断分化，向城镇或非农部门就业转移，而农户“离农离乡”、进城非农就业后继续持有集体林地产权，虽然可以为其保留最后的生存保障，但也带来突出的现实问题：一是林地增收功能在减退，造成大量林地粗放经营、无人管理，林地利用效率低下；二是林地就业功能在减退，造成林地生计保障功能逐渐淡化，使其资源资产价值无法充分体现。从长期来看，面对社会经济环境的外生冲击，农户可能会通过适应性地调整林业生产和非农就业行为而形成差异性的生计策略，进而对其家庭要素资源配置结构和生计水平产生异质性影响。但是，无论农户作出何种生计策略调整，都要付出必要性的机会成本。“人地两分”程度引致的农户兼业化程度存在明显差异，虽然可以减轻农户在现代化转型中的“阵痛”，但也会促使选择不同生计策略农户对林权改革政策冲击所产生的响应程度必然会有所差别。因此，自改革试点至今，林权改革时间和空间的多层次演化和相关外部环境的重大变化为我们研究林权改革政策提供了独一无二的天然试验场。那么，林权改革经历十余年的发展历程，是否真正激励农户林业生产积极性？是否激发农村生产要素配置活力？是否显著提升农户家庭生计水平？尤其是在考虑农户生计策略异质性的前提下，林权改革能否促进农户实现生计转型？对这些问题的探讨将关系到林权改革的进一步深化。因此，需要研究不断变化的集体林产权制度和相关外部环境对农户生产行为决策、生产效率以及生计水平的影响，进而更好地理解林权改革政策效应产生的微观机理，以期引导农户的生产经营行为，促进集体林的可持续经营管理。

按照产权经济学理论，追求最佳绩效始终是产权制度安排及其变迁的最终目标，产权制度绩效的显现是产权制度参与主体的行为与制度环境互动的结果，只有当产权制度的终极目标与参与主体的行为一致时，方能实现产权制度绩效（仇童伟等，2016）。林权改革赋予农户较为完整的产权结构（何文剑等，2014），强化农户对林地产权的信心和安全感知（Qin and Xu，2013；Yi et al.，2014），这在林权改革初期已经取得显著的政策效果，如林业生产投入和生产效率不断提高（Yi et al.，2014；高立英，2007）、造林意愿显著增强（刘珉，2011）、林地面积和森林资源逐步增加（Xie et al.，2016；Wang et al.，2012）、农户收入不断增长（Xu，2010；Xu et al.，2010）等。然而，由于各地区执行林权改革政策存在明显差异，不同产权模式下农户林地产权结构存在较大不同（徐晋涛等，2008），使农户对林权改革的响应程度与政府的政策预期并不完全一致（吉登艳等，2015）。例如，林权改革按照平均人口或家庭劳动力数量平均分配集体林地，虽然实现公平分配集体林地的目标，但却造成林地呈现细碎化和分散化分布格局，使得农户自身资本、劳动力和技术能力等要素与林地资源禀赋难以实现最优结合，造成林业生产效率低下，甚至出现集体林地长期闲置、无人经营的现象（孔凡斌，2008；Che，2009；Xu et al.，2013）。此外，林权改革后，农户林业收入并未表现出可持续性增长态势（刘璨等，2011）。例如，林业税费减免等政策性让利随着时间的推移呈现减弱趋势、木材等林产品价格上升使得农户在高额利润驱动下迅速将森林资源变现等一系列因素造成林权改革对集体林区农户林业生产要素投入的积极性没有产生多大改善（孔凡斌，2008），致使政府所期望的激励效果并未出现（张建龙，2016）。因此，只有通过对经济主体的行为或认知的影响，产权制度才能发挥其效能（罗必良和高岚，2013），这也就恰恰回答了为什么在法律层面上强化林地产权安全性往往与经济主体林业经营决策存在不一致的倾向。如果农户在参与林权改革政策后，没有获得正面的经济效益以及助推农户降低转型成本以实现生计策略优化升级，那么此项政策的可持续性则是值得怀疑的。因此，如何在社会经济转型升级环境下激励农户可持续经营林地以及获取可持续林业收入则成为政策制定者需要迫切解决的关键问题。

中国正处于生态文明建设的关键时期和全面推进乡村振兴的关键阶段。在新时期，不仅林地产权状态有了较大改变，与此同时，新时期的农户生产力水平以及生计状态也与过去状态发生了较大转变。因此在新时期，探索林权改革如何影响农户生产效率及其家庭生计，其间存在何种特征和作用规律，对保证林权改革政策的可持续性显得尤为重要。为了评估林权改革对农户生产效率及其家庭生计产生的影响，需要回答以下科学问题，林权改革是否改善农户家庭的生产效率以及生计水平？农户会如何优化其家庭要素配置结构以应对林权改革政策的外部冲击？生计策略的异质性会导致农户家庭要素配置结构呈现何种差异？这种差异会对林权改革的政策效果产生何种影响？这种政策效果又是否具有可持续性？未来应如何优化林权改革政策？这些都是本研究亟待回答的问题。在已有研究中，关于林权改革影响农户生产效率和家庭生计的文献虽然并不缺乏，但对林权改革影响农户生产效率和家庭生计的影响机理或作用路径缺乏深入剖析。因此，本书将基于产权理论、制度变迁理论、小农理论和消费理论，首先通过考察林权改革对农户林业生产投资、非农就业等经营行为的影响程度，并在此基础上分析林权改革对农户生产效率和家庭生计的影响及其作用机理。不仅有助于进一步明确林权改革政策对农户生产效率及其家庭生计的作用程度，寻找出制约集体林绩效的产权因素，从而通过有针对性地完善林权改革政策以提供实现林业增效和农户增收的优化路径。也有助于科学研判林权改革给农户生产行为、生产效率和生计水平带来的影响，最终为相关政府部门完善林权改革相关政策、改善农户生产效率、提升农户家庭生计以及促进集体林的可持续经营提供理论依据和决策参考。

1.2 研究目标

本书的主要目标在于补充和丰富基于微观农户视角的林权改革专项研究，以产权理论、制度变迁理论、小农理论以及消费理论为基础，通过规范的经济学理论与方法分析林权改革对农户生产行为的影响，进而评估林权改革对农户生产效率及其家庭生计的政策效果，由此深化林权改革对农户生产效率及其家庭生计的影响机理，以期寻求完善林权改革政策、实现集体林森林资源可持续经营的优化路径。具体目标如下：

目标1：依托产权理论、制度变迁理论、小农理论以及消费理论，构建林权改革影响农户林业生产投资和非农就业的理论分析框架，在此基础上，进一步分析林权改革对农户生产效率的影响，进而探析林权改革影响农户家庭生计的作用机理。需要指出的是，在分析林权改革对农户家庭生计影响时，将其分析框架从"林权改革—农户生产行为—农户家庭收入"进一步延伸至农户家庭消费领域，以期更加全面且真实地反映林权改革对农户家庭生计的影响。

目标2：通过全国9省（区）18县（市、区）农户调查数据，深入剖析在林权改革背景下农户林业生产投资和非农就业现状，以期动态准确掌握林权改革实施以来影响农户生产经营行为的现实因素。在此基础上，进一步考察林权改革实施以来农户家庭生计的动态变化。

目标3：在理论分析框架基础上，运用合适的计量经济学模型分析林权改革对农户林业生产投资、非农就业的影响，进而验证林权改革对农户生产效率及其家庭生计的政策效应。在此基础上，将农户生计策略的差异性考虑在内，进一步科学研判林权改革对不同生计策略农户生产效率及其家庭生计影响的异质性。

目标4：根据理论分析框架与实证结果分析，为完善林权改革政策、提高集体林区农户家庭生计水平、促进集体林森林资源的可持续经营提供政策依据。

1.3 研究内容

为了实现本书的目标，将开展以下三个方面的研究。首先，通过研究内容一构建出林权改革通过促进农户生产行为的调整而影响其生产效率及其家庭生计的理论分析框架。其次，根据理论分析框架开展研究内容二和研究内容三，实证检验林权改革对农户林业生产投资、非农就业、生产效率和家庭生计的影响。最后，在研究内容二和研究内容三的基础上，检验生计策略差异下林权改革对农户生产效率及其家庭生计影响的异质性。具体研究内容如下：

研究内容一：构建林权改革通过促进农户生产行为的调整而影响其生产效率及其家庭生计的理论分析框架。

林权改革不仅对农户生产效率及其家庭生计具有直接影响，还能通过促进农户生产行为的调整进而影响其生产效率及其家庭生计。因此，林权改革与农户生产效率及其家庭生计之间关系的准确刻画对于计量模型的可靠性具有十分关键的作用。一方面，林权改革可以通过激发农户林业生产热情或经营积极性以促进林业生产投资的增加，继而对农户林业生产效率及其林业收入水平产生影响。另一方面，林权改革也会促使农户减少林业生产投资，通过调整其经济行为以增加非农劳动力投入，进而对其非农生产效率及其非农收入产生影响。

为此，本书通过构建林权改革影响农户生产效率及其家庭生计的一般概念性理论分析框架，首先确定林权改革如何影响农户林业生产投资和非农就业，再确认林权改革对农户生产效率及其家庭生计的影响及其作用机制，并提出可供实证检验的研究假说。

研究内容二：检验林权改革对农户生产行为的影响。

为揭示林权改革对农户生产效率及其家庭生计的影响及其作用路径，需要实证检验林权改革对农户生产行为的影响，或正向激励，抑或是负向激励。作为有限理性的经济主体，农户会对此作出反应，即调整其家庭生产要素配置结构。一方面，基于林权改革对农户林业生产投资的理论分析框架，检验林权改革对农户林业资本和林业劳动力投资的影响及其作用机制，并从地区层面的经济发展水平和森林资源丰富度、农户层面的代际程度和人力资源禀赋、林业种植结构的差异来检验林权改革对农户林业生产投资的异质性影响，以期探究林权改革是否或在多大程度上推动林业生产投资。在此基础上，进一步分析林权改革对农户林业生产投资的长期动态影响。另一方面，基于林权改革对农户非农就业影响的理论分析框架，检验林权改革对农户非农就业的影响及其作用机制，同时深化农户非农就业类型，从非农务工、非农创业两个角度进一步探析林权改革的政策效应。并从地区层面的经济发展水平和森林资源丰富度、农户层面的代际程度和人力资源禀赋的差异来检验林权改革对农户非农就业的异质性影响。在此基础上，进一步分析林权改革对农户非农就业的长期动态影响。

研究内容三：检验林权改革对农户生产效率及其家庭生计的影响。

在研究内容一构建的理论分析框架基础上，采用双重差分方法实证检验林权改革对农户生产效率及其家庭生计的影响和作用机制，并结合地区经济发展水平和森林资源丰富度、农户代际程度和人力资源禀赋、生产结构等的差异，利用 2003—2017 年全国 9 省（区）18 县（市、区）1128 户农户调查数据，实证检验林权改革对不同类型农户生产效率及其家庭生计的作用差异。在此基础上，进一步分析林权改革对农户家庭生计的长期动态影响。

研究内容四：检验农户生计策略差异下林权改革的作用效果。

为进一步剖析林权改革对农户生产效率及其家庭生计的影响以及提出强化农户对环境的适应能力、提高政策制度运行效果的政策建议。本部分通过农户生计策略选择的情景示范效应剖析林权改革是如何通过促进农户生产行为的调整而对其生产效率及其家庭生计产生异质性影响。在研究内容二、研究内容三的基础上，本部分重点关注林权改革对纯农户、兼业户、非农户等异质性生计策略农户的潜在作用效果，并提出一些更行之有效且更具可操作性的林权改革政策优化策略。

1.4　拟解决的科学问题

为完成前述研究内容，需要解决以下四个关键科学问题：

科学问题一：如何系统性揭示林权改革对农户生产效率及其家庭生计影响的复杂作用路径？

林权改革不仅对农户生产效率及其家庭生计具有直接效应，还能通过促进农户生产行为的调整而影响其生产效率及其家庭生计，如何准确把握其中的关联是后续模型构建的基础。现有研究较少关注农户生产行为决策之间的关联性，或者仅从农户生产行为中的某一方面分析林权改革影响农户生产效率及其家庭生计的作用路径，如此不仅会影响实证结果的可靠性，还无法准确反映政策冲击所带来的经济效应。因此，如何厘清林权改革影响农户生产效率及其家庭生计的作用路径，是本书的关键问题所在。

科学问题二：如何科学地反映林权改革对农户家庭生计的影响效果？

收入和消费通常作为评估生计水平的分析指标。现阶段我国农户林业生产受自然因素和非农就业受市场因素的影响较大，造成收入因其弱抗风险能力而波动较大。相比于收入，消费是衡量农户家庭生计状况最准确且最直接的方式。为了排除不确定时期农户家庭收入波动的影响，本书将林权改革影响农户家庭生计的分析框架在“林权改革—农户生产行为—农户家庭收入”的基础上进一步延伸至消费领域，以期基于收入和消费两方面视角来全面评估林权改革对农户家庭生计的影响。因此，如何全景反映林权改革对农户家庭生计的政策效果是本书所需要研究的科学问题。

科学问题三：如何准确识别林权改革对农户生产效率及其家庭生计的因果效应？

已有关于评估林权改革政策效果的研究多采用 OLS 估计或面板估计，可能造成实证结果存在潜在测度偏误和反向因果关系等内生性问题。因此，使用传统的一般线性估计方法评估林权改革的政策效果可能无法得到无偏估计量。如何准确识别林权改革与农户生产行为决策之间是否存在内生性以及林权改革与农户生产效率及其家庭生计之间是否存在内生性问题，这是本书实证分析的前提，也是本书计量经济学估计技术筛选的基础。若存在内生性问题，则需要选择合适的计量经济学模型，这便成为本书所需要关注的关键科学问题之一。

科学问题四：如何通过精确瞄准林权改革政策的响应主体以强化农户生计策略转型？

林权改革政策不应局限于一种模式、一种标准等“一刀切”施政手段。通过政策的精准设计，引导农户适应性调整家庭生计策略，进而提高生产效率及其家庭生计水平，这是集体林可持续经营与改善农户生产效率以及提升家庭生计水平能否实现“共赢”的关键所在。生计策略差异下农户对山林依赖程度具有明显情景依赖性，在受到林权改革政策冲击后，不同的农户会做出何种响应？哪些农户的生计策略更有可能向林业经营大户、家庭林场、林业企业等新型林业经营主体转型？哪些农户则更加倾向于减少林业生产投资以进一步加大非农生产投入？这些都会形成异质性的政策效果，需要更多相关信息的支持和验证。因此，如何确定不同生计策略农户对林权改革政策的响应积极性，进而权衡农户生计策略异质性下林权改革政策的稳健性和可持续性，是本书需要着重解决的重要问题。

1.5 研究方法

（1）归纳总结法

本书主要从林权改革这一重大制度安排展开，回顾改革开放以来我国林权改革政策的演化、农户持有林地产权的变化、林权改革对农户林业生产投资、非农就业、生产效率以及家庭生计的影响等大量文献。在此基础上，基于与本书相关的产权理论、制度变迁理论、小农理论以及消费理论等基本理论和最新研究动态，梳理林权改革影响农户林业生产投资、非农就业、生产效率及其家庭生计的基本理论依据和可能存在的作用机制，为林权改革政策效应的评估奠定扎实的研究工作基础和理论前提。故而，本书将借助对相关研究成果进行全方位综述，发现本书研究领域的最新进展和学术不足，在此基础上构建理论分析框架，为建立计量经济学模型奠定理论基础。

（2）社会调查法

社会调查法是采取调查方式来获取研究的实际数据，尤其是在微观层面获得的农户调查数据。研究期间，多次参加国家林业和草原局发展研究中心“中国集体林权制度改革相关政策问题”研究团队在全国9省（区）18县（市、区）开展的农户调查。通过与村干部、乡镇干部和县林业局进行面对面访谈，充分了解当地林权改革实施情况。在此基础上，采用分层随机抽样技术，每个村抽取15户样本农户正式开展调研，调查内容包括农户家庭基本人口统计及特征、土地结构、土地生产经营及销售情况、劳动力配置信息、家庭收入与消费支出、社会保障和保险、信贷情况以及农户对林业政策的主观态度等情况。

（3）定性分析与定量分析相结合的方法

为更加科学且准确地评估林权改革对农户生产效率及其家庭生计的影响，深入了解其中存在的作用机制和本质效果。本书在分析过程中，基于全国9省（区）18县（市、区）农户调查数据，采用定性分析与定量分析相结合的科学方法进行全面考察。定性分析的方法重点体现在理论层面上分析林权改革对农户生产效率及其家庭生计的影响，基于定性分析基础上提出研究假说，然后运用双重差分模型、中介效应模型、调节效应模型等定量分析方法对林权改革影响农户生产效率及其家庭生计的研究假说进行验证，以准确评估林权改革的政策效应。

1.6 技术路线

基于上述研究目标和研究内容，本书将根据以下技术路线开展研究。技术路线如图1－1所示。

（1）根据研究目标，对林权改革影响农户林业生产投资、非农就业、生产效率和家庭生计等相关理论以及研究方法进行系统梳理，将已有相关文献和实际调研所收集的数据信息进行有机结合，初步设计出可行性的具体研究方案并提出科学研究主题：林权改革对农户生产效率及其家庭生计的影响研究。

（2）基于产权理论、制度变迁理论、小农理论和消费理论等相关理论基础和已有文献的研究框架和研究结论，结合林权改革的政策背景，提出“林权改革—生产行为—生产效率及其家庭生计”的理论分析框架，进一步厘清林权改革对农户生产效率及其家庭生计的影响及其作用机制。

（3）依托理论分析框架制定实证研究策略，基于全国9省（区）18县（市、区）农户调查数据，采用双重差分模型、中介效应模型、调节效应模型等实证分析方法，实证检验林权改革对农户林业生产投资、非农就业、生产效率、家庭收入和消费的影响及其作用机制。

（4）根据实证分析结果，提炼研究结论和政策建议。在实证分析结果的基础上，归纳总结本书重要的科学研究观点，在此基础上结合当前林权改革的实施现状，为进一步完善林权改革政策，尤其是反映农户对林地产权的响应，为实现森林资源的高效且可持续利用和提升农户家庭生计水平给出优化政策的对策建议。

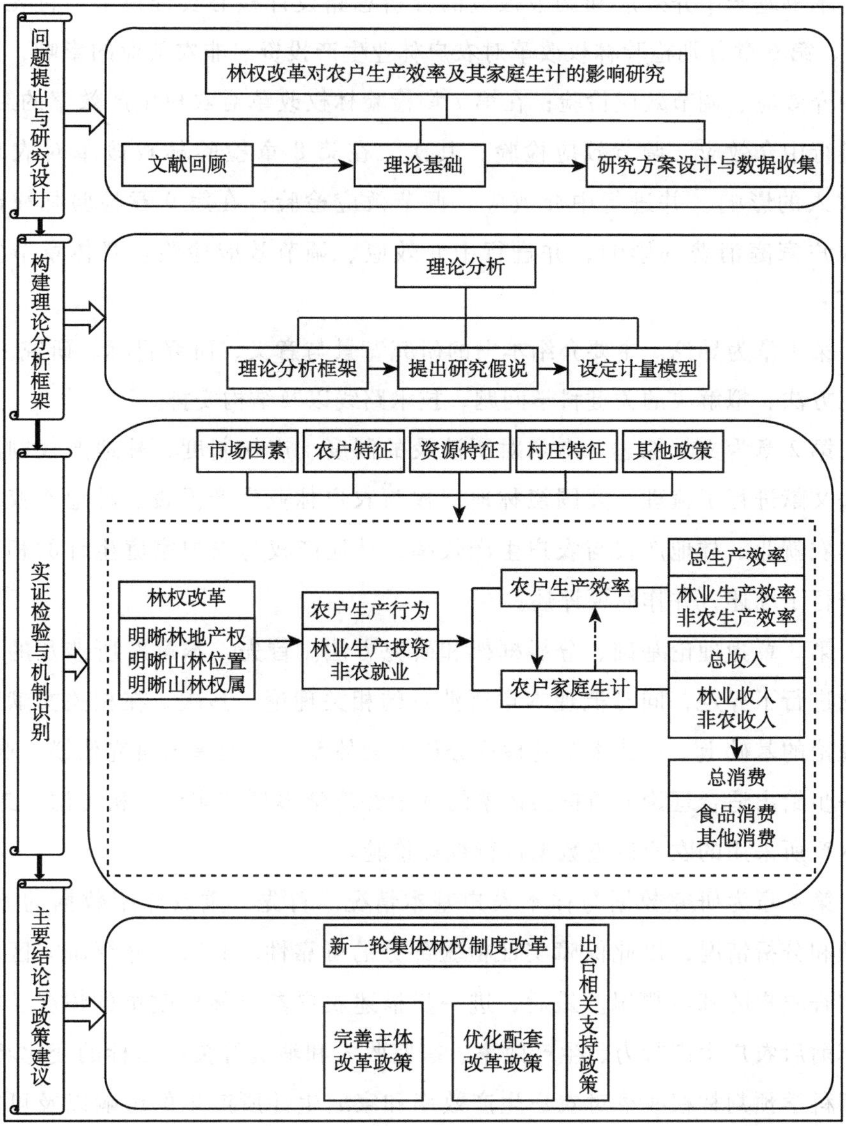

图1-1 技术路线

1.7 结构安排

本书基于中介效应和调节效应的分析思路设计核心实证章节。首先，在第5、第6章分别检验林权改革对农户林业生产投资、非农就业的影响，并进行中介效应、调节效应检验；在第7章检验林权改革对农户生产效率的影响，并进行中介效应、调节效应检验；其次，在第8章检验林权改革对农户家庭收入的影响，并进行中介效应、调节效应检验；在第9章检验林权改革对农户家庭消费的影响，并进行中介效应、调节效应检验。具体章节安排如下：

第1章为导论。主要介绍本书的研究背景与意义、研究目标、研究内容、研究方法、拟解决的关键科学问题、技术路线以及结构安排。

第2章为文献综述。本章对所涉及的制度、产权制度、林地产权制度的相关文献进行了梳理，并围绕林地产权与农户林业生产投资、林地产权与农户非农就业、林地产权与农户生产效率、林地产权与农户家庭生计的相关文献进行了综述，并作简要评述。

第3章为理论基础、分析框架和研究方法。首先，本章对所涉及的相关概念进行了界定，同时梳理本章所涉及的相关理论。其次，在相关文献和现有理论的基础上，构建本章的理论分析框架体系，继而提出研究假说。此外，进一步给出适合理论分析框架体系的计量经济学模型和实证分析方法。最后，对本章所采用的农户调查数据进行统计检验。

第4章为研究数据与样本农户基本情况。首先，重点介绍数据的调研、整理和分析情况，以此保障实证检验部分的可靠性。其次，介绍研究区域及所调查农户的基本概况。最后，进一步描述农户参与林权改革的情况、林权改革前后农户生产行为、生产效率、家庭收入和消费等关键指标的变化特征，以期科学预判林权改革对农户生产效率和家庭生计所产生的影响以及可能存在的作用路径，为后续建立计量经济学模型提供分析思路。

第5章为林权改革对农户林业生产投资的影响。本章首先实证检验林权改革对农户林业资本和林业劳动力投入的影响，并进一步通过稳健性检验、平行趋势检验和安慰剂检验等方法验证实证结果的可靠性。然后，检验林权改革通过扩大林地经营规模、提升信贷可得性影响农户林业生产投资的中介效应以及生计策略在林权改革影响农户林业生产投资中所起到的调节作用。接着，从地区层面经济发展水平和森林资源丰富度、农户层面人力资本禀赋和代际差异、林业种植结构等方面进行异质性分析。最后，分析林权改革对农户林业资本和林业劳动力投入的动态效应。

第6章为林权改革对农户非农就业的影响。本章首先实证检验林权改革对农户非农就业、非农务工和非农创业的影响，并进一步通过稳健性检验、平行趋势检验和安慰剂检验等方法验证实证结果的可靠性。然后，检验林权改革通过缩小林地经营规模、提升信贷可得性影响农户非农就业、非农务工和非农创业的中介效应以及生计策略在林权改革影响农户非农就业、非农务工和非农创业中所起到的调节作用。接着，从地区层面经济发展水平和森林资源丰富度、农户层面人力资本禀赋和代际差异等方面进行异质性分析。最后，分析林权改革对农户非农就业、非农务工和非农创业的动态效应。

第7章为林权改革对农户生产效率的影响。本章首先实证检验林权改革对农户总生产效率的影响，并进一步通过稳健性检验、平行趋势检验和安慰剂检验等方法验证实证结果的可靠性。然后，检验林权改革通过林业生产投资、非农劳动供给、林地流转、信贷可得性影响农户林业生产效率、非农生产效率和总生产效率的中介效应以及生计策略在林权改革影响农户林业生产效率、非农生产效率和总生产效率中所起到的调节作用。最后，从地区层面经济发展水平和森林资源丰富度、农户层面人力资本禀赋和代际差异、生产结构等方面进行异质性分析。

第8章为林权改革对农户家庭收入的影响。本章首先实证检验林权改革对农户家庭总收入、林业收入和非农收入的影响，并进一步通过稳健性检验、平行趋势检验和安慰剂检验等方法验证实证结果的可靠性。然后，检验林权改革通过林业生产投资、非农劳动供给、林地流转、信贷可得性影响农户家庭林业收入、非农收入和总收入的中介效应以及生计策略在林权改革影响农户家庭林业收入、非农收入和总收入中所起到的调节作用。接着，从地区层面经济发展水平和森林资源丰富度、农户层面人力资本禀赋和代际差异、生产结构等方面进行异质性分析。最后，分析林权改革对农户家庭林业收入、非农收入和总收入的动态效应。

第 9 章为林权改革对农户家庭消费的影响。本章首先实证检验林权改革对农户家庭总消费、食品消费和其他消费的影响，并进一步通过稳健性检验、平行趋势检验和安慰剂检验等方法验证实证结果的可靠性。然后，检验林权改革通过林业收入和非农收入影响农户家庭消费的中介效应以及生计策略在林权改革影响农户家庭消费中所起到的调节作用。接着，从地区层面经济发展水平和森林资源丰富度、农户层面人力资本禀赋和代际差异等方面进行异质性分析。最后，分析林权改革对农户家庭食品消费、其他消费和总消费的动态效应。

第 10 章为研究结论与政策含义。本章首先对全书的研究结论进行提炼汇总，并对主要研究结论进行了讨论。然后，基于研究结论和讨论提出相关的政策含义，进而为完善林权改革政策提供决策参考。最后，提出本书可能的创新之处，指出本书存在的不足之处，并在未来的研究工作中针对研究不足而提出相关构想。

第2章

文献综述

经济理论与政策决定了对经济参与主体、经济决策的激励以及相关时间维度的政策制度所可能发挥的作用。在经济学理论研究中，产权、土地产权或土地权属是经济学界和政策制定者高度关注的焦点和议题。长期以来，学界围绕产权问题开展了大量研究，从 Commons（1924）以规范的角度研究产权问题，到 Coase（1960）和 Demsetz（1967）以实证研究角度研究产权问题，此后，包括产权的本质、产权的演化以及产权绩效等在内的产权经济学的实证研究逐渐成为主流。本章在系统回顾制度、产权制度以及林地产权制度相关研究进展的基础上，全面梳理学界已有关于林地产权制度影响农户家庭生计的研究，以期进一步明晰林地产权制度对农户家庭生计的影响及其作用路径，从而为本书研究的开展提供一些思路和方法借鉴。

2.1　制　度

经济学家从不同角度对制度的含义进行了界定。以 Commons（1920）、Veblen（1899）等人为代表的旧制度经济学派对制度已有较为深刻的认识。Commons（1920）认为制度是集体的行动通过所有权关系来控制微观个体的行动。Veblen（1899）认为制度是微观个体或整个社会对某种关系的一般思想习惯。然而，旧制度经济学缺少理论框架构建，研究方法多采用归纳方法，与新古典经济学采用的演绎研究方法存在明显区别（William，1998），而新制度经济学试图弥补此方面的不足。North（1990）认为制度是人们根据社会需求而设定的某些约束，其目的在于制约人们之间的相互关系或个人行为，从而确保个人行为可以实现最大化效益，因而无论是正式规则的约束，还是非正式规则的约束，两者共同构成了制度，它是社会对个人行为的规则、秩序规定和规范。由此可以看出，新制度经济学理论更为关注制度的重要性（North，1990；Coase，1960），认为没有制度，就不可能有市场交易（Cheung，1970；Libecap，1989；Ostrom，1990；North，1990）。在发展经济学研究中，Myint（1971）强调资源禀赋影响专业化和国际贸易；Gallup and Sachs（1999）、Fujita and Thisse（2013）强调区位和地理因素对社会经济发展的影响；Solow

(1956)、Kawagoe et al.（1985）认为要素相对稀缺、生产力增长、技术进步、资源禀赋、地理区位等因素更多地只是起到平衡和补充的作用，而制度才是具有关键作用的因素。借助市场交易，制度是决定经济发展水平和增长率的决定性因素（fundamental determinants）（North，1981；Greif，2006）。North还认为，经济增长需要以高效运转的经济组织为基础，而有效率的经济组织则有赖于合理的制度安排，通过最大限度地降低交易费用使私人收益无限接近于社会收益，从而对人们的经济行为产生激励，即经济增长取决于经济组织效率，而经济组织效率则取决于制度。柯武刚和史漫飞（2000）也认为合理的制度安排可以降低交易成本，最大限度地限制并可能消除人们之间的经济冲突，从而保护个人自由。一些经验性分析也证实了制度选择和发展效果之间的因果关系（Acemoglu et al.，2002）。Acemoglu et al.（2001）认为，良好的制度和更少的政策扭曲可以增加人力和实物资本的投入，进而能够获得较高的人均收入。Hall and Jones（1999）认为制度和政府政策能够很好地解释国际人均收入差距。因此，制度差异成为决定每个国家绩效的重要因素（Acemoglu and Robinson，2012）。

2.2 产权制度

自从Coase发表具有里程碑价值和意义的论文以来（Coase，1960），产权问题一直是经济学界持续关注的焦点所在（Demsetz，1967；North，1990；Ellickson，1991），并紧密融合企业理论、机制设计等诸多理论，从而形成新制度经济学（Williamson，1985）。新制度经济学派定义产权制度为一项基础性的经济制度，它不仅对经济效率具有重要影响，还是其他制度安排的基础（盛洪，1992），若产权无法得到政府或制度的有效保护，则不可能实现经济繁荣（Smith，1976）。Marshall（1920）认为经济发展与产权密不可分；Scully（1988）、Keefer and Knack（1997）也认为产权是经济增长的前提条件。然而，Alchian（1965）认为产权的明确界定、分配和严格保护是任何现实社会都需要解决的最复杂且困难的关键问题，需要以某种方式加以解决。Alchian and Demsetz（1973）认为产权制度是如何才能将权利有效地分配给产权主体的规则，即产权中的不同权利赋予给不同的行为主体而形成不同的产权制度；Böhm－Bawerk（1962）认为产权的根本特征是一束所拥有的权利，同时是“可行动的权利束”（Coase，1959）；North（1990）从市场交易的角度界定产权，认为产权是能够适合用于交换的权利，包括通过签订合同而取得的权利和从所有权上取得的权利；Demsetz（1967）和 Barro（1991）认为产权是形成市场价格的前提条件。因此，明晰且有效地实施产权是自由市场存在的必要条件（Stigler，1966；Coase，1960）。Barzel（1989）从财产所有者的角度界定产权，认为产权是赋予经济主体“获益、消费和排他的权利”，这与 Schlager and Ostrom（1992）、Ostrom and Hess（2010）认为产权是一束包括进入、使用、管理、转让和排他等权利相类似，也与 Mises（1936）的产权可分割性、Alchian and Demsetz（1972）的可分割产权具有相类似之处。Commons（1924）和 Coase（1959）从法律的角度界定产权，均强调产权的确定需要建立在法律体系或具有法律意义的所有权中；Commons（1924）认为财产的交易需要第三方参与，至少包括国家或其他权威机关在内的第三方；Coase（1959）认为产权由法律决定；没有法律保护，那么产权就不复存在（Sened，1995；Umbeck，1981；Sugden，1986）；Bingham（2010）认为法律必须尽最大可能清晰明了和具有可预测性地去确定各方权利和义务。此外，产权清晰、交易成本为零，如此方能实现资源的充分有效利用（Coase，1960），而人力和物质资本的投入也需要安全的产权支撑（Glaeser et al.，2004），如果产权界定不明确，那么就会造成资源的过度消耗，如共有资源的产权权属（Hardin，1968；Gordon，1954；Eggertsson，1990）。因此，明晰和具有可预测性的产权制度能够降低市场交易成本，继而在一定程度上提高市场经济的运行效率，这是实现市场交易的前提条件，否则容易引起经济的停滞和衰退（Coase，1960；North，1993；North，1990）。当然，仅靠明晰产权是远远不够的，需要在明晰产权的前提条件下，实现所有权、转让权和使用权等多种产权束的安全（Ogilvie and Carus，2014）。因而产权制度改革便成为转型国家具有重大意义改革的重要组成部分（Schroeder，1988；Konai，1990）。

2.3 林地产权制度

林地产权制度已经成为国际林业政策研究中的关键议题之一。Manzer（1990）认为林地权属是持有者与其他人之间存在的相互关系；Larson et al.（2010）认为，林地产权权属能够决定经济主体或组织在何种条件约束下、以什么样的方式利用现有各种资源和谁能够拥有流转林地产权的权利。联合国粮农组织（FAO，2011）定义林地产权制度安排为规范经济主体或组织的行为的制度体系，明确界定社会中的林地资源以何种方式予以调整分配，具体划分使用、交换和控制渠道的范围以及由此产生相对应的权利与责任。不同的林地产权权属会影响林业的方方面面（Pearse，1988）。明晰的林地产权可以提高森林资源管理的安全性和有效性，激励人们把收益或成本内部化（Besley，1995；Deacon，1994；Laarman，1996；Mendelsohn，1994；Place and Otsuka，2002；Zhang et al.，2000），进而对投资产生促进作用，最终实现经济的增长（North，1973；North，1989）。Hardin（1968）认为经济主体进行长期投资需要建立在经济主体对产权具有可以预期未来收益的基础上。如果无法保证农户在未来获得收益的权利，则其不会冒险投资（Deacon，1994）。FAO（2007）的报告也认为相对于那些没有自主经营权的林地使用者来说，他们对森林资源的管理和保护是缺乏兴趣的，如此，便会负面影响国家对林业的整体投资（Bohn and Deacon，2000）。相对应地，糟糕的产权容易导致掠夺森林资源，甚至出现林地逆转（Deacon，1994；Laarman，1996）；Deacon（1999）和 Robinson et al.（2014）也认为不安全的林地产权会导致毁林；而安全的土地产权则有助于激励农户进行造林（Otsuka，1991）。Wallace and Newman（1986）认为林地生产力的整体水平与林地产权类型是紧密联系在一起的。Powell（1998）则认为以社区形式为主的土地产权要优于私有形式的土地产权，且在防治资源退化方面，共有产权要比私人产权更优（Larson and Bromely，1990）。

在关于评价林地权属安全性、林地产权安全性影响的实证研究中，采用衡量林地产权的维度和指标有很多种。一些学者采用利用林地确权情况（是否颁发林权证）量化林地产权安全性（Liu et al.，2017；朱文清和张莉琴，2019；Lin et al.，2020；Yang et al.，2020），也有学者基于林地产权安全感知（Yi et al.，2014；黄培锋等，2020）、林地产权结构特征（吉登艳，2015）以及林地产权安全强度（史若昀和刘伟平，2017；王雨格等，2021）来评价林地产权安全性和绩效问题。

2.4 林权改革对农户林业生产投资的影响

Besley（1995）认为土地权属和投资是政治经济学的核心问题。很多经济学家认为安全的土地产权能够激励投资（Feder，1987；Feder et al.，1992；Feder et al.，1988；Feder and Feeny，1991；Binswanger et al.，1995；Libecap，1989）。土地产权安全能够促进投资增加的原因在于：（1）长期土地投资能够得到回报，即保障效应（assurance effect）；（2）通过流转交易，土地能够更为容易转化成流动资产，进而激励对土地的投资，即可变现效应（realizability effect）（Besley，1995；Platteau，1996）；（3）通过赋予土地抵押价值而更加容易获得信贷，即抵押效应（collateralization effect）；（4）降低土地边界纠纷的可能性（Barrows and Roth，1990）。

第一，当农户对土地产权具有较强的安全感知或者能够长期稳定地持有土地时，在未来能够获得可预期收益拉动下，农户将越发积极主动地进行长期可持续性的林地生产投资，即称为“保障效应”。具有安全制度保障的土地产权将借助保证他们的成果或收益不被政府、个人或其他机构以非法方式而占据来鼓励投资者毫无后顾之忧地进行投资（吉登艳等，2014）。倘若林地产权无法保证在漫长的生产周期内保持长期基本稳定状态，就难以实现最大可能地调动农户林业生产投资的主观能动性和积极性。由此看来，林地产权或产权归属的安全且稳定能够充分调动甚至提升农户林业生产热情，通过促进林业生产投资的增加而达到扩展林业生产可能性范围边界的目的。多数相关研究成果认为，在保障效应的推动作用下，安全的林地产权能够形成良性正向反馈林业生产投资的影响机制。如安全的林地产权可以促进农户有效地进行林地生产投资（Besley，1995；Abdulai et al.，2011；Qin and Xu，2013）；Zhang and Pearse（1996）研究发现，最安全的林地产权类型比最不安全的林地产权类型在造林方面的投资要高出67%；Bandiera（2007）、Do and Iyer（2008）、Holden et al.（2009）分别讨论了尼加拉瓜、越南和埃塞俄比亚的林地产权安全性对造林投资具有正向效应；Ali et al.（2011）认为产权不安全对埃塞俄比亚农户种植桉树、咖啡等经济林具有负向效应。针对中国的集体林权制度改革，有研究认为，林权改革有助于提升林业生产的收益预期，激励农户增加林业要素投入，进而提高林业产出水平（Liu et al.，2017；Hyde and Yin，2018；Lin et al.，2020）。朱文清和张莉琴（2019）、朱文清和张莉琴（2022）认为林权改革有助于增强农户在造林和营林方面的投资，随着农户造林和营林积极性的提高，农户投入林业生产的资金和劳动力也会增加（魏建等，2019；徐晋涛等，2008），并且具有长期可持续性（陈珂等，2008）。许时蕾等（2020）认为林权改革通过确权并颁发林权证书等方式进一步强化林地产权稳定性，显著增加了农户对林地的要素投入。同时，相比于林地产权安全性较高的林地地块，农户对产权安全性较低的林地地块投入较少（Qin and Xu，2013）。吉登艳等（2015）研究发现林地产权权利的完整性能够有效促进农户增加资本和劳动力等林业生产性投入。何文剑等（2014）研究发现林权改革通过赋予农户完备的林权结构而提高其造林积极性，但各项产权权利对农户的造林行为和生产投入的影响程度均不同。然而，Owubah et al.（2001）认为产权安全对农户的可持续林业项目参与的影响并不是那么重要；Holden and Yohannes（2002）认为不安全的林地产权对农户造林投资并无显著负向效应；Qin and Xu（2013）、Zhu et al.（2019）认为林地产权安全对林业投资并无显著的激励作用；Yi et al.（2014）研究发现林权改革虽然增强了林地产权安全性，但并未对农户林地生产投资产生显著的激励效果。这可能是由于林权改革后，林地细碎化程度上升，造成农户林业生产投资并未发生实质性变化（Xie et al.，2014），还可能是因为林地产权流转、抵押贷款市场发育的不健全，农户在交易和抵押等方面的权利难以通过变现以缓解流动性约束，造成林业生产投资无法实现显著提升（Xu and Hyde，2019）。

第二，安全的土地产权有利于农户租出土地或允许更高效的农户转入土地，通过流转交易使得土地成为流动资产，由此提升农户的期望收益，促使产权激励农户对土地的生产投资，即称为“交易效应”。姚洋（1998）和朱民等（1997）认为稳定的土地产权可以增加土地以及附着在土地之上投资的市场交易价值，由此激发农户对土地进行投资的积极性；Deininger et al.（2011）和Kung（2006）的研究发现，在埃塞俄比亚和中国，土地确权有助于林地流转；Bandiem（2007）的研究发现，土地所有者比租赁林地更有可能造林；Pearse（1988）发现林地排他性、租赁期限、可流转性和使用权特征等方面的差异对森林资源管理和采伐具有重要影响；Ali et al.（2011）研究发现，相比于不安全的林地产权，流转权的缺失在造成农户造林投资低的因素中显得尤为重要；银小柯（2012）认为，在产权安全的情形下，林地流转政策的滞后则会弱化农户投资林地的积极性。然而，孙妍和徐晋涛（2011）认为虽然安全的林地产权有助于提高农户林业投资积极性，但林地交易权的实现对林业生产投资并未产生显著影响。甚至吉登艳等（2015）认为完整的林地流转权对农户投资林地具有显著负向效应。

第三，稳定的土地产权有助于土地更为容易实现其抵押价值，借助正规金融机构而获得信用贷款，即土地产权与土地投资通过信贷市场实现了有机连接（Feder，1987），即称为“信贷效应”。Feder and Feeny（1991）通过对无正式土地证书农户和有正式土地证书农户的生产投资行为进行比较，认为土地产权对生产投资的正面影响来自土地证书增加了包括农户在内的经济主体获得正式信用贷款的渠道，而不是化解土地产权实际潜在的各种风险。在中国，不安全的土地产权及其权属将会限制土地变成有效抵押品，由此引发的信用贷款缺乏就会变成土地生产投资整体水平较低的主要原因（吉登艳等，2014）。何文剑和张红霄（2014）认为林权改革赋予林地和林木抵押和担保的权能，有助于激发农户的造林积极性；孙妍和徐晋涛（2011）研究发现，林地产权安全性和稳定性通过林权改革的强化能够激励农户加大林业生产投资力度，并且具有经营林业意愿的农户将愈加倾向于经营拥有抵押权的林地地块。然而，Foltz et al.（2000）却很少发现土地权属对农户信贷能够带来正向效应，这就导致信贷和土地投资无法建立起密切联系（Pender and Kerr，

1994）。可能是因为土地资产特性存在问题，不论土地权属状况如何，金融机构对小规模土地抵押没有兴趣，也就是说，金融机构信贷交易成本并未随着土地确权而发生明显变化（Philips，2003），从而导致农村地区的信贷资源仍旧十分稀缺（Pender and Kerr，1994）。因此，贫穷农户面临严重的资本市场约束的困境依然没有发生改变（Holden et al.，1998）。当然，林权贷款政策与农户需求不匹配（杨超和宋维明，2015）和林权抵押市场的滞后（孙妍和徐晋涛，2011）也是对激励农户造林和营林规模的增加、林业投资力度的提升暂无显著作用的重要因素。

此外，农户对土地产权的安全感知被认为是土地行为决策的基础（Broegaard，2005；Ma，2013）。有学者从农户的主观评价角度分析林权改革对林业生产投资的影响。Xie et al.（2013）研究发现农户对林地分配制度和林权改革的主观评价对其林业经营具有显著影响，农户的主观评价越高，林业生产投入强度也越高，尤其对于拥有更多土地且更有信心获取更多砍伐指标的农户具有更大的正向效应；刘珉（2011）也证实了是否获取林权证书以及对采伐政策满意与否可以积极有效强化林农和非林农的造林意愿。然而，Xie et al.（2014）从林地细碎化视角出发，深入探析林权改革对农户林业生产投资的影响，研究发现，由于农户面临严重的信贷约束，其投资林业的资本数量是有限的，且现行的林权改革引致的林地细碎化对农户森林资源管理强度的提高尚不显著。

2.5 林权改革对农户非农就业的影响

土地产权权属不清对农村劳动力转移将会造成效率性约束（张笑寒和黄贤金，2003）。多数观点认为安全且稳定的土地产权能够有效促进农村劳动力的非农转移（许庆等，2017），相对应地，以土地周期性调整表征的土地产权不稳定，往往容易造成土地存在被征收的潜在风险，为避免失去土地价值，此时农户被迫减少非农就业时间以降低“失地”风险，此时选择兼业生产方式便成为他们的一般理性决策（Yang，1997；Valsecchi，2014；Giles and Mu，

2014），由此必然阻碍农村劳动力的永久性转移（陶然和徐志刚，2005）。Janvry et al.（2015）、Chernina et al.（2014）、Valsecchi（2014）通过对墨西哥农村劳动力迁移的研究发现，土地产权无法保持长期稳定将会迫使农户无法离开农村，在完全意义上前往城镇定居，而强化土地产权安全性则可以促进劳动力流动，甚至长久性移民。Mullan et al.（2011）对中国农村地区的劳动力转移问题进行了深入研究，发现土地产权的不安全和不稳定将会促使农户面临较大的潜在失地危机，由此引发在非农部门减少农村劳动力的分配，且此类现象在林地生产中愈加明显。North（1981）研究发现，有效的土地产权制度安排是激励农户家庭劳动力资源在非农部门进行调整分配的重要前提。Rupelle et al.（2010）认为周期性的土地调整促使农户通过减少非农务工时间而加大林业劳动力的配置。Do and Iyer（2008）发现，越南农户在土地确权后更倾向于种植生长周期更长的农作物，这在短期内能够解放部分家庭劳动力，由此在一定程度上促进劳动力在非农部门的配置。刘晓宇和张林秀（2008）认为安全且稳定的土地产权制度有助于加快剩余的农村家庭劳动力向非农部门进行有效转移。田传浩和李明坤（2014）认为稳定的土地产权对农村劳动力转向非农配置具有显著正向效应。李停（2016）研究发现，土地产权越稳定，农村劳动力的非农迁移越容易推进。针对中国集体林权制度改革，Yin et al.（2013）、王庶和岳希明（2017）研究认为，强化林地产权安全性与排他性能够降低农户失地风险，减少看管、保护林地等非林业生产性投入，激励农户将更多家庭劳动力配置到非农部门。同时，林权改革带动了当地林业企业、森林旅游、森林康养等相关林业产业的发展，增加当地非农就业机会（Xu and Hyde，2019），由此为当地剩余的农村家庭劳动力创造一条可以实现的就业渠道（孔凡斌和杜丽，2009）。此外，蒋宏飞（2012）研究发现，林权改革后，农户家庭劳动力的非农就业人数和工资性劳动力总数保持增长态势，尤其表现在当地从事非农工作的劳动力数量。张蕾和文彩云（2008）研究发现，农户在林权改革后的外出务工人数比林权改革前增长了 15%。

然而，现有关于土地产权影响农户非农就业的研究尚未形成一致性结论。部分观点认为不稳定的土地产权对农村劳动力的非农配置具有促进作用（Li and Yao，2002；陈会广和刘忠原，2013）。究其原因，在生产要素能够实现城乡间自由流动以及农业部门与非农部门比较收益存在明显差异的背景下，以土地频繁调整为表征的不稳定土地产权抑制了农户对土地的长期投资和生产效率的提升，进而极大激励农村劳动力向非农领域转移（仇童伟和罗必良，2017；Feng and Heerink，2008）。Li and Yao（2002）研究发现，越频繁的土地调整就越有利于农村劳动力的非农配置；陈会广和刘忠原（2013）也认为土地调整引致的不稳定土地产权对农村劳动力非农配置具有显著的促进效果；Ma et al.（2016）的研究也指出，预计未来土地不再调整的农户将会较少地参与非农生产活动，即土地调整对农村劳动力非农转移具有激励作用。此外，也有观点认为土地产权制度改革对农村劳动力非农就业的影响并不显著。如Feng and Heerink（2008）研究发现，土地证书对农村劳动力资源向非农部门转移的积极效果事实上并非如此显著；Brauw and Mueller（2012）研究发现埃塞俄比亚的土地确权政策对农村劳动力是否移民没有产生显著影响。

2.6 林权改革对农户生产效率的影响

衡量生产力水平高低的标准取决于分配生产要素的效率高低，而决定生产要素分配效率的关键因素并非市场，而是包括经济和政治在内的社会制度变革中所形成的权力结构（张屹山和于维生，2009）。然而，最广为提及并受到学界重点关注的一个因素是林地产权制度安排（刘璨等，2006；李周，2008）。虽然林权改革对农户生产效率的影响一直以来是学术界最广为提及并受到重点关注，但已有研究尚未形成一致性定论。多数观点认为，产权制度安排将会直接与经营主体的生产投入和产出的整体水平以及经营管理效率密切相关（刘璨和于法稳，2007）。明晰且稳定的林地产权可以促使农户有效地经营林地，提升林业生产经营的精细化程度，进而提升林业生产效率（Deacon，1994；Laarman，1996；高立英，2007）。相反，当没有安全且长期许诺的林地产权时，农户往往不愿进行长期投资，从而降低生产要素配置效率（龙登高，2009）。因此，无效的产权制度安排是导致林业生产效率较低的关键所在

（李周，2008）。其理论依据在于，首先，稳定的地权不仅能够强化地权安全性、降低甚至消除地权纠纷，还可以提高农户对土地投资的收益预期，进而激励其土地长期投资和新技术采纳，由此提高土地生产效率（Ghebru and Holden，2015）。其次，明晰且稳定的土地产权有利于增强土地要素的流动性以及活跃农村其他要素市场，促进土地资源向生产效率更高的经营主体集中，通过扩大土地经营规模以实现适度规模经营和“能人”专业化经营的双重效益，从而提高土地生产效率（Deininger et al.，2011）。最后，明晰且稳定的土地产权使得土地资源成为正规金融机构认可的有效抵押品，增强农户的投资能力，从而有助于提高土地生产效率（Newman et al.，2015）。Markussen（2008）和 Newman et al.（2015）通过对柬埔寨和越南的调查，研究发现土地确权有助于提高农业生产效率。林文声等（2018）也认为土地确权的确能够在整体上减少农业生产效率损失，但此结果只显著存在于机械化条件较好且未发生土地调整的村庄。也有少数观点认为，林权改革对农户林业生产效率的影响并不显著（杜江等，2009；李桦等，2014）。可能的原因在于粗放式的林地经营方式（李桦等，2014）、农户家庭类型的差异（冉陆荣和吕杰，2011）、林地产权的异质性（王翊嘉等，2019；Wallace and Newman，1986；Qin and Xu，2013）、执行土地确权政策过程中存在扭曲（Heltberg，2002）、缺乏完善的基础设施和要素市场（Jacoby and Minten，2007）、“均山化”的林权改革实施方式形成细碎化的林地分配格局（刘璨等，2007）、土地资源在亲友间的同质化替代造成无法实现规模化和“能人”的专业化经营（邹宝玲和罗必良，2019）以及正规金融机构仍然视确权后的土地资源为无效抵押品等因素使得林权改革无法显著影响农户林业生产效率。此外，自然资本（田杰等，2017；王成军等，2010）、人力资本（薛彩霞和姚顺波，2017；朱烨等，2018；杨水生等，2018）、金融资本（薛彩霞和姚顺波，2014）和包括自然中光、热、水、土壤营养等自然因素（Hausenbuiller，1985）均可能影响农户林业生产效率。不同时间、空间、林种、经营规模等因素也会对农户林业生产效率产生差异性影响（黄韶海等，2016；韩雅清等，2018；李芳宁等，2010；李桦等，2014；田杰和石春娜，2017）。然而，也有部分研究认为强化林地产权安全性能够降低农户失地风险，减少看管、保护林地等非林业生产性投入，激励具有较强务工意愿的农户将更多的家庭劳动力配置到非农部门（Yin et al.，2013；王庶和岳希明，2017），使农户有机会以及有能力获取更高的非农收入，从而提高其非农生产效率和总生产效率（蒋乃华和黄春燕，2006；陈来和杨文举，2005；章元和许庆，2011；钟甫宁和纪月清，2009）。

2.7 林权改革对农户家庭生计的影响

严格保护且权责明晰的产权不仅可以增加实物资本、人力资本等生产要素的投入，进而改善要素资源的配置效率，还能为经济主体带来更高的收入，从而促进经济发展（Huang and Rozelle，1996；North，1994）。学界关于林权改革对农户家庭生计的影响进行了诸多探讨。多数观点认为林权改革通过确权并颁发林权证书明确界定了林地产权边界，赋予农户具有法律效力的产权权利，以此稳定林业生产的收益预期，激励农户增加林业经营性投资，进而提升其林业收入水平（张蕾和文彩云，2008；Liu et al.，2017；仇晓璐等，2018；Yi et al.，2014；Holden et al.，2013；刘丽萍和高岚，2016）。Jagger et al.（2005）关注了埃塞俄比亚推行林地分权政策过程中权利赋予、生态可持续和生计提升的平衡问题，研究发现，林地分权促进权力下放，可以在一定程度上减少林业劳动力投入，从而改善林地管理效率以及提高林业收入水平；刘伟平和陈钦（2009）基于江西省和福建省的调研，进一步研究发现林权改革能够显著促进农户家庭林业收入的增加，且木材市场价格的上涨和相关林业税费的减免也在一定程度上增加了农户家庭林业收入；王良桂等（2010）认为，林权改革能够显著增加农户家庭林业收入，使林业收入对家庭总收入的贡献率得到明显提高，且相比于非林收入，林业收入的增幅则更为明显；这与Xu（2010）认为林权改革后农户家庭林业收入占比显著提高的研究结论，杨校生等（2010）基于林权改革试点省份的福建省、浙江省和江西省的调查数据，研究发现林权改革后，农户林业收入占比明显提升的研究结论，贺东航和朱冬亮（2010）调研发现，林权改革后农户家庭林业收入增长迅速，林业收入占家庭总收入的比重显著提升的研究结论均相吻合。张正

（2007）也认为林业收入增加是林权改革对农户家庭总收入的最大贡献来源，而在种植业、畜牧业和非农产业等部门的收入受林权改革的作用效果较小；李娅等（2007）的研究也得出类似结论，认为林权改革后，由于国家对农户林业税费负担的减免和竹材、木材等林产品市场价格的上行，农户家庭林业收入增长主要来源于竹材、木材等林产品的获利，而农户外出非农就业的劳动力并未发生显著变化。但王文烂（2009）的研究结论却进一步表明，林权改革虽然使农户家庭林业收入得到较快增长，但比较不同行业之间的收入情况可以发现，林业收入对农户家庭收入增长的贡献率依然不高，这与胡慧敏和王爱民（2011）基于河北省的调研发现，尽管林权改革后农户家庭林业收入得到明显提高，但林业收入的增幅以及其在农户家庭总收入所占比例的提升作用仍旧没有起到明显效果的研究结论相类似。张蕾和文彩云（2008）基于福建、辽宁、江西、山东等省份的调查研究，指出林权改革通过法律手段强化了林地产权稳定性，确保农户的财产权利，显著调动农户林业生产积极性，进而增加其家庭林业收入；王文烂（2009）认为林权改革明晰了林地产权权属，激励农户增加林地生产要素投入，通过提高林地生产力以提升林业收入水平，且林权改革对农户林业收入产生了可持续性正向影响；孔祥智和李彧挥（2008）基于福建省林权改革情况，研究发现，林权改革后，农户家庭收入增加的主要原因在于直接经营林业产业所带来的整体收入增加和林业产业对农村地区剩余劳动力资源的吸纳能力增强；张红霄等（2007）基于福建省的调研，研究发现林权改革能够实现森林资源的可持续经营，从而促进农户家庭林业收入的增加；孔凡斌（2008）基于江西省的调查数据，研究发现农户家庭林业收入在林权改革后得到比较明显的增加，激发了农户经营森林资源的主动性和积极性，且农户家庭林业收入增加的主要原因在于林业经营收入的上升、林地林木流转收入的增加以及工资性收入的增长；孔凡斌和杜丽（2009）通过对辽宁省、浙江省、江西省和福建省的林权改革试点情况进行调研，研究结果发现林权改革政策在 2003 年试点实施以来，农户家庭收入具有明显大幅度增长，而农户家庭收入水平的提升主要来自相关林业税费的减免和林权改革促进林业产业的快速发展，进而带动森林资源的大幅增值；谢屹和温亚利（2009）研究发现，农户在林权改革后所获得的林业收入主要分为林地林木经营收入和林地林木流转收入，但林地林木经营收入具有多次性，而林地林木流转收入为一次性，如果农户家庭收入来源于林地林木流转收入的增加，此种情形下林权改革的增收效应将不可持续。

然而，持相反观点则认为林权改革并不显著影响农户家庭林业收入。王良桂等（2010）基于贵州省调研数据，研究发现在较短时期内林权改革政策尚不会显著影响农户家庭总收入；刘小强等（2011）基于山东省、辽宁省、安徽省、浙江省、云南省、福建省、江西省、湖南省等8省份的调研数据，研究发现林权改革并不显著增加农户家庭收入；王文烂（2009）基于农户木质林产品销售收入的情况，认为林权改革对农户家庭收入并不具有显著影响。究其原因，朱冬亮和贺东航（2007）基于福建省的林权改革情况，研究发现林权改革虽然带来林地价值的大幅提升，但对于改革前因某种原因以低价转出林地的农户而言，其从此次改革所获得的收益相对有限；黄建华（2010）认为，对于改革后出于对林权改革政策稳定性的担忧或因缺乏林业经营效率而选择转出林地以期望获得更好收益的农户而言，若面对受让对象为专注于以低成本转入林地的林业大户、林业加工企业等经营主体，农户收益也难以得到保证。虽然强化林地产权稳定性激励部分农户在改革后选择将更多劳动力资源配置到非农部门（魏建等，2019），但却在一定程度上造成林业劳动力供给下降（廖文梅等，2015），此时，可能会对林业经营性投入产生“挤出效应”，造成农户林业生产效率的下降和林业收入的并不必然增加（Yin et al.，2013；Qin and Xu.，2013）。

此外，亦有观点认为林权改革通过强化林地产权稳定性来降低劳动力非农转移过程中可能面临的失地风险，极大激发农户从事非农就业的积极性，进而提升其非农收入水平（蒋宏飞，2012；张寒等，2018；何文剑等，2021）。李江一等（2020）基于中国家庭金融调查数据，研究发现土地确权通过激励劳动力的非农转移和土地出租以提高其非农务工收入水平；钟甫宁和纪月清（2009）更进一步证实，不稳定的农地产权不但会阻断农村劳动力资源向非农行业进行转移，而且会抑制农户非农收入和总收入的增加；宁静等（2018）认为土地确权能够通过促进劳动力转移而增加农户家庭工资性收入；韩家彬和刘淑云（2019）认为土地确权通过强化产权安全性和明晰产权权属，大大降低土地被征收或侵占的风险，进而解放部分家庭劳动力转移至非农部门，促进农户工资性收入的增长；黄宇虹和樊纲治（2020）研究认为土地确权后，部分农村劳动力将从低效率的农业生产转向高效率的非农生产，促使农户家庭非农收入也随之增加；李停（2016）认为不安全且不稳定的土地产权将会影响农村劳动力就业效率，从而造成较低的工资性收入；叶剑平等（2010）认为土地确权增强农户在土地流转后能够收回土地的安全感，提升劳动力转移至非农部门的时间预期，间接强化其从事非农就业的稳定性，从而增加农户家庭非农收入；Yin et al.（2013）、王庶和岳希明（2017）研究认为，强化林地产权安全性与排他性能够激励农户将更多家庭劳动力配置到非农部门，进而增加家庭非农收入；何文剑等（2021）基于全国 27 省（市、区）的统计数据，研究发现林权改革通过强化林地产权安全性和排他性以促进农户家庭劳动力配置的优化、林业经营规模的增加和获得信贷资金可能性的提高，进而增加其非农收入；魏建等（2018）基于全国 9 省 18 县调研数据，研究发现林权改革促进了农户家庭非农收入的增加，尤其对纯农户和兼业户的影响效果更加显著。然而，持相反观点则认为林权改革并不显著影响农户家庭非农收入。Do and Iyer（2008）的研究发现，越南 1993 年实施的农地确权虽然增加农户非农就业时间，但并未提高农户家庭收入；刘小强等（2011）基于全国 8 省份的调研数据，研究发现林权改革对农户家庭非农收入的增收效果并不显著，且缺乏可持续性。可能的原因在于受自身年龄、健康状况、非农就业歧视和技能不足等因素的约束，农村劳动力非农就业的稳定性和持续性往往较差，造成林权改革非农增收效果的持续性并不明显（许庆和陆钰凤，2018）。

2.8　简要评述

本章主要从制度、产权制度、林地产权制度、林地产权对农户林业生产投资、非农就业、生产效率与家庭生计的影响等方面，对已有文献进行回顾和梳理。学界就包括林地权属在内的农村土地权属的研究已经取得重要进展，为本书研究提供良好的借鉴与支撑。从多个角度认识、理解并计量林地权属安全性对农户生产效率及其家庭生计的影响是重要的，尚需要从社会经济框架下加以理解，且市场及其结构、农户偏好等众多因素对林地权属的绩效亦具有显著影响。政府对包括林业在内的农业发展从索取转向扶持和反哺，事实上，每一项政策方针的出台通常都会造成其他经济问题的出现，每一项政策方针的出台都意味着不同的收入分配，这些都将直接与农民和消费者息息相关（Stigler，1966）。因此，开展林权改革的政策评估，分析林权改革对农户生产效率及其家庭生计的影响既具有理论和实践上的合理性与有效性，又能够较好地为后续政策设计提供可操作的政策选择。从林权改革对农户生产效率及其家庭生计影响的现有文献来看，目前本领域的研究尚存在如下需要完善的学术空间：

第一，从研究内容来看。一方面，现有研究大多集中分析林权改革影响农户家庭生计的中间渠道，例如探讨林权改革对林地流转和林权抵押贷款等方面的影响，而对于林权改革影响农户家庭生计的关注较少，尤其是没有揭示林权改革影响农户家庭生计的作用机理和传导路径。另一方面，现有研究在探讨林权改革影响农户家庭生计的同时，对改革政策影响农户生产效率的关注较少，尤其是没有深入探析并详细检验林权改革对农户生产效率的影响及其作用路径。与农户家庭生计不同，农户生产效率代表单位劳动力的平均产出水平（劳均收入水平）。农户家庭较高的生计水平并不意味着较高的生产效率水平，反之亦然，但较高的农户生产效率水平则代表其具有较高的生计水平。比如，如果农户家庭剩余劳动力无法向非农部门进行有效且充分的转移，那么该农户林地上就将“附着”过密的劳动力资源，此时农户家庭林业生产性收入水平较高，意味着农户家庭生计水平也就因此较高，然而，农户生产效率水平可能在此种情形下相对较低。因此，人为地将农户生产效率与农户家庭生计割裂开来，则无法准确评估林权改革对农户家庭生计的政策效果。

第二，从研究深度来看。一方面，林权改革通过法律赋权给予农户林地财产权利，但能否提升农户家庭生计水平尚未完全达成共识，有必要作进一步的探讨。林权改革对农户家庭生计的影响存在复杂的影响机理和传导机制，少量研究发现林权改革通过促进林地流转或缓解信贷约束来改善农户家庭生计，但这些观点尚未得到更严谨的证明，也没有系统且全面地展示出林权改革影响农户家庭生计的作用机制。同时，农户各种经济决策之间都是紧密关联的，其生产决策、劳动力分配和消费行为等都是相互制约的，现有研究并未将林权改革的经济福利效果及其实现机制进行全面整合，忽略了农户各项经济决策间的关联性，不仅会对实证结果的可靠性造成影响，还无法准确评估林权改革政策冲击产生的经济效果，进而难以形成一致性的理论逻辑和研究结论。此外，针对林权改革影响农户家庭生计的实证研究，大多采用估计直接影响的方法来估计间接影响，鲜有研究清晰界定并利用相关计量经济学方法估计林权改革的直接和间接影响。林权改革通过直接作用或包括林地流转和信贷可得性等在内的间接作用影响农户林业生产投资和非农就业，在此基础上，将林业生产投资、非农劳动供给、林地流转和信贷可得性等作用路径统一纳入林权改革影响农户家庭生计的理论体系，林权改革是否通过这四条作用路径影响农户家庭生计，各条作用路径的影响效果有多大等问题，都需要进一步厘清。另一方面，已有研究尚未从消费视角分析林权改革对农户家庭生计的影响。评价一项农村政策时，不但需要考虑其对农村社会生产的影响，而且也要考虑其对农户家庭消费的影响（穆月英和小池淳司，2009）。消费作为衡量农户家庭生计水平的重要指标，也是反映贫困发生率的重要指标。已有文献大多侧重于分析林权改革对农户家庭收入的影响，但评估一项制度政策对农户家庭生计的影响不单是考虑其对收入的影响，收入的提高仅是反映农户家庭生计水平的一个方面，仅用收入衡量农户家庭生计状况可能会偏离实际情况，还需分析其对农户家庭消费的影响，才能更加全面评估林权改革对农户家庭生计水平的提升效果，但已有研究基本忽视了林权改革对农户家庭消费的影响及其作用路径。进一步地，消费结构反映了农户家庭的消费能力（自给性消费和购买性消费）和消费质量（基本性需求消费和改善性需求消费）。不同收入来源可能具有不同的边际消费倾向，已有研究尚未探讨林权改革对农户家庭不同层次和不同来源消费的影响，而这又恰恰关系到林权改革对农户形成何种收入预期以及收入预期的变动如何作用于农户家庭消费，这将不利于全面评估林权改革对农户家庭生计的影响。

第三，从研究对象来看。生计策略是农户根据家庭生产要素资源组合和生产能力优势而采取的行为策略，反映农户在最大承受风险、要素资源配置和收入之间的最优平衡。在探讨林权改革政策效果的过程中，已有研究对农户异质性问题的忽略将无法准确揭示生计策略选择的不同所导致林权改革政策效果的差异，从而无法有效保证农户不同行为决策与现实情况的吻合程度，进而不足以在全局上认识和把控政策的实施效果，也不利于深化林权改革政策的制定和精准实施。此外，林地具有基本保障功能，对于纯农户群体而言可能具有更为重要的作用，尤其对于纯农户中的脱贫户而言，林权改革对其所造成的影响将直接关系到脱贫成效，特别是在巩固脱贫成果阶段，林权改革是否促进脱贫群体家庭生计的持续提升而体现出政策的益贫效应还需进一步讨论。

第四，从研究方法来看，对林地权属安全性及其计量尚存较大争议。已有研究多采用面板估计或 OLS 估计，对林地产权与林业生产投资、劳动力分配以及经济发展之间可能存在内生性等方面的研究不足，若不能有效解决可能存在的内生性问题，则可能导致估计结果存在潜在偏误。虽然 Yi et al.（2014）采用 Besley（1995）的思路，发现中国集体林产权安全性与投资之间不存在内生性，但还需进一步研究我国集体林产权制度与经济发展（家庭生计）水平是否存在内生性以及集体林产权制度与农户生产行为之间是否存在内生性问题。

第五，从研究数据来看，利用长期大样本面板数据开展林权改革对农户生产效率及其家庭生计的研究相对较少。大多数已有研究所采用数据为一个或少量几个时期的小样本数据或覆盖范围相对集中的中、大样本数据，并不具有全国代表性，人们可能会质疑林权改革与生产决策、生产效率、家庭生计之间的因果关系。同时，在微观层面开展农户家庭生计问题的研究对数据要求较高，采用截面数据或短期面板数据进行分析可能无法准确反映林权改革对农户家庭生计的动态变化，并且限制计量经济学模型的选择。因此，迫切需要长期大样本数据开展研究，如此方能得出更加科学合理的结论。

为了弥补林权改革影响农户生产效率及其家庭生计的研究不足，在分析框架上，根据产权理论、制度变迁理论、小农理论和消费理论构建林权改革影响农户生产效率及其家庭生计的理论分析框架，着重考虑农户各项经济决策之间的关联性，探讨林权改革影响农户生产效率及其家庭生计的作用机理和实现路径。在计量方法上，本书将采用双重差分方法的研究思路来控制其他不可观察因素的影响，解决实证检验中可能存在的内生性问题。在分析对象上，在研究一般意义上的农户群体基础上，同时探讨生计策略异质性下林权改革政策的差异化影响，以保证评估结果的准确性以及与现实情况的吻合程度，这对有针对性地完善林权改革政策和科学制定相关配套政策措施具有重要学术价值和实践意义。此外，利用全国 9 省（区）18 县（市、区）1128 户为期 12 年的长期大样本农户调查数据来估计林权改革对农户生产效率及其家庭生计的影响，以期准确反映林权改革政策效果的动态变化。

第3章

理论基础、分析框架与研究方法

3.1 概念界定

3.1.1 集体林权制度改革

集体林权制度改革的出台是考虑新时期我国林业发展的实际情况和农村地区的具体经营需求而进行的重大制度创新。集体林权制度改革是对集体林地和林地上的森林资源进行界定并予以保护而形成一系列产权关系的总和。集体林权制度改革的实施是对集体林地产权主体权利的保护，其核心思想是通过明确林地产权权属而赋予林地产权主体权利，并明晰其权利的范围界限和具体内容，最大限度避免林地产权主体的正当合法权益遭受第三方的侵害，保证林地产权的稳定性和安全性，使其能够安心并激励其从事林业生产活动，通过增加林业生产要素投入或改变林业生产方式而获得更好的林业经营收益，从而有助于林业的可持续发展。

集体林权制度改革对林地产权主体的界定并对其拥有权利行使有效保护主要体现在以承包的形式来确立农民作为合法承包主体的地位，通过明晰林地产权权属并发放林地产权证书来确保已分山到户农民的承包关系具有法律效力。对于林地产权权属明确但未发放具有法律效力的林地产权证书的情形，应尽早发放；对于林地产权权属不清或已确权但与他人存在林地产权纠纷的情形，应通过勘界以明晰林地权属或调处林地产权纠纷清楚后，尽快发放林地产权权属证明。因此，在我国集体林权制度中，林地产权证书是稳定林地产权承包关系的落脚点，是保证现阶段集体林地由家庭承包经营格局的关键。

鉴于此，本章对集体林权制度改革的概念主要是从林地和林地上的森林资源权属这一角度来进行区分。本章所指出的“新一轮集体林权制度改革”或“林权改革”均是指2003年试点实施、2008年在全国范围内实施的集体林权制度改革。

3.1.2 农户生产效率

“效率”是指以最少的资源完成预期给定目标的能力，它能够用资源投入和产出两者之间的比值关系来衡量，即为完成期望目标，投入有限资源所能完成的产出数量和质量，也能反映有限的资源被利用程度的高低。生产效率是指在既定时间内因生产活动需要投入的资源被开发利用的效率，即通过最优管理或配置有限资源而发挥其最大作用，反映了在确定的市场条件、生产技术水平和经济发展状况下，生产过程中资源的投入与产出关系。

在生产经营活动中，作为生产经营活动主体的农户在“理性思维”的驱动下，面对稀缺的资源要素和生产资料，必然需要通过优化资源配置以追求经营效益或效用最大化，其本质是微观经济主体利用生产要素配置权力，在生产活动中不断优化生产要素配置结构，从而实现效用最大化。

鉴于此，本章认为林业生产效率是在现有技术条件下，为达到所预期的产出水平而需要投入的林地、资本、劳动力和技术力量等各方面的生产要素，从而得出理想产出与实际产出之间的差距，如果差距越大，那么表明生产效率的损失就越大，反之则表明生产效率越高。由此可以看出，生产效率损失是指在生产可能性边界上，由于受到某种主观或客观因素的影响，造成农户的生产活动偏离生产可能性边界，进而得出所偏离的距离。因此，本章以林业生产效率损失作为农户林业生产效率的表征。在农户非农就业中，非农生产效率是指农户在非农生产过程中的劳动效率，用单位劳动时间的非农产出或产值进行表示，抑或用单位非农产出或产值所耗费的劳动时间来表示。

3.1.3 农户生计

农户生计指的是农户在生产经营过程中通过对其拥有的生产要素资源进行管理和配置，从而实现生计产出，即农户按照家庭生产要素资源禀赋采取某项生计策略所产生的生计结果，其最终目标的实现是为了维持甚至改善家庭生活水平，包括可持续利用自然资源、增加收入、缩小收入差距等方面。因此，本章侧重于通过分析农户参与经济活动而获取收入的情况来分析农户生计。然而，消费作为衡量农户生计水平的重要标准，是一切社会生产活动的最终目的（阿马蒂亚·森等，2015；Jones and Klenow，2016）。因此，本章中的农户生计特指农户家庭收入和消费两个方面。

3.1.4 林业生产投资

林业生产投资是农户为获取最大化的林业收入，以林地为载体而进行林业生产活动，在林业生产过程中则需要对林地进行资本、劳动力等主要生产要素投入。由于林业生产具有明显的长周期性，农户在林地上的生产要素投入均无法在当年获得经济回报，因而林业属于长期性投入行业，具备明显的投资特征（孙妍和徐晋涛，2011）。故本章所涉及的林业生产投资与林业生产投入同等使用。林业生产投资既包括林业生产过程中的资本、劳动力和土地投入，还包括其他相关要素投入。本章关注的林业生产投资是指农户在既定林地经营面积基础上涉及林业生产过程中各环节所进行的资本和劳动力两项要素的投入。

3.1.5 非农就业

非农就业是指农户家庭成员中任何一人参与非农生产或经营活动，无论其从事非农就业时间的长短，还是非农就业区域与家的距离的远近，抑或是从事非农生产或经营活动的性质，均将该类型农户定义为非农就业农户。此外，需要指出的是，非农就业农户即使在从事非农生产或经营活动的同时从事农业或林业生产，我们也将该类型农户视为从事非农生产或经营活动，即为非农就业农户。农户从事非农就业程度是其全部家庭劳动力参与非农生产或经营活动的总用工数，农户从事非农就业的结果是参与非农生产或经营活动的全部家庭成员所获得的非农收入。

3.2 理论基础

3.2.1 产权理论

关于产权的内涵，不同的学者或者学派基于不同的角度存在差异化的理解。Coase（1960）认为产权是人们拥有某一财产的行为权利，而非拥有财产本身。Alchian（1950）认为产权是基于资源稀缺条件下通过法律强制制定的规则而使用资源的权利，同时这些权利能够和其他权利彼此互相交换。Barzel（1989）则认为人们对某一财产的权利是由消费财产、借助财产而获得收益以及互相交换财产等权利组成的，即人们拥有财产的使用权、收益权以及转让权。菲吕博腾和佩杰威齐（1991）认为由于资源的稀缺性和特用性，产权是通过资源的使用而形成人与人之间所认可的行为关系，这种相互关系是以共同遵守资源使用时的各种行为规范为基础，若不遵守，则需承担相应的处罚成本。诺思认为产权是一项排他性权利，是人们对某一财产的占有权利，这种权利在法律规则范围内具有排斥他人的作用。另外，Demsetz（1967）认为产权是一种既能获取收益回报也能遭受经济损失的权利，能够在权利交易过程中帮助人们逐步形成合理的预期，通过判断损益程度而修正下一步的经济行动。在马克思产权理论中，产权是基于财产这一客体建立的人与人之间的经济关系，分离成使用权、占有权、收益权和处分权，人们可以分离其中的每一项权能但不丧失财产所有权。张五常认为产权应该要从产权的功能结构为出发点进行定义，产权具体来说是包括使用权的私有性、收入享受权的私有性以及转让权的自由性。因此，产权主要是由收益权、使用权、所有权、转让权等一系列权能组成的权利束，产权中各项权能的分离会在主体与客体之间形成共同遵守的经济权利关系。

经济学是研究人们在资源稀缺的情况下如何作出选择的问题，由于资源稀缺性的约束，人们在实现效用或利润最大化前提下需要对其选择的成本和收益进行权衡，但由于信息获取的有限性，人们不可能在完全信息条件下对资源作出最优决策。在产权经济学看来，有效率的产权制度是经济发展的前提（诺斯和托马斯，2009），如果产权界定不明晰，导致私人边际收益与社会边际收益或私人边际成本与社会边际成本的不一致，无法达到资源配置的社会最优均衡，必然会带来负的外部性，进而减少社会福利（Coase，1959）。因此，在产权制度演化和产权逐渐清晰化过程中，鉴于资源的稀缺性程度以及人们对资源的竞争随着时间的推移逐渐加重的现实状况，倘若所要建立的产权制度成本低于所带来的实际收益，那么就说明所建立的产权制度安排就是理性的（Barzel，1989）。

3.2.2　制度变迁理论

节省制度成本、获得制度收益是制度变迁的重要诱发因素，因此，制度是制度变迁理论所研究的对象。North（1990）认为制度是一系列人为制定的规则、约束人们之间经济行为的道德规范，是决定人们之间相互关系而人为设定的社会游戏规则，无论是正式或是非正式的制度规则，均会约束追求利益最大化的个人行为。在诺思的观点中，制度变革存在明显的路径依赖，既可能形成规模报酬递增，也有可能产生路径锁定效应。Schultz（1964）认为，制度是为约束人们行为的涉及政治、经济和社会行为的一系列准则，这一系列准则又是由价值观、文化传统、风俗习惯、伦理道德等方面的行为规则组成，进而约束、引导、规范人们的行为（林毅夫，1991；林毅夫，1992）。诺思认为，制度变迁的过程即以一项具有更高效益的制度安排而更换另一项效益相对较低的制度安排。在现阶段的制度安排运行过程中，随着社会进步将逐渐产生一部分难以捕获的利润空间，若改变现行制度安排能够获取这部分潜在利润，且人们建立制度的预期收益大于所承担的成本时，那么为获取这部分潜在利润，新的制度需求就此产生，进而在制度供给与需求无法达到最优均衡时则需要提高制度创新供给，由此发生制度变迁。当制度需求与供给达到最优平衡时，则就有可能实现制度变迁。马克思认为制度变迁的主要诱发原因是经济基础与上层建筑的矛盾和生产力与生产关系的矛盾。当生产力的发展与现行生产关系不相适应，经济基础的变化与现行上层建筑不相适应时，则需要生产关系和上层建筑及时作出相适应的调整或改变，进而推动制度变迁。由此，制度变迁方能推动社会经济长期且有效地增长。

3.2.3　小农理论

农户生产变化实质上是农户行为的变化，农户生产行为和动机是小农理论的研究重点。一些实体学派经济学家认为农户并不能完全符合理性经济人假设。波兰尼认为，当市场经济行为置于社会行为中时，理性经济人假设就会偏离现阶段农村生活和农业生产经营的实际状态，农户经济活动或者是农村经济并不能等同于完全意义上的市场经济。由于农户的经济行为受到风俗习惯、道德伦理规范、文化传统的约束，追求生存安全、保障家庭生计是农村家庭安排农业生产的最重要动机，因此农户具有明显的风险规避偏好；Scott 也认为，农户是风险规避型的，生存安全和道德伦理是农户经济活动的基本准则，在农业生产中，真正让农户关心的是从事农业生产活动是否能够保障其家庭成员的基本生存，而非获利的多少。因此，看似一些非常规模式的经济行为方式，事实上农户多是基于“避免灾难”这一前提条件进行理性考虑。Chayanov 认为，农户借助于家庭劳动力进行生产经营，满足家庭消费的基本需求是其最终意图，而不是为了刻意追求最小化的生产成本和最大化的市场利润。当家庭消费需求增加时，就需要增加家庭劳动力的利用强度和生产强度。然而，如果增加生产强度后也只能勉强维持家庭基本生计时，农户则会放弃这种生产方式。因此，利润最大化的假设不能完全解释农户经济行为。在市场经济不完善的情况下，农户以自给性消费为主，难以建立在成本与收益权衡消费的基础上。一些形式主义学派认为，农户任何的经济行为都理性地以效益最大化为基本准则。Schultz 认为农户是理性的，农户会遵循市场经济来进行生产要素投资和资源配置，因此农户在农业生产时的要素投入和资源配置是有效率的，由此提出“贫穷但有效率的传统农业”。Popkin（1979）也认为，农户是理性的生产者，农户的生产决策会遵循个人或家庭利益最大化原则进行资源配置，虽然贫穷，但也会通过农村土地产权制度变迁和生产要素投资以改进传统农业生产。马克思主义认为，农户在宗法等伦理道德约束下，依靠有限的土地，使用落后的生产工具，以满足自给自足的家庭消费需求，这一劳动是分散、孤立、效率低下的，此时的农业生产并非遵循利益最大化原则，从长远来看，未来农业发展的方向在于农户之间的联合或合作，进而形成农业规模化生产。黄宗智（2010）认为，中国传统小农户为维持家庭生计需求，面对家庭剩余劳动力而长期采取过密化生计资本投入的问题，虽然带来土地产出率的提高，但是劳动产出率却是不断下降的。Simon 提出有限理性的概念，这是介于完全理性和非理性之间的第三种观点。“满意”原则是人们在决策时所遵循的原则，通过引入有限理性概念或寻求“满意解”，是对基于最优决策原则的完全理性理论的修正（Kinder and Weiss，1978）。因此，农户的决策行为并非基于最优解，而是基于满意且可接受的原则寻求替代方案（March and Simon，1958），采用低成本的经验探索法和心理启发进行策略选择（Thaler and Sunstein，2008；World Bank，2015），或模仿已成功的历史行动方案，或采用渐进的实验方式，以减少不确定性和应对复杂性（Braybrooke and Lindblom，1963）。通过多种形式或渠道获取信息，由此农户行为趋于理性化。因此，本章采取理性经济人的假设。

3.2.4 消费理论

消费理论主要研究人们的消费活动及其运动规律，探究在消费关系的某种限制或约束下，人们应该如何借助于合理安排或优化升级消费结构来实现自身最大化的消费效用问题。因此，消费理论初创时期的研究范畴主要从生产与消费、收入与消费、消费水平及效用、消费结构等宏观经济问题进行分析，而以家庭为研究单位探讨家庭生产、收入、效用分别与消费之间的相互关系则以边际效用理论和消费函数理论最为突出。边际效用理论认为在给定一组价格与消费预算的条件下，消费者会根据自身消费偏好理性作出最佳商品组合决策以实现消费效用最大化。与边际效用理论有所不同的是，消费函数理论以研究收入和现期消费的关系作为突破口，然后逐渐地引入消费习惯、不确定性、消费偏好等相关因素对消费所产生的影响，继而建立起以生命周期假说、相对收入假说、绝对收入假说等具有代表性的理论作为理论体系，由此构成深入研究个体家庭消费问题的重要理论基础。具体而言，绝对收入假说是凯恩斯在《就业、利息和货币通论》这本书中所提出的观点，他认为，现期收入与现期消费存在稳定的函数关系，即消费者消费支出随着收入的增加呈现上升态势，但收入的增量对消费增量的变化存在边际递减规律，在长期消费中，收入和消费之间稳定的比例关系逐渐趋于平均消费倾向。因此，收入是消费的关键因素就成为凯恩斯的绝对收入假说的理论关键点，增加收入方能提升家庭消费水平，特别是对于具有较高边际消费倾向的低收入者则显得尤为重要。杜森贝利提出的相对收入假说认为消费者行为是置于与其他社会成员的关系之中，其消费水平主要取决于相对收入水平而非绝对收入水平，即消费者的平均消费倾向不仅取决于自身收入水平，而且与其密切联系社会成员的收入情况密切相关，这就是为何低收入者消费倾向未必呈现边际递减而具有较高平均消费倾向的原因所在。此外，当消费者受往期高收入水平的影响会形成一定程度的消费刚性，即使现期收入水平下降也不会必然降低现期消费，即使现期收入增长态势已经偏离长期增长总体趋势，消费者的长期边际消费倾向也将大于其短期边际消费倾向。莫迪里安尼提出的生命周期假说认为，消费者是在其所处的生命周期安排自己的消费和个人储蓄行为，并在生命周期的各个阶段最优配置整个生命周期的总财富，以实现整个生命周期效用最大化。在这一过程中，储蓄是消费者在为生命周期晚期做准备的财富管理，通过在工作阶段进行正储蓄而在无法工作阶段进行负储蓄，以此实现整个生命周期消费水平的均衡或平滑。此外，消费者会在其工作阶段最大限度地增加储蓄，直到在无法工作阶段的总财富达到最高水平，虽然这一阶段是负储蓄的时期，但消费者依然能够在所积累财富的基础上保持原有消费水平，以此实现效用最大化。

收入与消费的关系是经济学中一个传统的研究命题。在现实情况中，农户消费问题在制度环境和社会经济发展水平差异下与现有理论并非绝对契合。鉴于观察分析角度以及研究重点的差异，现有研究结论和现有理论的实际意义尚待考证。在我国工业化、城镇化加速发展背景下，农村经济结构和政策制度环境正在发生重大变革，农户收入来源现阶段呈现逐渐多元化的发展趋势，不同来源的收入对消费者具有不同的消费弹性以及对不同商品的需求偏好或消费倾向，进而对其消费行为会产生不同的影响，而不完全如生命周期假说所预测的那样可以做到完全替代（Thaler，1990）。因此，恰当诠释林权改革对农户生产、收入与消费之间的影响，不仅拓宽了林权改革研究视角，而且可以有效提高研究结论的准确性和可靠性。

3.3 理论分析框架

本章依托产权理论、制度变迁理论、小农理论和消费理论，基于“林权改革—生产行为—生计”的分析框架来构建林权改革影响农户家庭生计的理论体系。为了揭示林权改革对农户家庭生计的影响及其作用路径，首先需要厘清林权改革对农户生产行为的影响及其作用机制，而林权改革对农户生产行为的影响主要体现在林业生产投资和非农就业两个方面。一方面，林地产权安全性的改善会带来投资效应，这体现在林业资本投入和林业劳动力投入的增加，因而需要构建林权改革影响农户林业生产投资的理论分析框架；另一方面，强化林地产权稳定性会促进农户根据劳动力的比较优势而加速家庭劳动力的分化，这体现在农户家庭非农就业人数或非农就业用工数的增加，因而需要构建林权改革影响农户非农就业的理论分析框架。

林权改革引起农户生产行为变化后，农户家庭的收入水平和收入结构也会发生明显改变，因而需要在林权改革引起生产行为转变的基础上进一步探析林权改革对农户家庭收入的影响及其作用机理。收入和消费通常作为评估生计水平的分析指标。林权改革引发农户家庭收入水平和收入结构产生变化后，农户家庭的消费水平和消费决策偏好也会发生改变，因而本章将分析框架在“林权改革—生产行为—收入”的基础上进一步拓展至消费领域，以期基于收入和消费两方面视角来全面评估林权改革对农户家庭生计的影响。

然而，假使林权改革实现了农户家庭生计水平的提高，但较高的生计水平并不意味着林权改革能够同时促进农户生产效率水平的提升，反之亦然。而恰恰林权改革引起农户生产效率水平的提升可以同时反映林权改革能够带来较高的生计水平。因而，在明确林权改革引起农户生产行为变化的基础上，需要进一步深入探析林权改革对农户家庭生计是否能够实现有“质量（生产效率）”的提升效果，由此构建林权改革影响农户生产效率的理论分析框架。

3.3.1　林权改革对农户林业生产投资影响的理论框架

借鉴 Zhang and Carter（1997）、李谷成等（2010）的基本模型，并对此进行一定的改进，本部分构建了一个基于林权改革的农户决策模型。为了便于分析，本章简化了农户的决策行为，假设农户只参与林业生产和非农就业，以此探讨林权改革与农户生产决策之间的内在理论逻辑关系。

首先，探讨林权改革与农户林业生产投资之间的内在理论逻辑关系，假设农户家庭林业生产函数为以下形式：

$$y_f = \theta A^m L_f^n K_f^z \tag{3-1}$$

式（3－1）中，y_f 代表林业总产出，A 代表林地经营规模，L_f 代表林业劳动力投入规模，K_f 代表林业资本投入规模，θ 代表农户林业生产效率，m、n、z 分别代表林地经营规模、林业劳动力投入规模和林业资本投入规模的规模报酬系数，且 m、n、z 取值范围介于 0 和 1 之间。

假设市场是处于完全竞争状态，为了简化分析，假设林业生产要素寿命为两期，期末林业生产要素残值为零，同时林业生产要素的投入决策在第一期期初已经作出。如果两期林业生产函数不发生变化，则农户选择投入林业生产要素。因此，农户家庭的利润最大化目标函数为：

$$\prod_f = y_f + \frac{f_f(x)}{1+i} y_f - K_f - wL_f - (i + T_B)B$$
$$+ i(D + B - K_f) - (R_A + T_R)A \tag{3-2}$$

式（3－2）中，y_f 为第一期林业总产出，$\frac{f_f(x)}{1+i}y_f$ 为第二期林业总产出的当期折现值，$f_f(x)$ 代表农户下一期依然保持林地的概率，反映了林地产权的稳定性。w 代表劳动力的平均工资，i 代表市场利率，B 代表农户林权抵押贷款额，林权抵押贷款利率为市场利率 i 和贷款交易成本 T_B 之和。D 代表农户家庭储蓄，（$D+B-K_f$）代表农户家庭剩余的资金。R_A 代表林地流转租金，T_R 代表林地流转交易成本，R_A+T_R 代表林地流转成本。假设全年资本在种苗、农药、化肥、机械、雇工等方面林业生产经营中的投入规模和转入林地的总支出 $K_f+(R_A+T_R)$ A 受到预算约束，最多不能超过农户家庭储蓄和林权抵押贷款资金之和 $D+B$。农户林业生产投资从金融机构获取林权抵押贷款取决于信贷约束 φ。则满足以下约束条件：

$$K_f + (R_A + T_R)A \leqslant D + B, B \leqslant \varphi(y_f + D) \tag{3-3}$$

根据式（3－2）一阶条件，农户家庭最优单位林地资本密度为：

$$\frac{K_f}{A} = \frac{z(R_A + T_R)}{m(1+i)} \tag{3-4}$$

当农户家庭没有面临预算约束时，最优资本和林地需求为：

$$K_f = \left(\frac{R_A + T_R}{m}\right)^{\frac{m}{z+m-1}} \left(\frac{1+i}{z}\right)^{\frac{1-m}{z+m-1}} \theta^{\frac{1}{1-z-m}} L_f^{\frac{n}{1-z-m}} p^{\frac{1}{1-z-m}} \left(1 + \frac{f_f(x)}{1+i}\right)^{\frac{1}{1-z-m}} \tag{3-5}$$

$$A = \left(\frac{R_A + T_R}{m}\right)^{\frac{1-z}{z+m-1}} \left(\frac{1+i}{z}\right)^{\frac{z}{z+m-1}} \theta^{\frac{1}{1-z-m}} L_f^{\frac{n}{1-z-m}} p^{\frac{1}{1-z-m}} \left(1 + \frac{f_f(x)}{1+i}\right)^{\frac{1}{1-z-m}} \tag{3-6}$$

农户家庭最优单位林地劳动力密度为：

$$\frac{L_f}{A} = \frac{n(R_A + T_R)}{mw} \tag{3-7}$$

当农户家庭没有面临预算约束时，最优劳动力和林地需求为：

$$L_f = \left(\frac{R_A + T_R}{m}\right)^{\frac{m}{n+m-1}} \left(\frac{w}{n}\right)^{\frac{1-m}{n+m-1}} \theta^{\frac{1}{1-n-m}} K_f^{\frac{z}{1-n-m}} p^{\frac{1}{1-n-m}} \left(1 + \frac{f_f(x)}{1+i}\right)^{\frac{1}{1-n-m}} \tag{3-8}$$

$$A = \left(\frac{R_A + T_R}{m}\right)^{\frac{1-n}{n+m-1}} \left(\frac{w}{n}\right)^{\frac{n}{n+m-1}} \theta^{\frac{1}{1-n-m}} K_f^{\frac{z}{1-n-m}} p^{\frac{1}{1-n-m}} \left(1 + \frac{f_f(x)}{1+i}\right)^{\frac{1}{1-n-m}} \tag{3-9}$$

此外，当农户家庭没有面临预算约束时，资本和劳动力最优投入比例为：

$$\frac{K_f}{L_f} = \frac{zw}{n(1+i)} \tag{3-10}$$

3.3.1.1 林权改革对农户林业生产投资的直接影响

林权改革通过确权颁证强化了林地产权安全性，农户失去林地产权的风险大幅降低，因此 $f_f(x)$ 将得到提升，由式（3－5）和式（3－8）可知，$\frac{\partial K_f}{\partial f_f(x)}$和$\frac{\partial L_f}{\partial f_f(x)}$将上升，即$\frac{\partial K_f}{\partial f_f(x)} > 0$，$\frac{\partial L_f}{\partial f_f(x)} > 0$。由于强化林地产权安全性给予农户稳定的产权预期，有助于形成林业生产投资和预期收益互为正向反馈的良性发展机制，这是林权改革带来的直接投资激励。具体表现为：一是林权改革强化林地产权排他能力。林权改革通过法律赋权将林地固化给农户，明确其林地的空间地理位置和林地属性，在有效降低林地产权保护成本的同时也有助于解决潜在的林地产权纠纷问题，进而激励农户增加林业生产投资。二是林权改革能够提高农户对林地产权的安全性预期。长期稳定的林地产权保证了林地收益不被政府、机构和他人所侵占（Demsetz，1967），农户能够在投资期内获得全部林业生产投资收益，降低未来收益的不确定性（Yao and Carter，1995），进而通过影响林地的预期报酬来刺激农户林业生产投资。

假说1：林权改革通过强化林地产权安全性和稳定性，直接激励农户增加林业生产投资。

3.3.1.2 林权改革通过中介变量对农户林业生产投资的间接影响

（1）中介变量：林地转入

强化林地产权稳定性不仅可以有效提升投资收益的内部化程度和当期投资收益在未来收回的可能性，还能够增加林权交易机会以及通过林权自由交易以获得规模收益的能力。具体表现为：一是林权改革强化了农户对林地产权的排他性预期，有效规范林地产权交易市场主体间的交易行为，通过缩短林地产权交易链条来减少交易主体间的信息不对称，以此降低谈判契约风险和交易成本，此时交易双方更易在林地产权交易市场中获得预期的林地交易价值，进一步提升林地的可交易性和交易自由化程度，从而增强农户参与林地产权交易的意愿和林地产权交易市场的活跃程度，使农户能够在更大交易范围内实现产权交易，即林权改革通过强化林地产权稳定性以降低E_R，从而促进林地流转：$\frac{\partial T_R}{\partial f_f(x)}<0$；二是林权改革增强林地产权的未来可交易性，若农户预期当期的林业生产投资能够在未来林地产权交易市场中实现其价值，则可以增强农户在未来林地产权交易中获得交易收益的信心，从而激励其增加当期林地经营规模，通过扩大林地经营规模以降低单位林地交易成本：$\frac{\partial T_R}{\partial A}<0$。因此，从式（3－6）和式（3－9）可以发现，在强化林地产权稳定性促进农户增加林地经营规模基础上：$\frac{\partial A}{\partial f_f(x)}>0$，高林业生产率农户会选择转入林地，相对应地，低林业生产率农户则会选择转出林地：$\frac{\partial A}{\partial \theta}>0$。随着林地经营规模的增加，高林业生产效率农户的林业生产效率θ会进一步提升，而这也将促进农户增加与之相匹配的最优资本和劳动力投入：$\frac{\partial K_f}{\partial \theta}>0$，$\frac{\partial L_f}{\partial \theta}>0$。此外，随着林地经营规模的增加，高林业生产效率农户将进一步优化林业要素结构，促进林业资本和林业劳动力的深化，z、n的提高则会进一步带来林业资本和林业劳动力的增加：$\frac{\partial K_f}{\partial z}>0$，$\frac{\partial L_f}{\partial n}>0$。因此，林权改革不是简单通过林地产权交易收益来促进林业生产投资的增加，而是间接在林地产权交易市场中通过引导农户扩大林地经营规模，进而促进林业资本和林业劳动力的增加。

假说 2：林权改革通过降低交易成本、提高交易自由程度来促进林地流转，林地流转带来林地经营规模扩大而促进农户增加林业生产投资。

（2）中介变量：信贷可得性

林权改革通过林权抵押贷款制度赋予林地使用权和林木所有权具有抵押价值，提高农户获得金融机构信用贷款的可能性，从而增强农户林业生产投资能力。对于现阶段中国农户而言，受约束的信贷环境使其在较难获得信贷资金时不得不采取次优的生产要素组合进行林业生产投资，这将影响农户经营林业的最佳产出。林权改革带来林业生产投资需求增加则会在受约束的信贷环境下继续提高资金的影子价格，而这又将进一步抑制林业生产的最优投资，促使不断加剧的受约束信贷环境与不断增加的林业生产投资需求之间无法实现最优均衡，造成林业生产投资与林业产出之间形成恶性循环。因此，林权改革通过确权颁证等措施明确林地地理空间位置、规模、林种以及林地的权属关系，在此基础上进一步赋予林地使用权和林木所有权抵押和担保功能，提高金融机构视林地产权为优质抵押品的认可度，林地产权作为安全性较高的抵押品，更容易成为金融机构追求的抵押贷款方式，进而提高农户获得信贷资金的可能性：$\frac{\partial B}{\partial f_f(x)}>0$。具体表现为：一是林权改革通过将林地信息标准化，有助于金融机构对农户信用进行量化，最大限度地降低因借贷双方信息不对称而在信贷有效期间发生逆向选择和道德风险等问题的可能性。二是林地产权权利的完善能够降低林地丧失抵押品赎回权的成本，减少在出现违约风险时金融机构的处置成本：$\frac{\partial T_B}{\partial f_f(x)}<0$，进而增加金融机构愿意提供信贷服务供给的可能性：$\frac{\partial B}{\partial T_B}<0$。

因此，随着农户在林业生产中所面临的信贷约束问题逐步得到有效缓解，这将进一步强化其林业资本投入能力：$\frac{\partial K_f}{\partial B}>0$。此时，$\frac{\partial K_f}{\partial f_f(x)}=\frac{\partial K_f}{\partial B}\cdot\frac{\partial B}{\partial f_f(x)}+\frac{\partial K_f}{\partial B}\cdot\frac{\partial B}{\partial T_B}\cdot\frac{\partial T_B}{\partial f_f(x)}>0$。随着林业资本投入的增加，促使最优林业劳动力投入也随之增加：$\frac{\partial K_f}{\partial L_f}>0$。

假说3：林权改革通过林权抵押贷款制度提高了信贷可得性，促进农户增加林业生产投资。

3.3.1.3 生计策略在林权改革影响农户林业生产投资中的调节效应

生计策略直观反映了农户家庭的行为能力和经营决策偏好，在一定程度上关系着农户对未来收益的不确定性预期，这便成为大多数农户为避免长期依赖单一生计来源而采取多样化生计策略的内在驱动力。然而，在异质性资源禀赋状况和劳动力比较优势的背景下，农户管理和适应自然、市场和社会风险的能力往往截然不同，使其适应性生计策略的调整重点也存在明显差异。生计策略侧重点不同，家庭生产要素投入的适应效果也不同。非农化程度较低的生计策略会对农户家庭劳动力的非农就业转移形成约束，转而强化劳动力在林业生产中的比较优势以及林业收入在其家庭收入结构中的重要地位。此时，强化林地产权稳定性则会激励具有林业生产比较优势农户通过增加林业生产投资或优化林业要素配置结构以进一步提升林业产出水平。因此，生计策略非农化程度越低，林权改革对农户林业生产投资的正向效应越强。相反，生计策略非农化程度越高，选择外出务工或非农创业的概率则越大，从而加速农户家庭劳动力的非农就业转移进程。此时，林业生产经济功能的弱化必然造成林业生产积极性的下降，促使林权改革增强农户林业生产投资意愿的政策效果逐渐降低。因此，本部分以生计策略是否具有调节作用来阐释林权改革与农户林业生产投资之间的关联（见图3-1）。

假说4：生计策略非农化程度越低，林权改革对农户林业生产投资的正向效应越强。

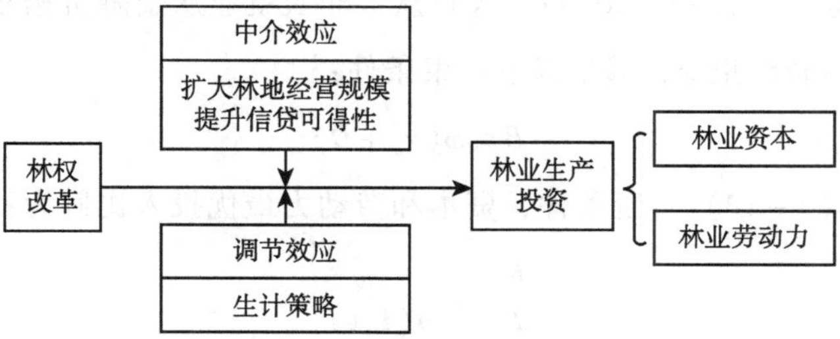

图 3－1　林权改革影响农户林业生产投资的逻辑分析框架

3.3.2　林权改革对农户非农就业影响的理论框架

为考察林权改革对农户非农就业的影响，借鉴尹鸿飞等（2021）的做法，本部分在柯布－道格拉斯生产函数基础上，构建农户非农就业的生产函数为以下形式：

$$y_o = \vartheta L_o^u K_o^v \delta \qquad (3-11)$$

式（3－11）中，y_o代表农户非农就业总产出，L_o代表非农劳动力投入规模，K_o代表非农资本投入规模，δ代表农户非农就业能力，u、v分别代表非农劳动力投入规模和非农资本投入规模的规模报酬系数，且u、v取值范围介于0和1之间。

假设市场是处于完全竞争状态，为了简化分析，假设生产要素寿命为两期，期末非农生产要素残值为零，同时非农生产要素的投入决策在第一期期初已经作出。如果两期非农就业生产函数不发生变化，则农户选择投入非农生产要素。因此，农户家庭的利润最大化目标函数为：

$$\prod\nolimits_o = y_o + \frac{f_o(x)}{1+i} y_o - K_o - wL_o - (i + T_B)B + i(D + B - K_o) \qquad (3-12)$$

式（3－12）中，y_o为第一期非农就业总产出，$\frac{f_o(x)}{1+i}y_o$为第二期非农就业总产出的当期折现值，$f_o(x)$ 代表农户家庭在劳动力非农就业转移过程中因林地产权安全性的改善而在下一期依然保持从事非农就业的概率，在理论上而言，土地产权安全性程度与农户继续从事非农就业的概率$f_o(x)$ 大致呈现正向反馈趋势（李江一，2020）。农户从事非农就业从金融机构获取林权抵押贷款取决于信贷约束 φ，满足以下约束条件：

$$B \leqslant \varphi(y_o + D) \tag{3-13}$$

根据式（3－12）一阶条件，资本和劳动力最优投入比例为：

$$\frac{K_o}{L_o} = \frac{vw}{u(1+i)} \tag{3-14}$$

当农户家庭没有面临预算约束时，最优资本和劳动力需求为：

$$K_o = \left(\frac{w}{u}\right)^{\frac{1-u}{u+v-1}} \left(\frac{1+i}{v}\right)^{\frac{u}{u+v-1}} \vartheta^{\frac{1}{1-u-v}} \delta^{\frac{1}{1-u-v}} \left(1 + \frac{f_o(x)}{1+i}\right)^{\frac{1}{1-u-v}} \tag{3-15}$$

$$L_o = \left(\frac{w}{u}\right)^{\frac{1-v}{u+v-1}} \left(\frac{1+i}{v}\right)^{\frac{v}{u+v-1}} \vartheta^{\frac{1}{1-u-v}} \delta^{\frac{1}{1-u-v}} \left(1 + \frac{f_o(x)}{1+i}\right)^{\frac{1}{1-u-v}} \tag{3-16}$$

3.3.2.1 林权改革对农户非农就业的直接影响

农村林业劳动力是否向非农部门转移取决于林业部门转移至非农部门所引起的成本与收益的比较，当林业劳动力转向非农部门的收益大于成本时，农户选择转移；反之，则不转移。林权改革通过影响劳动力转移的成本与收益来改变农户生产决策行为。现阶段我国农村地区拥有丰富的劳动力资源，单纯从事林业生产难以完全实现农户家庭劳动力的充分就业，进而造成劳动力的低效率利用。因此，以家庭效益最大化为目标的农户在林业生产比较收益劣势的“推力”和非农就业比较收益优势的“拉力”作用效果下，农户往往都具有从事非农就业以提升家庭绩效的意愿。在此情况下，当林地的权利边界不明晰且不稳定、林地空间权属界定不清和时间延续性缺乏保障时，政府和集体掌握着林地的剩余控制权，农户非农就业可能造成林地承包经营权面临被政府或集体征用而丧失的风险，也可能面临与邻近地块因边界不清产生林权纠纷的风险，从而在失去非农就业机会或因年龄老化而退出非农活动后难以获得“最后的保障”（许庆等，2017），此时劳动力向非农部门的就业转移往往容易产生较高的机会成本，使农户虽然具有非农就业意愿，但也不会彻底从林业生产中转移全部家庭劳动力。因此，农户在规避失地风险目的驱动下往往要保持非农就业和林业生产的“兼顾”，如此不仅限制家庭剩余劳动力资源向城市或非农产业的充分转移，还造成林地的生产投入和产出也无法达到最优水平，此时的就业决策往往是缺乏效率的。此次林权改革通过明确界定林地产权边界和物理边界，限制政府和集体对林地的剩余控制权，增强林地产权的排他性程度，进而大幅提高农户对林地产权的控制权力和稳定性预期，降低在非农就业过程中可能面临的失地风险，提高农户非农就业的概率，即 $f_o(x)$ 将得到提升。因此，林权改革不仅能够在一定程度上通过减弱失地风险以降低非农转移机会成本，还保证在退出非农活动后能够获得林地的“最后保障”，从而激发农户非农就业积极性，由式（3－16）可知，$\frac{\partial L_o}{\partial f_o(x)}$将上升，即$\frac{\partial L_o}{\partial f_o(x)}>0$，这是林权改革带来的直接激励效应。

假说5：林权改革对农户非农就业具有直接正向效应。

3.3.2.2 林权改革通过中介变量对农户非农就业的间接影响

（1）中介变量：林地转出

稳定的林地产权是林地流转行为发生的前提条件，林地高效且顺畅流转也需要明确界定林地产权并在法律上予以有效保护。过去林地产权制度安排的一个显著特征表现在林地空间属性和权利属性未在法律层面上得到明晰界定，造成农户在具有林地转出决策意愿或林地租约到期时担忧出现难以收回林地的问题，显著提高林地产权的交易风险性和交易成本，进而制约林地流转市场的发展。此次林权改革通过确权颁证最大限度规避政府和集体对林地剩余控制权的干扰和限制。一方面，农户对林地剩余控制权的实际拥有不仅能够有效保障林地产权实现其交易价值，还能够降低流转双方重新界定产权的成本，缓解交易过程中容易出现的信息不对称和交易风险性等问题，进而间接提升林地产权的交易价值，以此增强农户非农就业的投资能力，由式（3－15）可知，$\frac{\partial K_o}{\partial f_o(x)}>0$。随着非农就业投资规模的提升，将进一步促使农户增加与非农就业投资规模相匹配的最优劳动力投入，由式（3－14）可知，$\frac{\partial K_o}{\partial L_o}>0$。另一方面，林权改革通过林地转出释放出因土地“黏性”而被束缚的家庭劳动力，鼓励其实现充分的非农就业，由式（3－16）可知，$\frac{\partial L_o}{\partial f_o(x)}>0$，在此基础上，随着农户非农就业参与率的提高，有助于其采用更先进的经营理念和管理手段，促进劳动力深化，u 的上升则会带来非农就业劳动力投入密度的进一步提高，由式（3－16）可知，$\frac{\partial L_o}{\partial u}>0$。此时，林权改革、林地交易市场和农户非农就业存在高度一致性。

此外，林权改革通过促进农户转出林地有助于林地从林业生产效率较低的农户向林业生产效率较高的农户集中，推动包括林业大户、林业合作社和林业企业等在内的新型林业经营主体的发展，而新型林业经营主体的兴起则可以为农村剩余劳动力提供大量非农就业机会。此时，林地转出和新型林业经营主体发展互为补充，共同推动农户参与非农就业。

假说6：林权改革通过促进农户转出林地，进而对其非农就业具有显著正向效应。

（2）中介变量：信贷可得性

信贷约束是影响农户非农就业的重要因素。长期以来，信息不对称造成金融机构出于风险规避的需要而降低正规信贷配给、提高信贷服务门槛，加之农户家庭普遍缺乏正规金融机构认可的合适抵押品，致使其面临较为严重的信贷约束。因此，要破解农户信贷约束问题的关键在于发展合适抵押品替代机制。此次林权改革通过确权颁证明确界定林地权属关系，意味着林地产权获得正式制度的认可和保护，促进林地产权保护承诺可置信程度的提升。在此基础上通过林权抵押贷款制度创新性地将林地承包经营权和林木所有权纳入抵押品范畴，赋予其抵押和担保权能，不仅能够使农户获得更多的贷款资金：$\frac{\partial B}{\partial f_o(x)}>0$，缓解由于缺乏合适抵押品或担心失去抵押品而未向金融机构提出抵押贷款申请的部分潜在需求者所面临的信贷约束问题，还能在一定程度上有效克服信贷市场由于信贷双方信息不对称出现的逆向选择和道德风险，降低金融机构在发生违约情况时的监督费用与履约成本：$\frac{\partial T_B}{\partial f_o(x)}<0$，进而增强金融机构增加信贷供给的意愿：$\frac{\partial B}{\partial T_B}<0$。农户获得金融机构的林权

抵押贷款后，有利于增强其在非农活动中的投资能力：$\frac{\partial K_o}{\partial B}>0$。随着非农就业投资规模的提升，进一步带动农户所需最优劳动力投入的增加：$\frac{\partial K_o}{\partial L_o}>0$，从而提高农户从事非农就业的现实可能性。

假说7：林权改革通过提升信贷可得性，进而对农户非农就业具有显著正向效应。

3.3.2.3 生计策略在林权改革影响农户非农就业中的调节效应

生计策略，作为农户在整个社会生产结构体系中位置的直接反映，直观表征了农户对自身资源禀赋状况的认知和行为偏好。生计策略非农化程度越高，农户越有可能跳出林地，追求新的生产和生活方式以实现新的家庭利益诉求。在非农就业的收益与风险并存时，以林为业、以林为生的农户，更多关注的是自身生存状态的风险规避和经济效益。由于林业收入在农户家庭总收入中占据重要地位，林地对其具有重要的经济保障功能，因而面对非农就业的态度更为谨慎。此时无论林地产权是否稳定，农户都会将大部分家庭劳动力配置到林业部门，一旦林地产权的稳定性预期有所改善，则能够进一步刺激农户的林业生产积极性，进而提升林业绩效水平。即使农户将小部分劳动力配置到非农部门，但也不会改变林业生产在其家庭生产活动中的比较优势地位。此时，强化林地产权稳定性激励农户非农就业的作用效果则相对有限。因此，生计策略非农化程度越低，林地的经济保障功能越强，致使林权改革对农户非农就业的正向效应越弱。相对应地，当农户家庭在非农部门的发展水平超过林业部门时，且在非农部门的劳动生产率高于林业部门的劳动生产率，此时非农收益远高于林业收益，这将进一步促进农户家庭劳动力加速向非农部门转移。随着非农就业程度的不断加深，林业收入在家庭总收入中所起到的贡献逐渐减弱，由原来的主要收入来源变为辅助收入来源，由此家庭生计策略多样性选择引发非农收入比例的相对提高则会弱化林地的经济保障功能，进而强化非农就业在其家庭生产活动中的比较优势地位。倘若林地产权足够稳定，农户家庭劳动力非农转移过程中不会面临失地风险，此时，生计策略非农化程度越高，林权改革对农户非农就业的激励作用则会进一步增强。因此，林权改革与农户非农就业的正反馈效应随着生计策略非农化程度提高具有强化的倾向（见图3-2）。

假说8：生计策略非农化程度越高，林权改革对农户非农就业的正向效应越强。

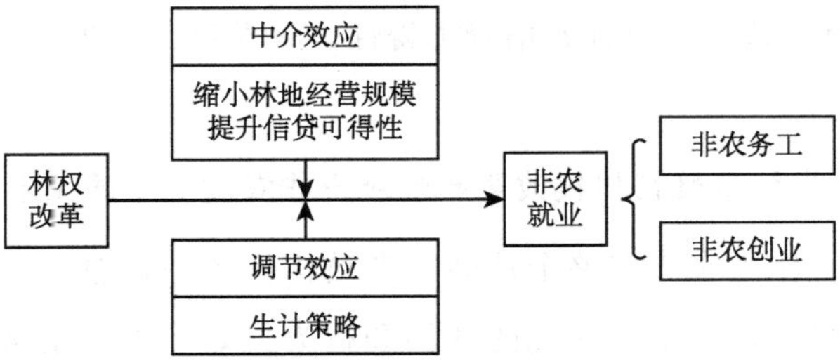

图3-2　林权改革影响农户非农就业的逻辑分析框架

3.3.3　林权改革对农户生产效率影响的理论框架

为探讨林权改革与农户林业生产效率之间的内在理论逻辑关系，本部分以式（3-1）林业生产函数为基础，以式（3-2）为农户家庭的利润最大化目标函数。

根据式（3-2）一阶条件可知农户林业生产效率为：

$$FPE = \frac{\partial \prod_f}{\partial \theta} = \left(1 + \frac{f_f(x)}{1+i}\right) A^m L_f^n K_f^z \tag{3-17}$$

$$\frac{\partial FPE}{\partial A} = \left(1 + \frac{f_f(x)}{1+i}\right) m\, A^{m-1} L_f^n K_f^z \tag{3-18}$$

$$\frac{\partial FPE}{\partial K_f} = \left(1 + \frac{f_f(x)}{1+i}\right) z\, A^m L_f^n\, K_f^{z-1} \tag{3-19}$$

$$\frac{\partial FPE}{\partial L_f} = \left(1 + \frac{f_f(x)}{1+i}\right) n\, A^m L_f^{n-1} K_f^z \tag{3-20}$$

为探讨林权改革与农户非农生产效率之间的内在理论逻辑关系，本部分以式（3-11）非农生产函数为基础，以式（3-12）为农户家庭的利润最大化目标函数。

根据式（3-2）一阶条件可知农户非农生产效率为：

$$OPE = \frac{\partial \prod_o}{\vartheta} = \left(1 + \frac{f_o(x)}{1+i}\right) L_o^u K_o^v \delta \tag{3-21}$$

$$\frac{\partial OPE}{\partial K_o} = \left(1 + \frac{f_o(x)}{1+i}\right) v L_o^u K_o^{v-1} \delta \tag{3-22}$$

$$\frac{\partial OPE}{\partial L_o} = \left(1 + \frac{f_o(x)}{1+i}\right) u L_o^{u-1} K_o^v \delta \tag{3-23}$$

式（3－17）和式（3－21）中，*FPE* 代表林业生产效率，*OPE* 代表非农生产效率。

为探讨林权改革与农户总生产效率之间的内在理论逻辑关系，本部分借鉴冒佩华等（2015）的做法，结合式（3－1）和式（3－11）的农户家庭生产函数、式（3－2）和式（3－12）的农户家庭利润最大化目标函数，得出如下公式：

$$\begin{aligned}\prod = {} & y_f + \frac{f_f(x)}{1+i} y_f + y_o + \frac{f_o(x)}{1+i} y_o - K_f - K_o - wL_f - wL_o \\ & - (i + T_B)B + i(D + B - K_f - K_o) - (R_A + T_R)A \end{aligned} \tag{3-24}$$

根据式（3－24）一阶条件可知农户总生产效率为：

$$\begin{aligned} TPE = L^{-1} \Bigg[& \left(1 + \frac{f_f(x)}{1+i}\right) \theta A^m L_f^n K_f^z + \left(1 + \frac{f_o(x)}{1+i}\right) \vartheta L_o^u K_o^v \delta - K_f - K_o \\ & - wL_f - wL_o - (i + T_B)B + i(D + B - K_f - K_o) - (R_A + T_R)A \Bigg] \end{aligned} \tag{3-25}$$

$$\frac{\partial TPE}{\partial f_f(x)} = L^{-1}(1+i)^{-1} \theta A^m L_f^n K_f^z \tag{3-26}$$

$$\frac{\partial TPE}{\partial f_o(x)} = L^{-1}(1+i)^{-1} \vartheta L_o^u K_o^v \delta \tag{3-27}$$

式（3－25）中，*TPE* 代表总生产效率。

3.3.3.1 林权改革对农户生产效率的直接影响

林权改革强化了林地产权稳定性，农户失去林地的风险大幅降低，因此 $f_f(x)$ 和 $f_o(x)$ 将会提升，由式（3－26）和式（3－27）可知，$\frac{\partial TPE}{\partial f_f(x)}$和

$\frac{\partial TPE}{\partial f_o(x)}$将上升，即$\frac{\partial TPE}{\partial f_f(x)}>0$，$\frac{\partial TPE}{\partial f_o(x)}>0$。由于林地产权安全性的改善，农户生产效率将显著提升，这是林权改革带来的直接影响。

假说9：林权改革通过强化林地产权稳定性，对农户生产效率具有直接正向效应。

3.3.3.2 林权改革通过中介变量对农户生产效率的间接影响

（1）中介变量：林业生产投资

明晰且稳定的林地产权有助于强化农户对林地产权安全性的感知，诱导农户保有稳定预期并激励其增加林业经营性资本和劳动力投入，由式（3－5）和式（3－8）可知，$\frac{\partial K_f}{\partial f_f(x)}>0$，$\frac{\partial L_f}{\partial f_f(x)}>0$，而林业资本和林业劳动力的增加则能进一步推动林业生产效率的提升，由式（3－19）和式（3－20）可知，$\frac{\partial FPE}{\partial K_f}>0$，$\frac{\partial FPE}{\partial L_f}>0$。具体而言，首先，增强林地产权排他能力。不稳定的林地产权将提升失地风险和用于产权保护的机会成本，从而抑制农户林业经营性投资，阻碍林业生产效率的有效提升。而安全稳定的林地产权能够有效降低林地被政府、机构和他人侵占的风险（Demsetz，1967），减少因责权利不明确导致林地产权纠纷层出不穷的现象发生，强化经济主体对林地产权的实际控制能力，降低在林业生产过程中可能面临经营中断的风险，极大激发农户增加对林业资本和林业劳动力的投资主动性和积极性，由此在一定程度上影响其林业生产效率。其次，实现产权交易自由化。强化林地产权稳定性能够有效降低产权交易成本和交易不确定风险，通过实现林地的有效“物理”集中或者向“有能力的经济主体”集中，激励农户增加林业长期经营性投资，进而有助于优化林业要素配置效率。最后，保障林业收益内部化。林权改革通过明确林地产权边界和物权属性限制因产权模糊造成公共域内租值的耗散，最大限度通过保障稳定的制度环境而降低林业生产过程中失去可预期投资收益的风险，激励农户增加林业资本、劳动力等经营性投资，进而影响林业生产效率。

假说10：林权改革通过激励农户增加林业生产投资，进而提升林业生产效率。

（2）中介变量：非农劳动供给

林权改革有助于强化林地产权排他能力，减少农户林地产权保护成本，通过减弱因土地“黏性”而捆绑家庭劳动力的禁锢而鼓励具有非农就业比较优势农户增加非农劳动供给，由式（3－16）可知，$\frac{\partial L_o}{\partial f_o(x)}>0$，随着非农劳动力投入规模的增加，这将进一步促使农户增加与非农劳动力规模相匹配的最优资本投入，由式（3－14）可知，$\frac{\partial K_o}{\partial L_o}>0$。因此，非农就业劳动供给和非农就业资本投入的增加则会带来农户非农生产效率的提升，由式（3－22）和式（3－23）可知，$\frac{\partial OPE}{\partial K_o}>0$，$\frac{\partial OPE}{\partial L_o}>0$。

假说11：林权改革通过促进农户非农劳动供给的增加，进而提升非农生产效率。

（3）中介变量：林地流转

依据前文所述，林权改革有助于增强林地产权排他性程度、促进交易自由化和保障收益内部化。一方面，强化林地产权稳定性能够激发农户林业生产积极性，通过降低林地交易成本以诱导农户扩大林地经营规模：$\frac{\partial T_R}{\partial f_f(x)}<0$，$\frac{\partial A}{\partial T_R}<0$，进而改善林业生产效率，由式（3－18）可知，$\frac{\partial FPE}{\partial A}>0$。具体而言：首先，不同行为能力劳动力的林业经营管理水平存在明显差异，林地转入通过促使林地从经营效率低的农户向经营效率高的农户的有效集中以重新安排林地资源，增加林地资源向具有林业生产比较优势农户手中集中的实现可能性将提高林地、资本、劳动力等要素的协调匹配水平，进而提升林业生产效率。其次，强化林地产权稳定性有助于培育和完善林地流转市场。当农户有林地转入意愿时会更容易从信息传递更为充分的林地流转市场中找到出租者，激励农户增加林业长期投资，进而实现林业生产效率的提升。最后，现阶段按照人口均分林地的分配方式形成了细碎化、分散化林地布局结构，造成单位林地生产要素投入成本较高，限制了林业生产效率的提升。农户通过林地转入促进林地经营规模接近或达到形成最优水平，不仅有助于降低单位林地生产要素投入成本，以此实现规模经济，还有利于引进更先进的技术和经营管理手段以优化林业生产结构，进而提升林业生产效率。另一方面，林权改革促使林业生产效率较低、想退出林业生产活动农户通过转出林地以获取林地流转租金收益，鼓励其积极参与非农就业，不仅能够增强农户非农就业的资本优势，还可以促进非农劳动力供给的增加，从而强化农户非农就业比较优势。由于非农就业资本和劳动力供给的增加，将进一步带来农户非农生产效率的提升，由式（3－22）和式（3－23）可知，$\frac{\partial OPE}{\partial K_o}>0$，$\frac{\partial OPE}{\partial L_o}>0$。

假说12：林权改革通过林地流转以提高要素资源配置效率，进而促进林业生产效率和非农生产效率的提升。

（4）中介变量：信贷可得性

林权改革意味着林地产权获得正式制度长期且稳定的可置信认可和保护承诺，在此基础上赋予林地承包经营权抵押和担保权能，大幅提高森林资源变现能力和林地产权市场价值。一方面，强化林地产权稳定性能够有效克服信贷市场由于信息不对称出现的逆向选择和道德风险问题，降低金融机构的合约监督成本和在发生违约情况时合约处置成本：$\frac{\partial T_B}{\partial f_f(x)}<0$，进而增强正规金融机构提供信贷供给的意愿：$\frac{\partial B}{\partial T_B}<0$。林权抵押贷款作为抵押的一种扩展机制，通过激活林业资产以增加农户家庭财富，增强金融机构认可林业资产抵押品价值的安全感，从而缓解农户缺乏传统有效抵押品的困境。因此，基于林地产权稳定性的林权抵押贷款显著改善了农村林业金融市场的信贷供求关系：$\frac{\partial B}{\partial f_f(x)}>0$，不仅实现林地、资本和劳动力等林业要素配置效率的优化，还进一步增强农户林业生产投资能力：$\frac{\partial K_f}{\partial B}>0$，进而提升林业生产效率，由式（3－19）可知，$\frac{\partial FPE}{\partial K_f}>0$。另一方面，林权抵押贷款在一定程度上也为农户非农生产活动提供资金保障：$\frac{\partial K_o}{\partial B}>0$，进而提升非农生产效率，由式（3-22）可知，$\frac{\partial OPE}{\partial K_o}>0$。

假说13：林权改革通过提升信贷可获得性以增强农户生产活动的投资能力，进而促进林业生产效率和非农生产效率的提升。

3.3.3.3 生计策略在林权改革影响农户生产效率中的调节效应

拥有不同资源禀赋农户通过实现家庭资源禀赋与其自身劳动力比较优势的协调匹配而选择差异化的生计策略，必然造成农户林业经营管理水平存在明显差异，这是影响林业生产效率的重要因素。一方面，由于林业收入在以林为业的农户家庭收入结构中占据重要地位，强化林地产权稳定性将进一步促进农户借助于增加林业生产要素投入或优化林业生产要素配置结构以提升林业生产效率，进而强化其林业生产比较优势。同时，具有林业生产比较优势农户在林业生产过程中更可能实现从传统小农向生产效率更高的林业大户、林业企业、家庭林场和林业专业合作社等新型林业经营主体转型，进而对其林业生产效率提升具有更加显著的正向效应。相对应地，由于林业收入在以林为业、以林为生的农户家庭收入中占据重要地位以及林业生产在其家庭劳动力中的比较优势地位，林地对其具有重要的经济保障功能，此时农户面对非农就业的态度则更为谨慎，造成强化林地产权稳定性对农户非农生产效率提升的作用效果相对有限。因此，生计策略非农化程度越低，林权改革和农户林业生产效率可匹配性提升的正反馈效应将得到进一步强化，而林权改革对农户非农生产效率的促进效应将会进一步弱化。另一方面，在林业生产比较收益劣势“推力”和非农就业比较收益优势“拉力”作用效果下，将进一步实现农村劳动力与非农就业市场的有效联动。显然，生计策略非农化程度越高，具有非农就业比较优势农户必然倾向于加速家庭劳动力的非农转移以强化其非农就业比较优势，由此引发非农收入比例的相对提高则会逐渐弱化林地的经济保障功能，造成林权改革提升农户林业生产效率的效果将会逐渐降低，而改善林地产权安全性引致的强化农户家庭劳动力在非农就业中的比较优势地位则会进一步提升其非农生产效率。因此，林权改革对农户非农生产效率的正反馈效应随着生计策略非农化程度的提高呈现增强趋势，而林权改革对农户林业生产效率的正反馈效应则呈现弱化趋势（见图3-3）。

假说 14：生计策略在林权改革影响农户生产效率中表现出异质性的调节效应，生计策略非农化程度越低，林权改革对农户林业生产效率的正向效应越强，而对农户非农生产效率的正向效应越弱。

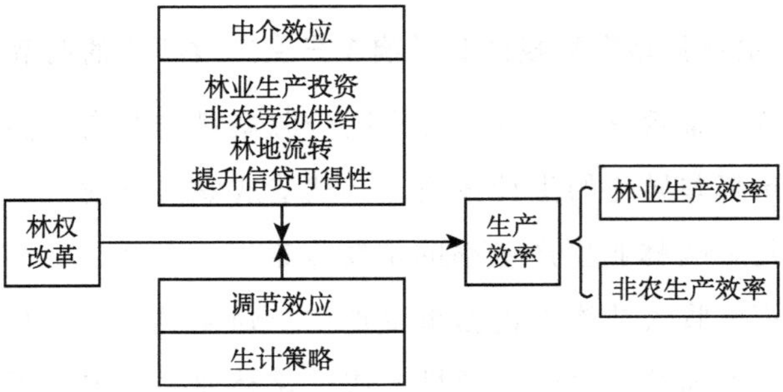

图 3－3　林权改革影响农户生产效率的逻辑分析框架

3.3.4　林权改革对农户家庭生计影响的理论框架

3.3.4.1　林权改革对农户家庭收入影响的理论框架

（1）林权改革对农户家庭收入的直接影响

林权改革后，农户对林地的剩余控制权得到空前强化，通过明确界定产权主体的行为边界使其失去林地的风险大幅降低，因此 $f_f(x)$ 和 $f_o(x)$ 将会提升，由式（3－2）和式（3－12）可知，$\frac{\partial \prod_f}{\partial f_f(x)}$ 和 $\frac{\partial \prod_o}{\partial f_o(x)}$ 将上升，即 $\frac{\partial \prod_f}{\partial f_f(x)} > 0$；$\frac{\partial \prod_o}{\partial f_o(x)} > 0$。因此，由于林地产权安全性的改善，农户家庭收入将得到显著提升，这是林权改革带来的直接影响。

假说 15：林权改革通过强化林地产权稳定性，对农户家庭收入具有直接正向效应。

（2）林权改革通过中介变量对农户家庭收入的间接影响

①中介变量：林业生产投资

产权究其根本是界定基于物品与经济主体权属关系背后不同经济主体间的物质利益关系（North，1994），而经济主体行为能力发挥在较大程度上受限于组织对产权行使空间的约束（Hayek，1999）。新古典经济学认为，生产者是基于自身技术水平和行动能力来对市场作出响应。因此，在技术水平不变的前提下，生产者需要通过改变要素配置结构以实现生产经营利润最大化，但实现这一目标需要建立在纯市场行为约束条件下，即生产者的资源使用和行动能力是不受组织所约束。此次林权改革意味着国家放松对农村林地产权的管制约束，农户对林地的使用、收益和处置权利得到强化，他们根据自身禀赋和行动能力进行林业生产投资以实现最大化收益的自由空间得到进一步扩大。因此，林业生产经营制度环境的改善能够显著提升农户对林地的长期收益预期，激发农户增加林业生产投资的积极性，由式（3－5）和式（3－8）可知，$\frac{\partial K_f}{\partial f_f(x)}>0$，$\frac{\partial L_f}{\partial f_f(x)}>0$，有助于形成林业生产投资和林业产出正向反馈的良性互动机制，由式（3－1）可知，$\frac{\partial y_f}{\partial K_f}>0$，$\frac{\partial y_f}{\partial L_f}>0$，此时，$\frac{\partial y_f}{\partial f_f(x)}=\frac{\partial y_f}{\partial K_f}\cdot\frac{\partial K_f}{\partial f_f(x)}>0$，$\frac{\partial y_f}{\partial f_f(x)}=\frac{\partial y_f}{\partial L_f}\cdot\frac{\partial L_f}{\partial f_f(x)}>0$。具体而言：首先，林权改革通过确权并颁发法律赋权的林权证书这一方式将林地权能固化给农户，不仅能够明确林地产权边界和物权属性，强化林地产权稳定性和排他能力，而且在法律和制度上强化农户的产权安全感知，有效防止因产权模糊造成用于保护林地产权的生产投资机会成本损失，激励农户通过将挤出的用于保护产权的非林业生产性投资进一步配置于林业部门以增加林业收入。其次，林权证书能够有效降低林地被集体随意征用或承租方非法侵占的可能性，减少因责权利不明确导致林权纠纷层出不穷的现象发生，通过提高产权主体对林地的实际可控性来保证农户能够独享现时林业生产投资在未来实现预期收益的权利，激发农户放心地增加即期林业生产投资的积极性，进而增加林业收入。最后，林权改革赋予农户处置林地而不受其他主体干预的权利，包括抵押、流转等权利。其中，林权抵押有助于提高农户信贷可得性，不仅可以优化林地、资本和劳动力要素配置结构，还能够进一步提高农户林业生产的整体投资水平和投资能力，由此增加林业收入。林地流转则有助于林地资源形成市场化配置机制，促进林地要素的合理流动和优化配置，通过提升林业生产集约化或规模化程度来增加林业收入。

假说16：林权改革能够激励农户增加林业生产投资，进而增加林业收入。

②中介变量：非农劳动供给

林权改革通过强化林地产权安全性提升了林地排他能力，不仅减少用于保护林地产权的劳动力投入，减弱因土地"黏性"而捆绑家庭劳动力的禁锢，还通过降低在非农转移过程中面临的失地风险而加速家庭劳动力向非农部门转移的进程，实现农村劳动力资源与非农就业市场的有效联动，激励具有非农就业比较优势农户将更多劳动力等可变生产要素配置到具有比较报酬优势的非农部门，由式（3－16）可知，$\frac{\partial L_o}{\partial f_o(x)}>0$，进而增加非农收入，由式（3－11）可知，$\frac{\partial y_o}{\partial L_o}>0$。此外，林权改革加速林业大户、林业合作社、家庭林场和林业企业等新型林业经营主体的培育以及森林旅游、森林康养等林业产业的发展，增加农村本地非农就业机会（Xu et al.，2019），进而增加非农收入。因此，林权改革通过提高农户非农就业概率和非农劳动力供给实现劳动力资源利用效率和非农收入的共同增长。

假说17：林权改革能够激励农户增加非农劳动供给，进而增加非农收入。

③中介变量：林地流转

完善产权制度可以建立一种稳定的经济秩序和合作关系，使得经济主体对财产的处置能够达到稳定的预期（North，1994），并且能够在产权约束范围内最大限度地配置要素资源以获取最大化效益（Alchian，1965）。此次林权改革在确权法律化和权属身份化基础上允许林地产权自由流转，在鼓励流转的同时保证交易的合法化和规范化，不仅通过保护流转收益以增强产权交易主体双方参与林地流转的意愿，还通过降低产权交易风险和交易成本以期未来在更大产权范围内实现林地要素的市场化配置，推动农村林地流转交易市场的发育和完善。因此，林权改革通过林地要素的自由流转以优化现有生产要素的配置结构，进而实现家庭增收。具体而言：就林地转入方来说，林权改革通过降低交易主体双方的交易风险和交易成本促进分散化且细碎化林地向具有林业生产比较优势农户的有效集中：$\frac{\partial T_R}{\partial f_f(x)}<0$，$\frac{\partial A}{\partial T_R}<0$。在强化林地产权

稳定性的基础上，由式（3－6）和式（3－9）可知，A 将上升：$\frac{\partial A}{\partial f_f(x)}>0$，促使农户随之增加与林地要素相匹配的林业生产资本和劳动力投资，由式（3－4）和式（3－7）可知，$\frac{\partial K_f}{\partial A}>0$，$\frac{\partial L_f}{\partial A}>0$，进而实现林业规模经济：$\frac{\partial y_f}{\partial f_f(x)}=\frac{\partial y_f}{\partial K_f}\cdot\frac{\partial K_f}{\partial A}\cdot\frac{\partial A}{\partial f_f(x)}>0$，$\frac{\partial y_f}{\partial f_f(x)}=\frac{\partial y_f}{\partial L_f}\cdot\frac{\partial L_f}{\partial A}\cdot\frac{\partial A}{\partial f_f(x)}>0$。就林地转出方来说，林权改革通过林地转出释放原本林业生产效率较低且具有非农就业比较优势的农村劳动力实现非农就业转移，由式（3－16）可知，$\frac{\partial L_o}{\partial f_o(x)}>0$，由于非农就业劳动力的增加，农户非农就业资本投入也随之增加，由式（3－14）可知，$\frac{\partial K_o}{\partial L_o}>0$，此时，$\frac{\partial y_o}{\partial f_o(x)}=\frac{\partial y_o}{\partial L_o}\cdot\frac{\partial L_o}{\partial f_o(x)}+\frac{\partial y_o}{\partial K_o}\cdot\frac{\partial K_o}{\partial L_o}\cdot\frac{\partial L_o}{\partial f_o(x)}>0$。并且林地转出所带来的林地交易价值，将进一步增强农户非农就业投资能力，从而获得更高非农收入。此外，林权改革还通过优化林地要素配置结构促进林业合作社、家庭林场、林业龙头企业等新型林业经营主体和相关林业产业得到迅速发展，为当地创造大量非农就业机会，不仅能够为林地转出方带来林地交易价值，还为新型林业经营主体就近获得充足劳动力资源提供便利，进而增加农户非农就业机会以及提升非农就业投资能力，实现非农收入的增加。

假说18：林权改革通过强化林地产权稳定性来提高林地流转发生率，进而促进林业收入、非农收入的双增。

④中介变量：信贷可得性

林权改革意味着林地产权正式获得政策制度的权威认可和保护，最大限度促进林地产权保护承诺的“可置信威胁”程度（范刘珊等，2021），并在强化林地产权稳定性基础上赋予林地承包经营权和林木所有权抵押和担保权能，大幅提升林地产权市场价值和森林资源变现能力，农户可以获得更多的贷款资金：$\frac{\partial B}{\partial f_f(x)}>0$；$\frac{\partial B}{\partial f_o(x)}>0$。同时，权属法律化和身份化能够有效克服信贷市场由于信息不对称出现的逆向选择和道德风险，有效降低金融机构对农户相关软信息的依赖程度，通过减少信息搜寻成本和缔约成本来增强金融机构增加信贷供给的意愿：$\frac{\partial T_B}{\partial f_f(x)}<0$，$\frac{\partial T_B}{\partial f_o(x)}<0$，$\frac{\partial B}{\partial T_B}<0$。因此，农户拥有金融机构所认可的有效抵押品，避免因缺乏抵押品或抵押品不足而被金融机构直接拒于信贷市场之外，使潜在需求者参与正规融资的积极性得到明显提升，有效扩大农户融资选择空间以及获得林权抵押贷款可能性，进而通过增强投资能力以实现家庭增收：$\frac{\partial y_f}{\partial K_f}>0$；$\frac{\partial y_o}{\partial K_o}>0$。具体而言：一方面，提升信贷可得性不仅能够缓解农户林业生产性投资不足的问题，还能增强实现规模经济的投资能力，促进自给自足的传统小农向专业化、职业化的新型林业经营主体转变；另一方面，林权抵押贷款在一定程度上也为其从事非农生产活动提供资金保障。因此，随着贷款额度的增加，农户可以为多层次生产活动做更多的投资：$\frac{\partial K_f}{\partial B}>0$，$\frac{\partial K_o}{\partial B}>0$。此时，$\frac{\partial y_f}{\partial f_f(x)}=\frac{\partial y_f}{\partial K_f}\cdot\frac{\partial K_f}{\partial B}\cdot\frac{\partial B}{\partial f_f(x)}+\frac{\partial y_f}{\partial K_f}\cdot\frac{\partial K_f}{\partial B}\cdot\frac{\partial B}{\partial T_B}\cdot\frac{\partial T_B}{\partial f_f(x)}>0$；$\frac{\partial y_o}{\partial f_o(x)}=\frac{\partial y_o}{\partial K_o}\cdot\frac{\partial K_o}{\partial B}\cdot\frac{\partial B}{\partial f_o(x)}+\frac{\partial y_o}{\partial K_o}\cdot\frac{\partial K_o}{\partial B}\cdot\frac{\partial B}{\partial T_B}\cdot\frac{\partial T_B}{\partial f_o(x)}>0$。

假说19：林权改革通过提升信贷可得性以缓解多层次生产活动中所面临的信贷约束，进而促进林业收入、非农收入的双增。

（3）生计策略在林权改革影响农户家庭收入中的调节效应

林权改革引发家庭劳动力资源的重新配置会进一步强化农户生计策略选择倾向，促使拥有不同资源禀赋农户通过自身劳动力比较优势的最佳发挥以实现家庭收益最大化。一方面，林权改革强化了林地产权稳定性和安全性（刘珉，2011；于艳丽等，2017），通过赋予完备的林地产权权能来增强农户林业生产的预期收益（Liu et al.，2017）。此时，生计策略非农化程度越低或具有林业生产比较优势农户的一般理性选择，是通过优化林地要素结构以实现规模化经营、进一步追加林业资本和林业劳动力等要素的投资规模和投资强度以增加林业产出，以及引进先进技术或管理手段以提高林业生产效率等途径来增强林业生产的比较收益优势，进而提高林业收入，即 $\frac{\partial y_f}{\partial f_f(x)}=\frac{\partial y_f}{\partial A}\cdot\frac{\partial A}{\partial f_f(x)}>0$，$\frac{\partial y_f}{\partial f_f(x)}=\frac{\partial y_f}{\partial K_f}\cdot\frac{\partial K_f}{\partial f_f(x)}>0$，$\frac{\partial y_f}{\partial f_f(x)}=\frac{\partial y_f}{\partial L_f}\cdot\frac{\partial L_f}{\partial f_f(x)}>0$，$\frac{\partial y_f}{\partial f_f(x)}=\frac{\partial y_f}{\partial \theta}\cdot\frac{\partial \theta}{\partial f_f(x)}>0$，促使林权改革在现阶段劳动力要素在林业部门和非农部门间的价格差不断扩大的市场环境下能够在一定程度上实现两部门收益的拉平效应（姚洋，2008）。因此，生计策略非农化程度越低，林权改革对农户林业收入的正向效应越强。另一方面，强化林地产权稳定性大幅提升林地排他能力，通过降低非农转移过程中可能面临的失地风险来减弱因土地"黏性"而捆绑家庭劳动力的禁锢，从而实现农村劳动力资源与非农就业市场的有效联动。此时，强化林地产权稳定性将进一步激励具有非农就业比较优势农户将更多资本、劳动力等可变生产要素配置到非农部门以增强非农就业的比较收益优势，由式（3－15）和式（3－16）可知，$\frac{\partial K_o}{\partial f_o(x)}>0$，$\frac{\partial L_o}{\partial f_o(x)}>0$，进而提高非农收入，由式（3－11）可知，$\frac{\partial y_o}{\partial K_o}>0$，$\frac{\partial y_o}{\partial L_o}>0$。因此，林权改革对农户家庭非农收入的正向效应随着生计策略非农化程度提高具有强化的倾向（见图3－4）。

假说20：生计策略选择在林权改革影响农户家庭收入中表现出异质性的调节效应，即生计策略非农化程度越低，林权改革对农户家庭林业收入的正向效应越强，而对其非农收入的正向效应越弱。

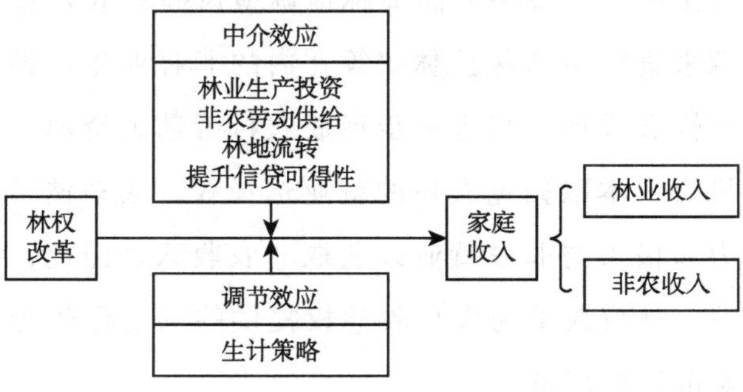

图3－4　林权改革影响农户家庭收入的逻辑分析框架

3.3.4.2 林权改革对农户家庭消费影响的理论框架

理论上而言，农户家庭消费水平或消费行为偏好是由其收入和财产所决定的，提高收入水平是保障农户家庭消费可持续增长的前提条件。现代产权理论认为，明晰且稳定的产权不仅能够增加产权主体人力资本和实物资本投入，改善生产要素配置效率，还能促进产权的自由交易，优化交易主体的生产要素配置结构（North，1994），进而使产权主体能够在最大产权约束范围内通过最大限度地配置要素资源以获取最大化收益。土地作为农户最主要的家庭财产，国家在以土地为基础的农村产权制度上制定了一系列改革政策，尤其是通过林权改革明确界定林地权属关系，保证林地产权长期稳定且安全，激发农村要素资源生产活力，进而实现农户增产增收。而消费理论的核心观点认为收入是影响消费的前提条件，这就意味着，要想提升农户的消费水平和消费质量，首要条件在于保障农户的收益权。

林权改革通过保障收益权和提高收益预期以有效扩大农户家庭消费规模的约束边界。具体而言：一方面，林权改革以“还权”的方式给予农户具有抵押担保、处置、自由流转等权利的林地承包经营权，以“赋能”的方式固化农户的林地财产权利，强化林地产权稳定性和排他性以降低因林地调整而面临经营中断的风险，为农户提供稳定的经营环境，提高林业生产的可预期投资收益，并诱导农户的长期经营和投资行为来优化要素资源配置结构，进而提高林地的生产性收益；另一方面，长期化的林地产权将强化林地的人格化财产属性，农户对林地财产权利的实际安全感知将得到显著改善。这就意味着，曾一度面临林地调整风险的农户将不必再花费更多生产要素资源来进行包括保护林权等在内的非林业生产性经营，此时强化林地产权稳定性和排他性将进一步释放农村劳动力资源，通过降低劳动力非农转移的机会成本以拓宽农户的就业选择权，人动诱发地动，进一步鼓励农村劳动力积极参与非农就业以获取非农收入。因此，无论是林业生产还是非农就业，林权改革为农户收益权提供的制度保障为改善农户家庭消费创造了有利的制度环境。

显然，林权改革引致的林地功能分化，除生产性功能和财产性功能之外，林地还具有社会保障功能。事实上，对农户而言，林地的社会保障功能是最基础且最为重要的功能。无论林地是“进一步”的生产性功能，抑或是“退一步”的财产性功能，虽然林权改革引致的林地功能实现了分化，但农户并未失去林地的社会保障功能。实际上，林权改革对林地收益权的制度保护隐含着强化农户社会保障的基本事实，而社会保障作为影响农户家庭消费的重要关键因素（岳爱等，2013），决定了林权改革政策的推行有利于刺激农户家庭消费。林地是农户最为重要的生产资料，对农户家庭生活具备必不可少的保障功能，其重要性是毋庸置疑的。明晰且稳定的林地产权将进一步降低农村劳动力外出务工或外出经营的机会成本，弱化农户家庭的“后顾之忧”必将显著改善其生活预期，使其对未来的生活和就业具有更加稳定的信心，此时农户对从事高风险且高收益的工作将具有更高的意愿。因此，生活保障和就业保障的逐渐强化使得农户对未来生存和发展的预期将越稳定，无疑会刺激农户家庭消费的增长。

林权改革引起的增收效应是影响农户家庭消费的重要诱因。然而，生计策略直观反映了农户家庭的行为能力和经营决策偏好，在一定程度上关系着农户对未来收益的不确定性预期。因此，在异质性资源禀赋状况和劳动力比较优势的背景下，生计策略选择不同，林权改革对农户家庭增收效应的适应性效果也不同。事实上，强化林地产权稳定性是诱导农户从事林业生产以获取林业收入和从事非农就业以获取非农收入的内在驱动力。然而，“心理账户”理论认为，虽然不同方式所获得的收入被划分在不同的账户中，但是不同来源收入的消费倾向存在明显差异。此时，具有林业生产比较优势农户的一般理性选择是通过实现林地规模化经营、提升林业要素资源投资的数量和质量、优化生产要素配置结构等措施来增强林业生产的比较收益优势和林地的生产性功能，进而获取更高的林业收入，这就意味着，基于林地生产性功能带来林业收入增加的同时农户也面临着生产成本增加引致的经济损失。在此情形下，“损失规避”理论认为，相对于收益，人们在面对损失时会具有更加强烈的感受（Knetsch，2010）。显然，林业生产成本的增加将会对农户家庭的消费形成制约。此外，林业生产属于比较艰苦的行业，农户会更加珍惜辛苦获得的收入而减少消费支出（周建等，

2013)，同时，林业收入属于持久性收入，出于风险规避的需要，农户对林业收入往往具有较高的预防性储蓄倾向（Giles and Yoo，2007）。而具有非农就业比较优势农户的一般理性选择是通过进一步增加非农生产要素投资以增强林地的财产性功能和非农就业比较优势，进而获取林地租金收入和更高的非农收入。林地租金收入属于暂时性收入，农户在消费支出中较为随意（周建等，2013），无疑，林地租金收入能够显著促进农户家庭消费增长。虽然非农务工、非农创业等非农收入也属于持久性收入，但相比于林业收入，农户将此项收入作为预防性储蓄的倾向相对较低。由此可以看出，林地财产性功能丰富了农户家庭的收入来源，并且农户家庭收入结构越丰富，实质上是将整体收入“分割”成众多单位，不仅可以强化农户对主观财富增加的感知，还能够诱导农户家庭的消费。因此，基于林地财产性功能利用的农户兼具林地租金收入和非农收入，此时林权改革引起的收入变化则更可能刺激农户家庭消费。因此，生计策略选择非农化程度越高，林权改革对农户家庭消费的正向效应越强（见图3－5）。

假说21：林权改革对农户家庭消费具有显著正向效应。

假说22：林权改革引致的林业收入增长对农户家庭消费具有显著正向效应。

假说23：林权改革引致的非农收入增长对农户家庭消费具有显著正向效应。

假说24：生计策略在林权改革影响农户家庭消费中具有调节效应，即生计策略非农化程度越高，林权改革对农户家庭消费的正向效应越强。

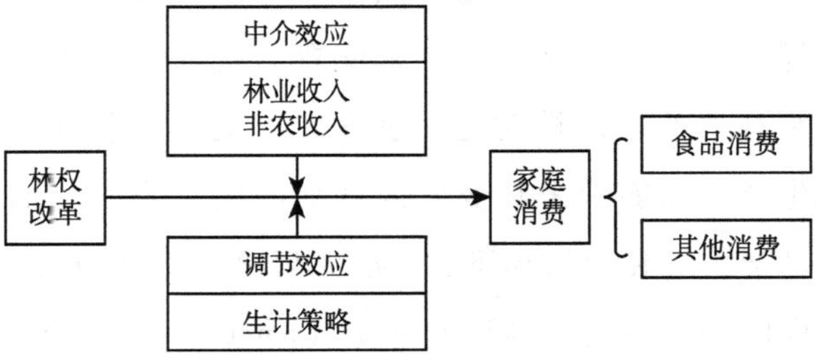

图3－5　林权改革影响农户家庭消费的逻辑分析框架

3.4　经验模型设定

为验证本章的假说，即林权改革通过促进生产行为的调整进而对农户生产效率及其家庭生计产生影响，本章使用中介效应和调节效应的检验思路设计实证章节。

首先，在第 5 章检验林权改革对农户林业生产投资影响的直接效应和间接效应，具体对应假说 1—假说 4。

其次，在第 6 章检验林权改革对农户非农就业影响的直接效应和间接效应，具体对应假说 5—假说 8。

再次，在第 7 章检验林权改革对农户生产效率影响的直接效应和间接效应，具体对应假说 9—假说 14。

最后，在第 8 章和第 9 章检验林权改革对农户家庭生计的影响。具体来说，在第 8 章检验林权改革对农户家庭收入影响的直接效应和间接效应，具体对应假说 15—假说 20。在第 9 章检验林权改革对农户家庭消费影响的直接效应和间接效应，具体对应假说 21—假说 24。

3.4.1　林权改革对农户林业生产投资影响的经验模型

为了验证假说 1—假说 8，检验林权改革对农户生产行为影响的直接效应和间接效应，根据理论分析，农户生产行为调整具体体现在林业生产投资和非农就业两个方面。

在第 5 章将林业生产投资分为林业资本投入和林业劳动力投入两个方面。为了检验假说 1，首先分析林权改革对农户林业生产投资的直接影响：

$$FCA_{it} = \beta_0 + \beta_1 treat_i \times post_t + \beta_2 X_{it} + \gamma_i + \varepsilon_{it} \tag{3-28}$$

$$FLA_{it} = \beta_0 + \beta_1 treat_i \times post_t + \beta_2 X_{it} + \gamma_i + \varepsilon_{it} \tag{3-29}$$

式（3－28）—式（3－29）中，FCA_{it}和FLA_{it}分别表示农户 i 在第 t 期的林

业资本投入和林业劳动力投入；X_{it}是控制变量向量，用于控制其他可能影响农户林业生产投资的因素，本章将从市场特征、农户特征和资源特征三个方面选取控制变量；其中，市场特征涉及非农劳动力价格和木材价格指标，农户特征涉及户主年龄、性别、受教育年限、健康状况、户主是否干部、家庭人口数量、家庭劳动力数量、非农收入占比和非农劳动力占比指标，资源特征涉及林地面积和是否采伐木材指标；γ_i代表时间固定效应，用于控制时间趋势；ε_{it}为随机扰动项；$treat_i$表示林权改革政策虚拟变量，采用农户是否领取林权证书进行表征，若农户已获得林权证书则 $treat_i = 1$，反之则 $treat_i = 0$；$post_t$表示年份虚拟变量，若年份在已领取林权证书之后则 $post_t = 1$，否则为 0；而 $treat_i \times post_t$（以下简称 tp_{it}）的系数 β_1是本章所着重关注的，表示林权改革对农户林业生产投资的影响程度。

接下来，需要分析林权改革对农户林业生产投资的间接影响。为了检验假说 2—假说 3，根据理论分析，林权改革影响农户林业生产投资的中介效应具体体现在林地转入和信贷可得性两个方面，中介效应表达式如下：

$$tran_{it} = \alpha_0 + \alpha_1 tp_{it} + \alpha_2 X_{it} + \gamma_i + \varepsilon_{it} \quad (3-30)$$

$$FCA_{it} = \gamma_0 + \gamma_1 tp_{it} + \gamma_2 tran_{it} + \gamma_3 X_{it} + \gamma_i + \varepsilon_{it} \quad (3-31)$$

$$FLA_{it} = \gamma_0 + \gamma_1 tp_{it} + \gamma_2 tran_{it} + \gamma_3 X_{it} + \gamma_i + \varepsilon_{it} \quad (3-32)$$

式（3-30）—式（3-32）中，$tran_{it}$为中介变量，包括林地转入和信贷可得性；β_1为总效应待估系数；α_1为中介效应待估系数；γ_1和 γ_2分别为林权改革和中介变量的直接效应待估系数；α_0、γ_0均为常数项；其他变量定义同上。

进一步地，为了验证假说 4，根据理论分析，林权改革对农户林业生产投资的影响还受到生计策略的调节作用，调节效应表达式如下：

$$FCA_{it} = \delta_0 + \delta_1 tp_{it} + \delta_2 strat_{it} + \delta_3 tp_{it} \times strat_{it} + \delta_4 X_{it} + \gamma_i + \varepsilon_{it} \quad (3-33)$$

$$FLA_{it} = \delta_0 + \delta_1 tp_{it} + \delta_2 strat_{it} + \delta_3 tp_{it} \times strat_{it} + \delta_4 X_{it} + \gamma_i + \varepsilon_{it} \quad (3-34)$$

式（3-33）—式（3-34）中，$strat_{it}$为生计策略调节变量；δ_1、δ_2、δ_3、δ_4为待估系数；δ_0为常数项；其他变量定义同上；$tp_{it} \times strat_{it}$是林权改革和生计策略的交叉项。

3.4.2 林权改革对农户非农就业影响的经验模型

在第 6 章，为了检验假说 5，首先分析林权改革对农户非农就业的直接影响：

$$NFE_{it} = \beta_0 + \beta_1 tp_{it} + \beta_2 X_{it} + \gamma_i + \varepsilon_{it} \tag{3-35}$$

其次，本章将农户非农就业分为非农务工和非农创业两个方面，以此检验不同非农就业类型下林权改革的政策效应：

$$NFW_{it} = \beta_0 + \beta_1 tp_{it} + \beta_2 X_{it} + \gamma_i + \varepsilon_{it} \tag{3-36}$$

$$NFB_{it} = \beta_0 + \beta_1 tp_{it} + \beta_2 X_{it} + \gamma_i + \varepsilon_{it} \tag{3-37}$$

式（3-35）—式（3-37）中，NFE_{it}、NFW_{it}和NFB_{it}分别表示农户i在第t期非农就业劳动力投资、非农务工劳动力投资和非农创业劳动力投资；X_{it}是控制变量向量，用于控制其他可能影响农户非农就业的因素，本章将从市场特征、农户特征和资源特征三个方面选取控制变量；其中，市场特征涉及非农劳动力价格和木材价格指标，农户特征涉及户主年龄、性别、受教育年限、健康状况、户主是否干部、家庭人口数量、家庭劳动力数量、林业收入占比和林业劳动力占比指标，资源特征涉及林地面积指标；其他变量定义同上。

接下来，需要分析林权改革对农户非农就业的间接影响。为了检验假说6—假说7，根据理论分析，林权改革影响农户非农就业的中介效应具体体现在林地转出和信贷可得性两个方面，中介效应表达式如下：

$$tran_{it} = \alpha_0 + \alpha_1 tp_{it} + \alpha_2 X_{it} + \gamma_i + \varepsilon_{it} \tag{3-38}$$

$$NFE_{it} = \gamma_0 + \gamma_1 tp_{it} + \gamma_2 tran_{it} + \gamma_3 X_{it} + \gamma_i + \varepsilon_{it} \tag{3-39}$$

在准确评估林权改革对农户非农就业的间接影响的基础上，根据农户非农就业类型（非农务工和非农创业）的差异，进一步检验林地转出和信贷可得性在林权改革影响农户非农务工和非农创业中的中介效应：

$$NFW_{it} = \gamma_0 + \gamma_1 tp_{it} + \gamma_2 tran_{it} + \gamma_3 X_{it} + \gamma_i + \varepsilon_{it} \tag{3-40}$$

$$NFB_{it} = \gamma_0 + \gamma_1 tp_{it} + \gamma_2 tran_{it} + \gamma_3 X_{it} + \gamma_i + \varepsilon_{it} \tag{3-41}$$

式（3-38）—式（3-41）中，$tran_{it}$为中介变量，包括林地转出和信贷可得性；其他变量定义同上。

进一步地，为了验证假说8，根据理论分析，林权改革对农户非农就业的影响还受到生计策略的调节作用，调节效应表达式如下：

$$NFE_{it} = \delta_0 + \delta_1 tp_{it} + \delta_2 strat_{it} + \delta_3 tp_{it} \times strat_{it} + \delta_4 X_{it} + \gamma_i + \varepsilon_{it} \tag{3-42}$$

最后，在准确评估生计策略对林权改革影响农户非农就业的异质性作用效果的基础上，根据农户非农就业类型（非农务工和非农创业）的差异，进一步检验生计策略在林权改革影响农户非农务工和非农创业中的调节效应：

$$NFW_{it} = \delta_0 + \delta_1 tp_{it} + \delta_2 strat_{it} + \delta_3 tp_{it} \times strat_{it} + \delta_4 X_{it} + \gamma_i + \varepsilon_{it} \quad (3-43)$$

$$NFB_{it} = \delta_0 + \delta_1 tp_{it} + \delta_2 strat_{it} + \delta_3 tp_{it} \times strat_{it} + \delta_4 X_{it} + \gamma_i + \varepsilon_{it} \quad (3-44)$$

式（3-42）—式（3-44）中，$strat_{it}$为生计策略调节变量；$tp_{it} \times strat_{it}$是林权改革和生计策略的交叉项；其他变量定义同上。

3.4.3 林权改革对农户生产效率影响的经验模型

在第7章，在评估林权改革对农户林业生产投资和非农就业影响的基础上，进一步检验林权改革对农户生产效率影响的直接效应和间接效应。根据理论分析，为了检验假说9，首先分析林权改革对农户总生产效率的直接影响：

$$TPE_{it} = \beta_0 + \beta_1 tp_{it} + \beta_2 X_{it} + \mu_i + \varepsilon_{it} \quad (3-45)$$

其次，本章将农户总生产效率分为林业生产效率和非农生产效率两个方面，以此检验不同生产结构类型下林权改革的政策效应：

$$FPE_{it} = \beta_0 + \beta_1 tp_{it} + \beta_2 X_{it} + \mu_i + \varepsilon_{it} \quad (3-46)$$

$$OPE_{it} = \beta_0 + \beta_1 tp_{it} + \beta_2 X_{it} + \mu_i + \varepsilon_{it} \quad (3-47)$$

式（3-45）—式（3-47）中，TPE_{it}、FPE_{it}和OPE_{it}分别表示农户i在第t期的总生产效率、林业生产效率和非农生产效率；X_{it}是控制变量向量，用于控制其他可能影响农户生产效率的因素，本章将从市场特征、农户特征和资源特征三个方面选取控制变量；其中，市场特征涉及非农劳动力价格和木材价格指标，农户特征涉及户主年龄、性别、受教育年限、健康状况、户主是否干部、家庭人口数量、家庭劳动力数量和是否非农就业指标，资源特征涉及林地面积和是否采伐木材指标；其他变量定义同上。

接下来，需要分析林权改革对农户生产效率的间接影响。为了检验假说10—假说13，根据理论分析，林权改革影响农户生产效率的中介效应具体体现在林业生产投资、非农劳动供给、林地流转和信贷可得性四个方面，中介效应表达式如下：

$$tran_{it} = \alpha_0 + \alpha_1 tp_{it} + \alpha_2 X_{it} + \gamma_i + \varepsilon_{it} \quad (3-48)$$

$$TPE_{it} = \gamma_0 + \gamma_1 tp_{it} + \gamma_2 tran_{it} + \gamma_3 X_{it} + \gamma_i + \varepsilon_{it} \quad (3-49)$$

$$FPE_{it} = \gamma_0 + \gamma_1 tp_{it} + \gamma_2 tran_{it} + \gamma_3 X_{it} + \gamma_i + \varepsilon_{it} \quad (3-50)$$

$$OPE_{it} = \gamma_0 + \gamma_1 tp_{it} + \gamma_2 tran_{it} + \gamma_3 X_{it} + \gamma_i + \varepsilon_{it} \quad (3-51)$$

式（3-48)—式（3-51）中，$tran_{it}$为中介变量，包括林业生产投资、非农劳动供给、林地流转（林地转入和林地转出）和信贷可得性；其他变量定义同上。

进一步地，为了验证假说14，根据理论分析，林权改革对农户生产效率的影响还受到生计策略的调节作用，调节效应表达式如下：

$$TPE_{it} = \delta_0 + \delta_1 tp_{it} + \delta_2 strat_{it} + \delta_3 tp_{it} \times strat_{it} + \delta_4 X_{it} + \gamma_i + \varepsilon_{it} \quad (3-52)$$

$$FPE_{it} = \delta_0 + \delta_1 tp_{it} + \delta_2 strat_{it} + \delta_3 tp_{it} \times strat_{it} + \delta_4 X_{it} + \gamma_i + \varepsilon_{it} \quad (3-53)$$

$$OPE_{it} = \delta_0 + \delta_1 tp_{it} + \delta_2 strat_{it} + \delta_3 tp_{it} \times strat_{it} + \delta_4 X_{it} + \gamma_i + \varepsilon_{it} \quad (3-54)$$

式（3-52)—式（3-54）中，$strat_{it}$为生计策略调节变量；$tp_{it} \times strat_{it}$是林权改革和生计策略的交叉项；其他变量定义同上。

3.4.4　林权改革对农户家庭生计影响的经验模型

3.4.4.1　林权改革对农户家庭收入影响的经验模型

在第8章，在评估林权改革对农户生产行为（林业生产投资和非农就业）影响的基础上，进一步检验林权改革对农户家庭收入影响的直接效应和间接效应。根据理论分析，为了检验假说15，首先分析林权改革对农户家庭总收入的直接影响：

$$TINC_{it} = \beta_0 + \beta_1 tp_{it} + \beta_2 X_{it} + \mu_i + \varepsilon_{it} \quad (3-55)$$

其次，本章还进一步探究林权改革对农户家庭收入结构的影响，以此作为林权改革冲击农户生产结构后家庭收入结构变化的反映，这里主要关注林权改革对农户林业收入和非农收入的影响：

$$FINC_{it} = \beta_0 + \beta_1 tp_{it} + \beta_2 X_{it} + \mu_i + \varepsilon_{it} \quad (3-56)$$

$$OINC_{it} = \beta_0 + \beta_1 tp_{it} + \beta_2 X_{it} + \mu_i + \varepsilon_{it} \quad (3-57)$$

式（3-55)—式（3-57）中，$TINC_{it}$、$FINC_{it}$和$OINC_{it}$分别表示农户i在第t期的家庭总收入、林业收入和非农收入，农户家庭总收入由林业收入和非农就业收入构成，林业收入由竹林收入、经济林产品收入和用材林收入构成，非农就业收入由非农务工收入和非农创业收入构成；X_{it}是控制变量向量，用于控制其他可能影响农户家庭收入的因素，本章将从市场特征、农户特征和资源特征三个方面选取控制变量；其中，市场特征涉及非农劳动力价格和木材价格指标，农户特征涉及户主年龄、性别、受教育年限、健康状况、户主是否干部、家庭人口数量、家庭劳动力数量和是否非农就业指标，资源特征涉及林地面积和是否采伐木材指标；其他变量定义同上。

接下来，需要分析林权改革对农户家庭收入的间接影响。为了检验假说16—假说19，根据理论分析，林权改革影响农户家庭收入的中介效应具体体现在林业生产投资、非农劳动供给、林地流转和信贷可得性四个方面，中介效应表达式如下：

$$tran_{it} = \alpha_0 + \alpha_1 tp_{it} + \alpha_2 X_{it} + \gamma_i + \varepsilon_{it} \tag{3-58}$$

$$TINC_{it} = \gamma_0 + \gamma_1 tp_{it} + \gamma_2 tran_{it} + \gamma_3 X_{it} + \gamma_i + \varepsilon_{it} \tag{3-59}$$

$$FINC_{it} = \gamma_0 + \gamma_1 tp_{it} + \gamma_2 tran_{it} + \gamma_3 X_{it} + \gamma_i + \varepsilon_{it} \tag{3-60}$$

$$OINC_{it} = \gamma_0 + \gamma_1 tp_{it} + \gamma_2 tran_{it} + \gamma_3 X_{it} + \gamma_i + \varepsilon_{it} \tag{3-61}$$

式（3－58）—式（3－61）中，$tran_{it}$为中介变量，包括林业生产投资、非农劳动供给、林地流转（林地转入和林地转出）和信贷可得性；其他变量定义同上。

进一步地，为了验证假说20，根据理论分析，林权改革对农户家庭收入的影响还受到生计策略的调节作用，调节效应表达式如下：

$$TINC_{it} = \delta_0 + \delta_1 tp_{it} + \delta_2 strat_{it} + \delta_3 tp_{it} \times strat_{it} + \delta_4 X_{it} + \gamma_i + \varepsilon_{it} \tag{3-62}$$

$$FINC_{it} = \delta_0 + \delta_1 tp_{it} + \delta_2 strat_{it} + \delta_3 tp_{it} \times strat_{it} + \delta_4 X_{it} + \gamma_i + \varepsilon_{it} \tag{3-63}$$

$$OINC_{it} = \delta_0 + \delta_1 tp_{it} + \delta_2 strat_{it} + \delta_3 tp_{it} \times strat_{it} + \delta_4 X_{it} + \gamma_i + \varepsilon_{it} \tag{3-64}$$

式（3－62）—式（3－64）中，$strat_{it}$为生计策略调节变量；$tp_{it} \times strat_{it}$是林权改革和生计策略的交叉项；其他变量定义同上。

3.4.4.2 林权改革对农户家庭消费影响的经验模型

在第9章，在评估林权改革对农户家庭收入及其结构（总收入、林业收入和非农收入）影响的基础上，进一步检验林权改革对农户家庭消费影响的直接效应和间接效应。根据理论分析，为了检验假说21，首先，分析林权改革对农户家庭总消费的直接影响：

$$TCON_{it} = \beta_0 + \beta_1 tp_{it} + \beta_2 X_{it} + \mu_i + \varepsilon_{it} \tag{3-65}$$

其次，本章还进一步探究林权改革对农户家庭消费结构的影响，以此作为林权改革冲击农户收入结构后家庭消费结构变化的反映，这里主要关注林权改革对农户食品消费和其他消费的影响：

$$FCON_{it} = \beta_0 + \beta_1 tp_{it} + \beta_2 X_{it} + \mu_i + \varepsilon_{it} \tag{3-66}$$

$$OCON_{it} = \beta_0 + \beta_1 tp_{it} + \beta_2 X_{it} + \mu_i + \varepsilon_{it} \tag{3-67}$$

式（3-65）—式（3-67）中，$TCON_{it}$、$FCON_{it}$和$OCON_{it}$分别表示农户 i 在第 t 期的家庭总消费、食品消费和其他消费；X_{it}是控制变量向量，用于控制其他可能影响农户家庭消费的因素，本章将从市场特征、农户特征和资源特征三个方面选取控制变量；其中，市场特征涉及非农劳动力价格和木材价格指标，农户特征涉及户主年龄、性别、受教育年限、健康状况、户主是否干部、家庭人口数量、家庭劳动力数量和是否非农就业指标，资源特征涉及林地面积和是否采伐木材指标；其他变量定义同上。

接下来，需要分析林权改革对农户家庭消费的间接影响。为了检验假说22—假说23，根据理论分析，林权改革影响农户家庭消费的中介效应具体体现在林业收入和非农收入两个方面，中介效应表达式如下：

$$tran_{it} = \alpha_0 + \alpha_1 tp_{it} + \alpha_2 X_{it} + \gamma_i + \varepsilon_{it} \tag{3-68}$$

$$TCON_{it} = \gamma_0 + \gamma_1 tp_{it} + \gamma_2 tran_{it} + \gamma_3 X_{it} + \gamma_i + \varepsilon_{it} \tag{3-69}$$

$$FCON_{it} = \gamma_0 + \gamma_1 tp_{it} + \gamma_2 tran_{it} + \gamma_3 X_{it} + \gamma_i + \varepsilon_{it} \tag{3-70}$$

$$OCON_{it} = \gamma_0 + \gamma_1 tp_{it} + \gamma_2 tran_{it} + \gamma_3 X_{it} + \gamma_i + \varepsilon_{it} \tag{3-71}$$

式（3-68）—式（3-71）中，$tran_{it}$为中介变量，包括林业收入和非农收入；其他变量定义同上。

进一步地，为了验证假说24，根据理论分析，林权改革对农户家庭消费的影响还受到生计策略的调节作用，调节效应表达式如下：

$$TCON_{it} = \delta_0 + \delta_1 tp_{it} + \delta_2 strat_{it} + \delta_3 tp_{it} \times strat_{it} + \delta_4 X_{it} + \gamma_i + \varepsilon_{it} \tag{3-72}$$

$$FCON_{it} = \delta_0 + \delta_1 tp_{it} + \delta_2 strat_{it} + \delta_3 tp_{it} \times strat_{it} + \delta_4 X_{it} + \gamma_i + \varepsilon_{it} \tag{3-73}$$

$$OCON_{it} = \delta_0 + \delta_1 tp_{it} + \delta_2 strat_{it} + \delta_3 tp_{it} \times strat_{it} + \delta_4 X_{it} + \gamma_i + \varepsilon_{it} \tag{3-74}$$

式（3－72）—式(3－74）中，$strat_{it}$为生计策略调节变量；$tp_{it} \times strat_{it}$是林权改革和生计策略的交叉项；其他变量定义同上。

3.5 实证分析方法

3.5.1 双重差分法

双重差分法是经济管理类实证研究的主流方法之一，主要应用于政策或制度效应的评估。与其他静态比较方法相比较，我们所运用的双重差分法不是直接比较政策或制度实施前后样本个体平均值的变化，而主要是使用单个样本个体的数据信息进行回归估计，即先观察受政策或制度影响的单个样本个体在政策或制度实施前后所发生的变化，接下来再对未受政策或制度影响的单个样本个体在政策或制度实施前后所发生的变化进行观察，进而判断政策或制度的影响是否具有统计意义上的显著性。同时，双重差分法不仅可以有效避免政策或制度作为自变量时可能引起的内生性问题，还能够控制不可观测的样本个体异质性或随时间变化的其他因素所可能产生的影响，由此计算出对政策或制度效果的无偏估计量。

双重差分法的理论框架是建立在自然实验的基础上，通过随机或近似于随机对所有样本个体进行分组，得到受政策或制度冲击的实验组和未受政策或制度冲击的控制组，是一种尝试采用控制组未受政策或制度冲击所得结果的变化作为受政策或制度冲击实验组假如未受政策或制度冲击所得结果的变化的反事实来分析因果效应的方法。因此，双重差分模型一般构造可表达为：

$$Y_{it} = \alpha_0 + \alpha_1 D_i + \alpha_2 T_t + \alpha_3 (D_i \times T_t) + \alpha_4 X_{it} + \varepsilon_{it} \quad (3-75)$$

式（3－75）中，Y_{it}为第 i 个样本个体第 t 年的被解释变量，D_i为政策或制度的分组虚拟变量（实验组的 $D_i = 1$，表明该样本个体受到政策或制度的冲击；控制组的 $D_i = 0$，表明该样本个体未受到政策或制度的冲击）；T_t为受政策或制度冲击的时间虚拟变量，受政策或制度冲击前的时期 $T_t=0$，受政策或制度冲击后的时期$T_t=1$，表明政策或制度冲击已经发生；$D_i\times T_t$是判别政策或制度对被解释变量是否具有显著影响的依据；X_{it}是考察样本个体差异或环境差异的控制变量；ε_{it}是随机扰动项；α_0、α_1、α_2、α_3、α_4是估计系数，α_3是本章所关注的重点，表示政策或制度对被解释变量的影响效果。

双重差分法的核心内容是借助于构造交互项而准确识别政策或制度冲击对受政策或制度影响样本个体的平均处理效应（ATT），即基于反事实框架来评估政策或制度冲击发生与否下被解释变量Y_{it}的变化，它的处理方法是从实验组政策或制度实施前后时期所带来的结果变化减去控制组政策或制度实施前后时期的结果变化，由此便可以得到本章所重点关注的政策或制度效应α_3。上述分析所得到的双重差分处理效应数学表达式如下：

$$\begin{aligned}\alpha_3=&[E(Y|D=1,T=1)-E(Y|D=1,T=0)]\\&-[E(Y|D=0,T=1)-E(Y|D=0,T=0)]\end{aligned}\quad(3-76)$$

然而，双重差分法的应用必须满足一定的假设前提条件，如果违背假设前提条件，这将可能会在一定程度上造成估计结果偏离真实的因果效应。因此，双重差分法应该要满足两个假设条件：

第一，平行趋势假设。平行趋势假设是指实验组样本个体在未受政策或制度冲击时，其结果变动趋势在正常情况下应与控制组样本个体的结果变动趋势保持相同。因此，此假设条件的数学表达式如下：

$$\begin{aligned}&E(Y^0|D=1,T=1)-E(Y^0|D=1,T=0)\\&=E(Y^0|D=0,T=1)-E(Y^0|D=0,T=0)\end{aligned}\quad(3-77)$$

式（3-77）中，Y^0表示未受政策或制度冲击的结果变量。在此假设条件下，实验组样本个体在受政策或制度冲击后的平均处理效应为：

$$\begin{aligned}\alpha_3=&[(Y|D=1,T=1)-E(Y|D=1,T=0)]\\&-[E(Y|D=0,T=1)-E(Y|D=0,T=0)]\\=&[E(Y^1|D=1,T=1)-E(Y^0|D=1,T=1)]\\&+[E(Y^0|D=1,T=1)-E(Y^0|D=1,T=0)]\\&-[E(Y^0|D=0,T=1)-E(Y^0|D=0,T=0)]\\=&E(Y^1-Y^0|D=1,T=1)\end{aligned}\quad(3-78)$$

由式（3－78）可知，双重差分法利用随机分组来消除随机偏误，即通过将样本个体随机分配到实验组和控制组，使政策或制度在两组的分布特征与样本个体特征不存在显著关联。在此情况下，结果变量的变动趋势独立于政策冲击，此时，随机偏误项的结果为0。

第二，稳定单位处理变量值假设。稳定单位处理变量值假设是指政策或制度冲击对不同样本个体的影响是彼此独立的，这便意味着某一样本个体受政策或制度冲击的处理状态不影响其潜在结果和其他样本个体的处理状态。因此，该假设的数学表达式如下：

$$\begin{aligned}\alpha_3 &= [E(Y \mid D=1,T=1) - E(Y \mid D=1,T=0)] \\ &\quad - [E(Y \mid D=0,T=1) - E(Y \mid D=0,T=0)] \\ &= E(Y^1 - Y^0 \mid D=1,T=1) = E(Y^1 - Y^0) \end{aligned} \tag{3-79}$$

由式（3－79）可知，受政策或制度冲击样本个体的因果效应等同于随机分配样本个体受政策或制度冲击所得到的因果效应。

在实际应用中，双重差分法常与面板数据互相配合使用，因此双重差分法有时可以表达为：

$$Y_{it} = \alpha_0 + \alpha_1(D_i \times T_t) + \alpha_2 X_{it} + \varepsilon_{it} \tag{3-80}$$

3.5.2 中介效应分析法

为检验林权改革对农户生产效率及其家庭生计影响的作用机制或传导路径，本章采用中介效应法进行检验。依次检验法、Sobel－Goodman 法和 Bootstrap 法通常是检验中介效应最常见的方法，Sobel－Goodman 法和 Bootstrap 法是能够检验中介效应的直接方法，他们的核心思想是对系数乘积进行检验。然而，对于采用依次检验法进行中介效应检验的判断标准是：当因变量 Y 对自变量 X 进行回归估计，他的系数 a 具有统计意义上的显著性；接下来，分别将中介变量 M 对自变量 X、因变量 Y 对中介变量 M 进行回归估计，如果他们的系数 c 和 b 具有统计意义上的显著性，那么就可以判别存在中介效应。如果他们的系数 c 和 b 其中至少有一个系数不具有统计意义上的显著性，则需要采用 Sobel－Goodman 法或 Bootstrap 法来继续确定是否存在中介效应。依次检验法直观易懂，虽在当下的研究中被广泛应用，但其检验力是三种方法中最低的，且饱受争议（Mackinnon et al.，2007；Hayes et al.，2009；方杰等，2012）。所以，已有相关研究直接采取 Sobel – Goodman 法或 Bootstrap 法来检验回归估计中是否存在中介效应，例如，林文声等（2017）实证研究了新一轮农地确权对农地流转的影响。但是，诚然温忠麟和叶宝娟（2014）所提到的，首先需要先进行依次检验，倘若发现他们的系数 c 和 b 其中至少有一个系数不具有统计意义上的显著性，这时候才需要做 Sobel – Goodman 法或 Bootstrap 法检验。需要注意的是，虽然 Sobell – Goodman 法的检验力高于其他两种方法（Mackinnon et al.，2002；温忠麟等，2004），但是 Bootstrap 法的检测统计效力是最高的，故 Sobel – Goodman 法可以被 Bootstrap 法取代（温忠麟和叶宝娟，2014）。如果依次检验结果已具有显著性，则其检验力低就可以不必考虑。此时，基于依次检验法所得到的检验结果比基于 Bootstrap 法所得到的检验结果更强。综上所述，本章检验中介效应的方法是依次检验法。这一模型旨在验证自变量通过影响中介变量进而对因变量产生作用。相比纯粹分析林权改革对农户生产效率及其家庭生计影响的直接效应，中介效应模型可以分析林权改革对农户生产效率及其家庭生计影响的间接路径和作用效果，不仅在分析方法上有所进步，还往往能够发掘更加深入的结果，以此体现与通常的直接分析有所区别。参考温忠麟等（2004）的研究，在考察自变量 X 对因变量 Y 的影响时，如果自变量 X 通过影响变量 M 进而对因变量 Y 产生影响，此时，变量 M 在自变量 X 和因变量 Y 之间具有中介作用，变量 M 则为中介变量。假设中介效应回归方程表达式如下：

$$Y = aX + e_1 \tag{3-81}$$

$$M = cX + e_2 \tag{3-82}$$

$$Y = a'X + bM + e_3 \tag{3-83}$$

式（3 – 81）的估计系数 a 是自变量 X 对因变量 Y 的总效应；式（3 – 82）的估计系数 c 是自变量 X 对中介变量 M 的效应；式（3 – 83）的估计系数 b 是在控制自变量 X 的影响前提下，中介变量 M 对因变量 Y 的效应，估计系数 a' 是在控制中介变量 M 的影响前提下，自变量 X 对因变量 Y 的直接效应；e_1、

e_2、e_3是残差项。因此，检验是否存在中介效应最常用的方法是对回归系数采取逐步检验的方式进行验证，具体检验步骤如下：

（1）检验不包括中介变量 M 的自变量 X 对因变量 Y 回归方程中的总效应 a 是否显著；若显著，则说明很有可能存在中介效应，进行第二步检验，否则停止检验。

（2）检验自变量 X 对中介变量 M 回归方程中的效应 c 是否显著，以及检验包括中介变量 M 在内自变量 X 对因变量 Y 回归方程中的中介变量 M 的估计系数 b 是否显著；若估计系数 c 和 b 均显著，说明间接效应显著，即自变量 X 通过中介变量 M 影响因变量 Y，则进行第三步检验；若至少有一个估计系数不显著，则进行第四步检验。

（3）检验包括中介变量 M 在内的自变量 X 对因变量 Y 回归方程中的自变量 X 的回归估计系数a'是否具有统计意义上的显著性；若显著，则可以判定存在中介效应，反之则不存在中介效应。

（4）使用 Bootstrap 法检验原假设：$bc=0$；若显著，意味着存在间接效应，则进行第三步检验；若不显著，意味着不存在间接效应，即自变量 X 无法通过中介变量 M 影响因变量 Y。

3.5.3 调节效应分析法

为检验林权改革对农户生产效率及其家庭生计的影响是否受到生计策略的影响，本章采用调节效应法进行检验，这一模型旨在验证自变量对因变量的影响受到调节变量的作用。在社会科学研究中，调节是重要的方法学概念，它是探索多个变量相互之间关系的重要手段。参考温忠麟等（2005）的研究，假设因变量 Y 和自变量 X 之间的关系随第三个变量 M 的变化而变化，即因变量 Y 和自变量 X 的关系是第三个变量 M 的函数：$Y=f(X,M)+e$，此时，第三个变量 M 在自变量 X 和因变量 Y 之间具有调节作用。那么，第三个变量 M 则为调节变量。假设调节效应回归方程表达式如下：

$$Y=aX+bM+cXM+e \qquad (3-84)$$

对于式（3－84）中调节效应的分析关键在于检验估计系数 c，如果估计

系数 c 显著（即原假设 $c=0$ 被拒绝），表示第三个变量 M 的调节效应显著。具体到本章研究，林权改革对农户生产效率及其家庭生计的影响受到生计策略的调节作用，如果生计策略与林权改革的交互项估计系数显著，说明生计策略在林权改革影响农户生产效率及其家庭生计中起到调节作用。

3.5.4　随机前沿分析法

关于林业生产效率的测算方法，随机前沿分析法是目前研究生产效率的主流方法之一。由于随机前沿生产函数模型考虑到不可控因素的影响，最大似然估计方法（ML）可以很好地完成估计，此方法由 Aigner et al.（1977）提出后，经 Førsund et al.（1980）改进，在实践中已得到广泛应用。运用超越对数形式的随机前沿生产函数模型测算农户林业生产效率，模型构建如下：

$$\begin{aligned}\ln Y_{it} = & \beta_0 + \beta_1 \ln S_{it} + \beta_2 \ln K_{it} + \beta_3 \ln L_{it} + \beta_4 \ln S_{it}^2 + \beta_5 \ln K_{it}^2 + \beta_6 \ln L_{it}^2 \\ & + \beta_7 (\ln S_{it})(\ln K_{it}) + \beta_8 (\ln S_{it})(\ln L_{it}) \\ & + \beta_9 (\ln K_{it})(\ln L_{it}) + V_{it} - U_{it} \qquad (3-85)\end{aligned}$$

式（3－85）中，Y 表示林业产出；S 表示林地经营面积；K 表示林业生产性资本投入；L 表示林业劳动力投入；i 代表第 i 个农户；t 代表时间变量；β_0、β_1、β_2、…、β_9为待估计参数；V_{it}是随机误差项，包括在生产经营中不可控的因素，且假设随机误差项服从数学期望为 0、方差为σ_v^2的独立正态分布，即 $V_{it} \sim N(0, \sigma_v^2)$；$U_{it}$为农户林业生产效率损失项，受到生产经营者努力程度、管理水平和技术水平等因素的影响，假设U_{it}服从截断正态分布，即$U_{it} \sim N(u, \sigma_u^2)$，以此来反映林业生产效率损失。

$$u_{it} = \delta_0 + \delta_1 X_{it} + \theta_i + \varepsilon_{it} \qquad (3-86)$$

式（3－86）中，u_{it}为每个农户的林业生产效率损失值，表示农户实际林业产出水平与最优技术水平下林业产出的差距；X 表示控制变量向量，反映变量 X 对林业生产效率损失的影响；δ_0为常数项；δ_1为待估参数，当 δ 为负值表明该变量对林业生产效率有正向影响；反之，当 δ 为正值表明该变量对林业生产效率有负向影响；θ_i代表时间固定效应；ε_{it}为随机扰动项。

3.6 变量描述及相关性检验

3.6.1 变量描述

本章所采用的数据来源于国家林业和草原局发展研究中心“中国集体林权制度改革相关政策问题”研究团队在全国9省（区）18县（市、区）的农户调查数据。研究团队在2010年、2012年、2014年、2016年和2018年对样本农户进行调查，经过数据整理后最终获取1128户为期12年的农户调查数据，样本总量共计为13536个。基于理论分析、模型设定和已有文献，本章所涉及变量的说明和描述性统计如表3－1所示。

表3－1　变量说明及描述性统计

变量名称	变量说明	均值	标准差
总收入	农户家庭总收入（元）	16946.2931	22027.3811
林业收入	农户家庭林业收入（元）	2861.4397	9585.1695
非农收入	农户家庭非农就业收入（元）	14084.8534	19438.9286
总消费	农户家庭总消费（元）	18036.1896	205342.9206
食品消费	农户家庭食品消费（元）	5695.8232	106996.5839
其他消费	农户家庭除食品消费外的其他消费（元）	12340.3664	175205.5825
总生产效率	农户家庭总收入与总劳动力投入的比值（元/人）	9709.7612	17835.9507
林业生产效率	基于SFA模型计量林业生产效率损失	0.6852	0.2001
非农生产效率	农户家庭非农收入与非农劳动力投入的比值（元/人）	15842.6291	362755.5631
林业资本投入	林地种苗、化肥、农药、雇工、机械等花费（元）	622.6112	3045.0005
林业劳动力投入	农户家庭林业生产自用工数（人天）	31.9945	65.6863
非农就业劳动力投入	农户家庭非农就业用工数（人天）	243.7765	265.1281
非农务工劳动力投入	农户家庭长期或短期非农务工用工数（人天）	151.9567	239.1160
非农创业劳动力投入	农户家庭自主经营等创业活动用工数（人天）	91.8511	162.6751
林权改革	是否领取林权证书（是＝1；否＝0）	0.6162	0.4863

续表

变量名称	变量说明	均值	标准差
是否转入林地	农户家庭是否有转入林地行为（是=1；否=0）	0.0725	0.2593
是否转出林地	农户家庭是否有转出林地行为（是=1；否=0）	0.0342	0.1817
信贷可得性	农户家庭是否获得林权抵押贷款（是=1；否=0）	0.0165	0.1272
生计策略	纯农户=1；兼业户=2；非农户=3	2.0287	0.7315
非农劳动力价格	非农劳动力用工平均价格（元/人天）	52.8723	21.5415
木材价格	木材平均价格（元/立方米）	439.3289	97.3423
年龄	户主年龄（岁）	52.149	11.0257
性别	男性=1；女性=0	0.9694	0.1721
受教育年限	户主受教育年限（年）	7.3187	2.8496
健康状况	健康=1；不健康=0	0.8951	0.3064
户主是否干部	户主是否担任干部（是=1；否=0）	0.2428	0.4288
家庭人口数量	实际家庭人口数量（人）	3.9328	1.5076
家庭劳动力数量	实际家庭劳动力数量（人）	2.7074	1.2344
是否非农就业	农户家庭成员是否参与非农就业（是=1；否=0）	0.6923	0.4616
非农收入占比	农户家庭非农收入占总收入的比重（%）	0.5195	0.3414
非农劳动力占比	农户家庭非农劳动力占总劳动力的比重（%）	0.4914	0.3800
林业收入占比	农户家庭林业收入占总收入的比重（%）	0.1123	0.2090
林业劳动力占比	农户家庭林业劳动力占总劳动力的比重（%）	0.1068	0.1982
是否采伐木材	农户是否有采伐木材行为（是=1；否=0）	0.038	0.1912
林地面积	农户拥有的林地经营面积（亩）	38.3976	73.138
路面是否硬化	所在村路面是否硬化（是=1；否=0）	0.7674	0.4225
是否位于山区	所在村路面是否位于山区（是=1；否=0）	0.5580	0.4966
距县城距离	所在村距县城距离（千米）	35.4196	31.3447

3.6.2 相关性检验

考虑到变量间可能存在共线性问题，为避免多重共线性对实证检验结果的影响，本章对所有解释变量进行多重共线性检验。表3－2和表3－3给出实证模型中解释变量的相关系数矩阵，通过表3－2和表3－3可以看出各变量的相关系数均在合理范围内，回归时无须过于担心变量之间可能存在的共线性问题的干扰。

表 3－2　变量相关系数矩阵（一）

变量	林权改革	非农劳动力价格	木材价格	年龄	性别	受教育年限	健康状况	户主是否干部	家庭人口数量	家庭劳动力数量
林权改革	1	—	—	—	—	—	—	—	—	—
非农劳动力价格	0.246	1	—	—	—	—	—	—	—	—
木材价格	0.258	0.364	1	—	—	—	—	—	—	—
年龄	0.110	0.192	0.177	1	—	—	—	—	—	—
性别	0.00590	0.0523	0.00610	－0.0763	1	—	—	—	—	—
受教育年限	0.0175	－0.0230	－0.00760	－0.335	0.102	1	—	—	—	—
健康状况	－0.0481	－0.115	－0.0659	－0.430	0.0522	0.193	1	—	—	—
户主是否干部	0.0635	0.0280	－0.0217	－0.121	0.0177	0.226	0.109	1	—	—
家庭人口数量	－0.0193	－0.151	－0.0722	－0.105	0.0446	0.0554	0.0557	0.0383	1	—
家庭劳动力数量	－0.0459	－0.145	－0.0696	－0.0769	0.0243	0.0625	0.365	0.0708	0.662	1
是否非农就业	0.102	0.0632	0.0796	－0.165	0.0355	0.117	0.112	0.0809	0.223	0.217
非农收入占比	0.129	0.173	0.161	0.0312	－0.0498	0.0273	－0.0797	0.00880	0.122	0.0776
非农劳动力占比	0.101	0.115	0.108	－0.135	0.00890	0.119	0.0748	0.0683	0.242	0.230
林业收入占比	－0.0114	0.125	0.0422	－0.0257	0.0545	－0.0001	0.0572	0.0421	－0.0705	－0.0464
林业劳动力占比	0.0860	0.115	0.0451	0.0288	0.0330	－0.0380	0.00120	－0.0134	－0.0928	－0.0962
是否采伐木材	0.0355	－0.0339	－0.00770	－0.0679	0.0186	0.00350	0.0145	0.0547	0.0510	0.0255
林地面积	0.189	0.101	0.161	－0.0168	0.0331	－0.0068	0.00450	0.0196	0.0531	0.0288
路面是否硬化	0.0515	0.193	0.191	0.104	0.0380	0.00430	－0.0468	－0.0144	－0.0624	－0.0671
是否位于山区	0.0102	－0.224	0.0157	－0.0822	－0.0187	0.0224	0.0719	0.0432	0.0550	0.0476
距县城距离	－0.0150	－0.204	－0.0271	－0.0195	－0.0584	－0.0542	－0.0163	－0.0400	0.0446	0.0109

表 3-3 变量相关系数矩阵（二）

变量	是否非农就业	非农收入占比	非农劳动力占比	林业收入占比	林业劳动力占比	是否采伐木材	林地面积	路面是否硬化	是否位于山区	距县城距离
是否非农就业	1	—	—	—	—	—	—	—	—	—
非农收入占比	0.614	1	—	—	—	—	—	—	—	—
非农劳动力占比	0.862	0.710	1	—	—	—	—	—	—	—
林业收入占比	-0.219	-0.389	-0.244	1	—	—	—	—	—	—
林业劳动力占比	-0.291	-0.226	-0.353	0.441	1	—	—	—	—	—
是否采伐木材	0.00820	-0.0838	-0.0186	0.208	0.0830	1	—	—	—	—
林地面积	0.0427	0.0199	0.0329	0.145	0.173	0.239	1	—	—	—
路面是否硬化	0.00150	0.0359	0.00650	0.0299	0.0128	-0.0332	-0.0724	1	—	—
是否位于山区	-0.0117	-0.0433	-0.0157	0.110	0.0750	0.0738	0.0846	0.0523	1	—
距县城距离	-0.0214	-0.0213	-0.0310	-0.0758	-0.0447	0.0560	0.152	-0.152	0.291	1

第4章

研究数据与样本农户基本情况

4.1 数据基本情况

4.1.1 实地调研

2010 年，在经专家讨论并确定案例省（区）的基础上，国家林业和草原局发展研究中心“中国集体林权制度改革相关政策问题”研究团队赴案例省（区）与地方林业部门进行研讨，采用随机分层抽样技术，选定能够反映全省（区）林权改革情况的案例县（市、区），每个县（市、区）随机选取 3 个乡镇，每个乡镇随机选择 3 个行政村，每个行政村随机抽取 15 个农户进行访问。首先，首次调研于 2010 年开展，除了记录当年数据信息外，此次调研还让农户仔细回忆 2003—2009 年的数据信息，收集了 2003 年、2007—2009 年的数据信息。由于数据信息时间跨度较长，为了帮助受访农户回忆当年的生产经营活动，借鉴 Hakim（2000）和 Devereux and Hoddinott（1993）的调查思路，研究团队不断对调研方案进行优化并完善。此后，每两年开展一次农户调研，即 2012 年、2014 年、2016 年和 2018 年分别收集了 2010—2011 年、2012—2013 年、2014—2015 年和 2016—2017 年的数据信息。其次，设计尽可能详细的县级、镇级、村级和农户的定量调查表和定性问卷。调研内容囊括了社会经济发展、森林资源、农户生产经营活动、农户家庭收入、农户家庭生活消费、农户借贷情况和对相关政策意愿等多方面信息，此后调研过程中，在定量调查表和定性问卷基本框架保持稳定的基础上，对指标体系不断优化并对指标进行逐级细化。再次，在每次开展调研活动前，研究团队通过对调研人员进行 3 天集中培训，使其能够准确理解指标体系，并对指标所涉及的数据信息统一调查口径。此外，在以户主作为主要受访对象进行访谈时，为尽可能降低回忆偏差，同时还邀请受访对象的多个家庭成员、邻居、村干部等协助其仔细回忆当年的重要事件和关键数据信息。最后，研究团队对所获取的农户数据信息与村级、镇级和县级定量调查表和定性问卷进行反复比对，以进一步验证并提升所收集数据信息的有效性和可靠性。经历

5次调研，出于对跨期可比性的考量，剔除观测值观测时点不全和调查问卷信息前后矛盾的样本农户，经过数据整理后最终形成覆盖辽宁省、山东省、河南省、四川省、广西省、湖南省、江西省、浙江省、福建省等9个省（区）、18县（市、区）、54个乡镇、162个行政村、1128个农户2003年、2007—2017年的农户数据信息库以及所在县级、镇级、村级的数据信息库。

4.1.2 案例点分布

在案例点的选取上，研究团队充分考虑各案例省（区）启动实施林权改革的时间梯度分布和规模，并兼顾各案例省（区）森林资源状况、社会经济发展水平，最终确定基本能够反映案例省（区）总体情况的案例县（市、区）。在案例省（区）的选取上，选取既包括东北林区的辽宁省和平原林区的山东省和河南省，也包括南方集体林区的四川省、广西省、湖南省、江西省、浙江省、福建省等省（区）。需要指出的是，除了四川省外，所选取的案例省（区）的集体林比例均高于50%，尤其是集体林占比最高的福建省、江西省和浙江省等省。在空间分布上，按东西划分，东部的省份有辽宁省、山东省、浙江省和福建省，中部的省份有河南省、湖南省和江西省，西部的省份有广西壮族自治区和四川省；按南北划分，北部的省份有辽宁省、山东省和河南省，南部的省份有四川省、广西省、湖南省、江西省、浙江省和福建省等省（区）。在时间分布上，各案例省（区）启动林权改革的时间呈现明显的梯度分布。例如，福建省启动林权改革的时间是2003年，江西省、浙江省和辽宁省启动林权改革的时间是2004年，河南省、湖南省和四川省启动林权改革的时间是2006年，山东省和广西壮族自治区启动林权改革的时间是2008年。因此，所选取的案例省（区）在一定程度上能够作为反映全国集体森林资源状况和林权改革情况的典型代表。在案例县（市、区）的选取上，研究团队与省级林业主管部门和有关专家进行沟通协调，每个案例省（区）选取2个案例县（市、区），即辽宁省本溪与清原、河南省舞阳与浉河、山东省蒙阴与莱州、四川省丹棱与威远、广西壮族自治区环江与平果、湖南省洪江与平江、江西省遂川与铜鼓、浙江省遂昌与德清和福建省沙县与顺昌。在所选取的案例县（市、区）中，既包括莱州和德清等全国百强县，也包括舞阳、蒙阴、环江和铜鼓等经济欠发达县；既包括环江、洪江、遂川、铜鼓、遂昌、顺昌等森林资源丰富的县，也包括莱州、舞阳等少林县。此外，所选取的案例县（市、区）启动林权改革的时间存在明显差异，即使在同一案例省（区）所选取的两个案例县（市、区）启动林权改革的时间亦不同。因此，不论是从省（区）级层面还是县（市、区）级层面来看，本章的案例点选取对开展林权改革的相关研究具有良好的代表意义。

4.1.3 数据指标

本章采用的农户数据信息主要包括农户家庭基本人口特征、土地资源特征、生产费用、劳动力、产品产出、产品销售、收入、自给性消费、现金消费、借贷情况以及对林业相关政策评价等内容，涉及林权改革的数据信息包括农户参与林权改革的时间、面积、地块数、年限、林种等情况，以及每块已发放林权证书地块的坡度、坡向和距可通机动车道路或家的距离等地块信息的定量数据，还包括农户对林权改革政策主观评价等定性数据。此外，研究团队还收集村级、镇级和县级数据信息，进一步为开展林权改革研究提供可量化的外部信息支持。最后，利用农村生产资料价格指数和农村居民消费价格指数，把相关价格、收入和消费等数据指标折算成 1994 年不变价。

4.2 样本农户生计现状分析

4.2.1 样本农户参与林权改革情况

表 4 - 1 报告了样本农户参与林权改革的时间趋势情况。2003 年，福建省率先作为试点开展林权改革，2004 年以后，浙江省、辽宁省、江西省、湖南

省等省份陆续启动了林权改革。2003—2007 年，参与林权改革的样本农户比例呈现增长态势。除 2003 年仅有 6.58% 的样本农户参与林权改革以外，2007 年，新增参与林权改革样本农户比例最大，达到 35.58%。2008 年，除上海和西藏以外，其余各省（市、区）开始全面实施林权改革。相比于 2007 年，2011 年新增参与林权改革样本农户比例达到 32.21%。2011 年以后，新增参与林权改革的样本农户比例呈现小幅增长态势，且林权改革参与比例基本保持在 75% 左右。

表 4-1　样本农户参与林权改革情况　单位：%

年度	林权改革参与比例	
	均值	标准差
2003	0.0658	0.2481
2007	0.4216	0.494
2011	0.7437	0.4367
2015	0.7484	0.4341
2017	0.7524	0.4318

4.2.2　样本农户林地经营面积情况

表 4-2 报告了样本农户林地经营面积的时间趋势情况。从总体来看，林地确权组样本农户平均商品林经营面积和生态林经营面积分别为 35.736 亩和 9.4242 亩，林地未确权组样本农户平均商品林经营面积和生态林经营面积分别为 14.8419 亩和 4.5065 亩。所有年度两组样本农户商品林经营面积均大于生态林经营面积，但除 2003 年外，其余年度林地确权组样本农户商品林经营面积和生态林经营面积基本上要大于林地未确权组样本农户。分样本来看，对林地确权组而言，样本农户商品林经营面积和生态林经营面积均呈现增长态势，增长比例分别为 86.42% 和 1679.23%；对林地未确权组而言，虽然样本农户生态林经营面积呈现增长态势，增长比例为 125.89%，但商品林经营面积却呈现下降态势，减少比例为 63.84%。由此可以初步发现，林权改革对农户林地经营积极性具有明显的激励作用。

表 4 – 2　　样本农户林地经营面积情况　　单位：亩

年度	林地确权组		林地未确权组	
	商品林面积	生态林面积	商品林面积	生态林面积
2003	19.7256 (27.3698)	0.7519 (3.349)	25.4984 (59.441)	2.867 (18.2043)
2007	46.7744 (84.3807)	9.7438 (34.6089)	15.9454 (36.13)	2.5583 (16.8779)
2011	38.7439 (69.9374)	9.8433 (34.9209)	13.7741 (38.2509)	4.143 (22.7896)
2015	36.6635 (74.9204)	13.4039 (37.0974)	9.7716 (34.7743)	6.4877 (29.0543)
2017	36.7727 (74.8509)	13.378 (37.0068)	9.2199 (34.4708)	6.4764 (29.2624)

4.2.3　样本农户林业生产投资情况

表 4 – 3 报告了样本农户林业生产投资的时间趋势情况。从总体来看，林地确权组样本农户平均林业资本和林业劳动力投入分别为 784.9392 元和 33.0407 人/天，林地未确权组样本农户平均林业资本和林业劳动力投入分别为 359.4076 元和 24.4696 人/天，所有年度林地确权组样本农户林业资本和林业劳动力投入基本上要大于林地未确权组样本农户。分样本来看，对林地确权组而言，样本农户林业资本和林业劳动力投入呈现先升后降态势，2003—2011 年，林业资本投入从 748.3263 元上升至 909.3591 元，增长了 21.52%，受此变化的影响，林业劳动力投入也随之改变，林业劳动力投入从 27.7857 人/天上升至 38.2582 人/天，增长了 37.69%；2011 年后，林业资本和林业劳动力投入有所下降，但最低点相比于 2003 年也分别增长了 6.83 个和 17.91 个百分点。对林地未确权组而言，样本农户林业资本和林业劳动力投入也呈现先升后降态势，2003—2011 年，林业资本投入从 378.8849 元上升至 408.0032 元，增长了 7.69%，同期，林业劳动力投入从 24.0755 人/天上升至 32.5107 人/天，增长了 35.04%；2011 年后，林业资本和林业劳动力投入有所下降，但最低点相比于 2003 年却分别下降了 11.92 个和

12.04个百分点。由此可以发现，林业资本和林业劳动力投入具有明显的阶段性特征，这很大程度上可能与在此期间实施的林权改革政策有关，并且林权改革的实施相对提高了林地确权组农户林业生产投资水平，至于林权改革是否能够真正提高农户林业生产投资，后文将进行严格的计量检验。

表4-3　　样本农户林业生产投资情况　　单位：元

年度	林地确权组		林地未确权组	
	林业资本	林业劳动力	林业资本	林业劳动力
2003	748.3263 (2545.292)	27.7857 (41.7814)	378.8849 (1588.16)	24.0755 (58.406)
2007	632.2656 (2752.781)	33.2156 (60.8784)	304.3362 (1264.437)	23.1545 (63.3488)
2011	909.3591 (4136.106)	38.2582 (76.6097)	408.0032 (2192.18)	32.5107 (83.0967)
2015	835.3398 (3499.377)	33.1817 (53.8915)	372.0743 (1238.66)	21.4305 (49.7857)
2017	799.4052 (3578.783)	32.7621 (53.6322)	333.7394 (1723.344)	21.1766 (50.1793)

4.2.4　样本农户非农就业情况

表4-4报告了样本农户非农就业的时间趋势情况。从总体来看，林地确权组和林地未确权组样本农户非农就业劳动力投入均呈现明显的时间增长态势。林地确权组样本农户平均非农就业劳动力投入为246.0746人/天，林地未确权组样本农户平均非农就业劳动力投入为220.5173人/天，除2003年外，其他年度林地确权组样本农户非农就业劳动力投入要大于林地未确权组样本农户。从非农就业类型来看，一方面，林地确权组和林地未确权组样本农户非农务工劳动力投入均呈现先上升后下降的态势。林地确权组样本农户平均非农务工劳动力投入为144.0829人/天，林地未确权组样本农户平均非农务工劳动力投入为140.3298人/天，除2003年外，其他年度林地确权组样本农户

非农务工劳动力投入要大于林地未确权组样本农户；另一方面，林地确权组和林地未确权组样本农户非农创业劳动力投入均呈现波动式增长态势。林地确权组样本农户平均非农创业劳动力投入为 101.9918 人/天，林地未确权组样本农户平均非农创业劳动力投入为 80.1875 人/天，并且所有年度林地确权组样本农户非农创业劳动力投入要大于林地未确权组样本农户。分样本来看，对林地确权组而言，2003—2017 年，样本农户非农就业劳动力投入从 162.9524 人/天上升至 275.8687 人/天，增长了 69.29%；非农创业劳动力投入从 69.1071 人/天上升至 120.8135 人/天，增长了 74.82%；2003—2011 年，非农务工劳动力投入从 93.8452 人/天上升至 171.8061 人/天，增长了 83.07%，2011 年后，非农务工劳动力投入有所下降，但最低点相比于 2003 年也增长了 63.75 个百分点。对林地未确权组而言，2003—2017 年，样本农户非农就业劳动力投入从 173.8607 人/天上升至 255.8928 人/天，增长了 47.18%；非农创业劳动力投入从 64.2634 人/天上升至 105.9466 人/天，增长了 64.86%；2003—2011 年，非农务工劳动力投入从 109.5973 人/天上升至 152 人/天，增长了 38.69%，2011 年后，非农务工劳动力投入有所下降，但最低点相比于 2003 年也增长了 36.82 个百分点。从以上信息可以看出，农户非农就业劳动力投入存在明显的时间趋势，并且林权改革政策相对提高了林地确权组农户非农就业劳动力投入。至于林权改革能否真正提高农户非农就业劳动力投入，后文将进行严格的计量检验。

表 4-4　样本农户非农就业情况　　单位：人/天

年度	林地确权组			林地未确权组		
	非农就业	非农务工	非农创业	非农就业	非农务工	非农创业
2003	162.9524 (189.5471)	93.8452 (151.166)	69.1071 (134.2094)	173.8607 (211.2811)	109.5973 (180.3962)	64.2634 (138.3287)
2007	247.4572 (233.7319)	145.8253 (197.2929)	101.632 (165.3823)	198.7439 (236.2954)	139.0244 (212.8329)	59.7195 (139.5749)
2011	269.6133 (304.2989)	171.8061 (289.5795)	97.8072 (148.9983)	218.4098 (288.9005)	152 (280.7524)	66.4098 (127.3163)

续表

年度	林地确权组			林地未确权组		
	非农就业	非农务工	非农创业	非农就业	非农务工	非农创业
2015	274.2733 (249.5964)	153.6743 (223.7784)	120.599 (180.5311)	255.6791 (258.1372)	151.081 (227.6814)	104.5981 (176.8627)
2017	276.077 (250.6724)	155.2635 (224.74)	120.8135 (180.7384)	255.8928 (257.8959)	149.9462 (225.7929)	105.9466 (178.9336)

4.2.5 样本农户生产效率情况

表4-5报告了样本农户生产效率的时间趋势情况。从总体来看，林地确权组和林地未确权组样本农户总生产效率均呈现明显的时间增长态势，且所有年度林地确权组样本农户总生产效率均要大于林地未确权组样本农户。从生产结构来看，林地确权组和林地未确权组样本农户林业生产效率损失均呈现逐年下降的态势，然而，所有年度林地确权组样本农户林业生产效率损失均要小于林地未确权组样本农户，意味着林地确权组样本农户林业生产效率要大于林地未确权组样本农户；林地确权组和林地未确权组样本农户非农生产效率均呈现逐年增长的态势，且所有年度林地确权组样本农户非农生产效率均要大于林地未确权组样本农户。分样本来看，对林地确权组而言，2003—2017年，样本农户总生产效率从7488.903元/人上升至13898.32元/人，增长了85.59%；非农生产效率从9105.391元/人上升至19994.84元/人，增长了119.59%；林业生产效率损失从0.7227下降至0.6327，下降了12.45%。对林地未确权组而言，2003—2017年，样本农户总生产效率从5076.179元/人上升至10202.96元/人，增长了101%；非农生产效率从9011.557元/人上升至18117.41元/人，增长了101.05%；林业生产效率损失从0.7662下降至0.6715，下降了12.36%。从以上信息可以看出，农户生产效率存在明显的时间趋势，并且林权改革政策相对提高了林地确权组农户生产效率，至于林权改革能否真正提高农户生产效率，后文将进行严格的计量检验。

表 4 - 5　　样本农户生产效率情况　　单位：元/人

年度	林地确权组			林地未确权组		
	总生产效率	林业生产效率损失	非农生产效率	总生产效率	林业生产效率损失	非农生产效率
2003	7488.903 (11967.85)	0.7227 (0.1704)	9105.391 (12025.83)	5076.179 (6935.895)	0.7662 (0.1528)	9011.557 (20921.85)
2007	9467.682 (15639.34)	0.6793 (0.1832)	14084.54 (26544.2)	5482.45 (6742.601)	0.7167 (0.1762)	9738.423 (28381.69)
2011	10403.71 (13727.02)	0.6628 (0.2058)	15346.16 (28593.49)	8928.895 (13890.5)	0.6934 (0.2347)	11867.6 (17269.7)
2015	13405.71 (25904.2)	0.6668 (0.2097)	19226.42 (24753.02)	10188.05 (10803.02)	0.6727 (0.2056)	14645.28 (22991.54)
2017	13898.32 (26130.79)	0.6327 (0.213)	19994.84 (25927.78)	10202.96 (10773.31)	0.6715 (0.1945)	18117.41 (35852.67)

4.2.6　样本农户家庭收入情况

表 4 - 6 报告了样本农户家庭收入的时间趋势情况。从总体来看，林地确权组和林地未确权组样本农户家庭总收入均呈现明显的时间增长态势。林地确权组样本农户平均家庭总收入为 18382.0999 元，林地未确权组样本农户平均家庭总收入为 14944.0211 元，除 2003 年外，其他年度林地确权组样本农户家庭总收入均要大于林地未确权组样本农户。从收入结构来看，林地确权组和林地未确权组样本农户家庭林业收入均呈现先上升后下降的态势。林地确权组样本农户平均家庭林业收入为 2681.9842 元，林地未确权组样本农户平均家庭林业收入为 2440.5269 元，除 2003 年外，其他年度林地确权组样本农户林业收入均要大于林地未确权组样本农户；林地确权组和林地未确权组样本农户家庭非农收入也呈现时间增长态势。林地确权组样本农户平均家庭非农收入为 15700.1157 元，林地未确权组样本农户平均家庭非农收入为 12503.4942 元，除 2003 年外，其他年度林地确权组样本农户家庭非农收入均要大于林地未确权组样本农户。分样本来看，对林地确权组而言，2003—

2017 年，样本农户家庭总收入从 8537.8524 元上升至 24433.8415 元，增长了 186.18%；非农收入从 7024.7345 元上升至 21615.9549 元，增长了 207.71%；2003—2011 年，林业收入从 1513.1179 上升至 3240.0064 元，增长了 114.13%，2011 年后，林业收入有所下降，但最低点相比于 2003 年也增长了 86.23%。对林地未确权组而言，2003—2017 年，样本农户家庭总收入从 9208.7192 元上升至 21192.0595 元，增长了 130.13%；非农收入从 7546.6947 元上升至 18511.9416 元，增长了 145.3%；2003—2011 年，林业收入从 1662.0245 元上升至 3146.4975 元，增长了 89.32%，2011 年后，林业收入有所下降，但最低点相比于 2003 年也增长了 61.26%。从以上信息可以看出，农户家庭收入存在明显的时间趋势，并且林权改革政策相对提高了林地确权组农户家庭收入，尤其可以初步判断农户家庭林业收入的阶段性趋势特征大致与林权改革政策的实施显著相关。至于林权改革能否真正提高农户家庭收入，后文将进行严格的计量检验。

表 4-6　　样本农户家庭收入情况　　单位：元

年度	林地确权组			林地未确权组		
	总收入	林业收入	非农收入	总收入	林业收入	非农收入
2003	8537.8524 (12174.1547)	1513.1179 (5060.2177)	7024.7345 (11091.1148)	9208.7192 (13308.5093)	1662.0245 (5381.0687)	7546.6947 (11654.4704)
2007	16814.7817 (26670.3860)	2661.4959 (6031.5180)	14153.2858 (25750.8932)	9015.8699 (11794.2526)	1807.7264 (5396.1410)	7208.1435 (10882.7473)
2011	17812.5638 (21799.6488)	3240.0064 (10940.2690)	14572.5574 (18357.5507)	14142.3286 (18104.1426)	3146.4975 (10221.1689)	10995.8311 (15425.5927)
2015	24311.4599 (26160.7288)	3177.4140 (10486.3716)	21134.0459 (23440.3312)	21161.1283 (23702.5322)	2906.2681 (8209.8677)	18254.8602 (21657.7582)
2017	24433.8415 (26192.2033)	2817.8866 (10796.8967)	21615.9549 (23129.5335)	21192.0595 (24310.9353)	2680.1179 (9089.7362)	18511.9416 (23213.7285)

4.2.7　样本农户家庭消费情况

表 4-7 报告了样本农户家庭消费的时间趋势情况。从总体来看，林地确权组和林地未确权组样本农户家庭总消费均呈现明显的时间增长态势。林地

确权组样本农户平均家庭总消费为 15826.6472 元，林地未确权组样本农户平均家庭总消费为 13549.2699 元，除 2003 年外，其他年度林地确权组样本农户家庭总消费均要大于林地未确权组样本农户。从消费类型来看，林地确权组和林地未确权组样本农户家庭食品消费和其他消费均呈现增长态势，林地确权组样本农户平均家庭食品消费和其他消费分别为 5081.7222 元和 10744.9250 元，林地未确权组样本农户平均家庭食品消费和其他消费分别为 4870.3723 元和 8678.8975 元，除 2003 年外，其他年度林地确权组样本农户家庭食品消费和其他消费均要大于林地未确权组样本农户，并且两组农户家庭其他消费支出均要大于食品消费支出。分样本来看，对林地未确权组而言，2003—2017 年，样本农户家庭总消费从 8762.3342 元上升至 17311.4787 元，增长了 97.57%；食品消费从 3119.8233 元上升至 7203.7326 元，增长了 130.9%；其他消费从 5642.5108 元上升至 10107.7461 元，增长了 79.14%。对林地确权组而言，2003—2017 年，样本农户家庭总消费从 8008.0067 元上升至 21282.3566 元，增长了 165.76%；食品消费从 2875.1759 元上升至 7475.6862 元，增长了 160.01%；其他消费从 5132.8309 元上升至 13806.6703 元，增长了 168.99%。从以上信息可以看出，无论是数量还是增长动力，林权改革政策相对提高了林地确权组农户家庭消费水平，尤其是农户家庭消费的趋势特征大致与林权改革政策实施后农户家庭收入的变化密切相关。至于林权改革引起农户家庭收入的变化能否真正提高农户家庭消费，后文将进行严格的计量检验。

本章将农户家庭总消费进一步划分为自给性消费和购买性消费，表 4－8 报告了样本农户家庭不同来源消费的时间趋势情况。从总体来看，林地确权组和林地未确权组样本农户家庭自给性消费和购买性消费均呈现明显的时间增长态势。林地确权组样本农户平均家庭自给性消费和购买性消费分别为 1611.2548 元和 14229.0817 元，林地未确权组样本农户平均家庭自给性消费和购买性消费分别为 1530.0549 元和 11965.5256 元，除 2003 年和 2007 年外，其他年度林地确权组样本农户家庭自给性消费和购买性消费均大于林地未确权组样本农户，并且两组农户家庭购买性消费支出均要大于自给性消费支出。分样本来看，对林地确权组而言，2003—2017 年，样本农户家庭自给性消费从1389.0061元上升至1761.6768元，增长了26.83%；购买性消费从6619.0007元上升至19520.6798元，增长了194.92%。对林地未确权组而言，2003—2017年，样本农户家庭自给性消费从1440.0281元上升至1481.5775元，增长了2.89%；样本农户家庭购买性消费从7322.306元上升至15829.9012元，增长了116.19%。从以上信息可以看出，无论是数量还是增长动力，林权改革政策相对提高了林地确权组农户家庭消费水平，尤其是对于农户家庭购买性消费支出的影响程度远远大于自给性消费支出。

表4-7　　样本农户家庭消费情况　　单位：元

年度	林地未确权组			林地确权组		
	总消费	食品消费	其他消费	总消费	食品消费	其他消费
2003	8762.3342 (7214.0575)	3119.8233 (2141.0778)	5642.5108 (5991.6435)	8008.0067 (7663.5937)	2875.1759 (1819.9133)	5132.8309 (7195.6414)
2007	9389.9337 (7131.0543)	3306.6847 (1926.5105)	6083.2490 (6440.2589)	14212.6919 (17900.9861)	4023.1756 (2674.1614)	10189.5163 (17243.0899)
2011	15684.1515 (49327.3632)	3753.3719 (2366.7711)	11930.7796 (48839.9606)	15717.7204 (21712.1968)	3929.9745 (2593.6474)	11787.7459 (20767.0634)
2015	16598.4513 (21030.9270)	6968.2491 (3988.8872)	9630.2022 (20150.6665)	19912.4604 (27484.1412)	7104.5987 (4246.5535)	12807.8617 (26300.7302)
2017	17311.4787 (21857.1170)	7203.7326 (4130.5037)	10107.7461 (20947.0036)	21282.3566 (28601.5334)	7475.6862 (4403.6325)	13806.6703 (27502.7910)

表4-8　　样本农户家庭不同来源消费情况　　单位：元

年度	林地未确权组		林地确权组	
	自给性消费	购买性消费	自给性消费	购买性消费
2003	1440.0281 (1442.0423)	7322.3060 (7047.2255)	1389.0061 (1617.7759)	6619.0007 (7789.2024)
2007	1678.1278 (1462.2439)	7711.8059 (7069.2539)	1534.7402 (1736.3840)	12677.9516 (17966.7331)
2011	1557.4665 (1197.5842)	13858.2382 (21459.2703)	1659.4821 (1443.8165)	14126.6850 (49349.0220)

续表

年度	林地未确权组		林地确权组	
	自给性消费	购买性消费	自给性消费	购买性消费
2015	1493.0746 (1600.1020)	15105.3767 (21049.6940)	1711.3688 (1860.1348)	18201.0916 (27598.6065)
2017	1481.5775 (1579.6444)	15829.9012 (21855.8954)	1761.6768 (1980.8232)	19520.6798 (28737.3967)

本章将农户家庭食品消费和其他消费进一步划分为食品基本性消费和食品非基本性消费、其他基本性消费和其他非基本性消费，表4－9报告了样本农户家庭不同层次消费的时间趋势情况。从总体来看，林地确权组和林地未确权组样本农户家庭食品基本性消费、食品非基本性消费、其他基本性消费和其他非基本性消费均呈现明显的时间增长态势。林地确权组样本农户平均家庭食品基本性消费、食品非基本性消费、其他基本性消费和其他非基本性消费分别为1418.1248元、3740.5869元、4067.235元和7175.374元，林地未确权组样本农户平均家庭食品基本性消费、食品非基本性消费、其他基本性消费和其他非基本性消费分别为1301.2146元、3492.1683元、3260.3766元和4880.8369元。由此可以看出，林地确权组样本农户家庭食品基本性消费、食品非基本性消费、其他基本性消费和其他非基本性消费均要大于林地未确权组样本农户，并且两组农户家庭非基本性消费支出均要大于基本性消费支出。分样本来看，对林地确权组而言，2003—2017年，样本农户家庭食品基本性消费从1076.7224元上升至1709.9523元，增长了58.81%；食品非基本性消费从2096.0453元上升至5765.7339元，增长了175.08%；其他基本性消费从1502.4759元上升至5959.0004元，增长了296.61%；其他非基本性消费从4222.3261元上升至8818.9399元，增长了108.86%；对林地未确权组而言，2003—2017年，样本农户家庭食品基本性消费从1023.7781元上升至1550.5714元，增长了51.46%；食品非基本性消费从1798.4535元上升至5669.3535元，增长了215.23%；其他基本性消费从1420.1847元上升至5461.1018元，增长了284.53%；其他非基本性消费从3630.355元上升至7578.2289元，增长了108.75%；综合以上信息可以看出，除食品非基本性消

费外，林地确权组样本农户家庭食品基本性消费、其他基本性消费和其他非基本性消费支出增长幅度均要大于林地未确权组样本农户。

表 4 -9　　样本农户家庭不同层次消费情况　　单位：元

年度	林地未确权组				林地确权组			
	食品基本性消费	食品非基本性消费	其他基本性消费	其他非基本性消费	食品基本性消费	食品非基本性消费	其他基本性消费	其他非基本性消费
2003	1023.7781 (813.0693)	1798.4535 (1290.1903)	1420.1847 (1538.3323)	3630.3550 (4125.5939)	1076.7224 (875.3964)	2096.0453 (1773.0066)	1502.4759 (4070.1705)	4222.3261 (5113.4177)
2007	1041.5444 (689.3219)	2265.1403 (1636.3765)	1752.5120 (3397.5380)	4330.7370 (4706.7780)	1186.8035 (913.3969)	2574.1746 (2240.2002)	3110.1655 (14825.6546)	7079.3507 (8090.7082)
2011	1355.7999 (939.1848)	2310.2165 (1755.6503)	2768.8060 (6781.1067)	4218.2196 (19370.0521)	1443.1554 (1376.4945)	2836.3721 (2317.6882)	4352.5507 (35643.4553)	7847.6700 (23334.1298)
2015	1534.3791 (1184.5306)	5417.6777 (3823.0015)	4899.2786 (8357.9822)	4646.6443 (17172.5892)	1673.9903 (1223.0644)	5430.6084 (3880.7620)	5411.9826 (14925.1280)	7908.5831 (22416.1401)
2017	1550.5714 (1172.7167)	5669.3535 (3953.3622)	5461.1018 (10952.7016)	7578.2289 (32668.1533)	1709.9523 (1272.1461)	5765.7339 (4018.7775)	5959.0004 (16870.0772)	8818.9399 (18850.6672)

第5章

林权改革对农户林业生产投资的影响

林业生产投资水平直接关系着农户林地产出水平和家庭收入水平。党的十九大强调必须通过完善农村产权制度来激发我国农村要素配置的市场经济活力，进而实现农村产权制度的有效激励。现代产权理论认为，明晰且稳定的产权不仅能够增加经营主体人力资本和实物资本投资，改善生产要素配置效率，还能促进产权的自由交易，优化交易主体的生产要素配置结构。因此，面对林权改革的政策冲击，农户林业生产投资行为必然受到影响，进而影响其家庭收入水平。为了检验林权改革是否通过影响林业生产投资而作用于农户家庭收入，本章首先检验林权改革对农户林业资本投入决策和林业劳动力投入决策的影响，并进行内在影响机制的逻辑证明和实证检验。由此需要回答的政策性问题可以表述为：林权改革是否促进农户增加林业生产投资？其影响机理是什么？为进一步激发农户林业生产积极性以及提升林地生产力水平，是否需要调整以及如何调整相关政策？

5.1　林权改革对农户林业生产投资直接影响的经验性结果

本部分采用逐步回归的方式对式（3－80）进行回归估计，即首先只对林权改革变量进行回归，然后加入市场特征、户主特征和资源特征变量来检验估计结果的稳健性。表 5－1 报告了林权改革影响农户林业生产投资的模型估计结果。列（1）—列（2）和列（3）—列（4）的被解释变量分别是林业资本投资和林业劳动力投资，列（1）和列（3）未加入任何控制变量，列（2）和列（4）在列（1）和列（3）的基础上加入控制变量。结果显示，林权改革对农户林业生产投资具有显著正向效应。以列（2）和列（4）估计结果为例，林权改革使农户林业资本投资大约增加了 13.68%，林业劳动力投资大约增加了 17.74%，与理论预期一致，假说 1 得到验证。以上证据表明，产权具有显著的直接激励效应，农户林业生产积极性在林权改革后得到明显强化，届时他们将会进一步增加林业资本和林业劳动力投资，进而促进林地的可持续利用，且这一经验性结果在引入更多控制变量后依然保持稳健。

在控制变量方面，非农劳动力价格对农户林业资本和林业劳动力投资具有显著负向效应，非农劳动力价格越高，农户从事林业生产的机会成本也就越大，则农户进行林业生产投资的意愿将会降低。木材价格对农户林业资本投资具有显著正向效应，木材等林产品市场价格越高，提升了农户从事林业生产的预期收益和获利空间，进而激发农户林业投资积极性。性别对农户林业资本和林业劳动力投资具有显著正向效应，说明在林业生产中男性劳动能力要优于女性。健康状况、劳动力数量对农户林业资本和林业劳动力投资具有显著正向效应，说明人力资本质量和数量对农户林业生产投资具有重要影响。对于户主是干部的农户家庭，其林业资本和林业劳动力投资能力显著高于户主不是干部的农户家庭，说明社会资本是影响农户林业生产投资的重要因素。非农劳动力投入对农户林业资本和林业劳动力投资具有显著负向效应，非农劳动力占比越高，意味着农户林业劳动力供给将会下降，从而造成林业生产投资随之减少。非农收入占比对农户林业资本和林业劳动力投资具有显著负向效应，由此间接说明林业物质资本的多寡是影响农户林业生产投资的重要因素。林地经营面积和是否采伐木材对农户林业资本和林业劳动力投资具有显著正向效应，说明自然资源的丰裕程度是影响农户林业生产投资的重要因素。

表 5－1　　　　林权改革对农户林业生产投资的直接影响

变量	林业资本		林业劳动力	
	(1)	(2)	(3)	(4)
林权改革	0.2317*** (0.0166)	0.1368*** (0.0166)	0.2364*** (0.0125)	0.1774*** (0.0127)
非农劳动力价格		-0.3591*** (0.0204)		-0.0900*** (0.0155)
木材价格		0.4726*** (0.0433)		0.0521 (0.0330)
年龄		-0.0093 (0.0388)		-0.0280 (0.0295)
性别		0.1019** (0.0413)		0.1078*** (0.0314)
受教育年限		0.0040 (0.0037)		0.0003 (0.0028)

续表

变量	林业资本		林业劳动力	
	(1)	(2)	(3)	(4)
健康状况		0.1687*** (0.0285)		0.0751*** (0.0217)
户主是否干部		0.0523*** (0.0167)		0.0210* (0.0127)
家庭人口数量		0.0325 (0.0237)		0.0092 (0.0180)
劳动力数量		0.0143* (0.0086)		0.0184*** (0.0065)
非农劳动力占比		-0.0105*** (0.0012)		-0.0021** (0.0009)
非农收入占比		-0.0919*** (0.0064)		-0.0484*** (0.0049)
林地面积		0.0010*** (0.0001)		0.0011*** (0.0001)
是否采伐木材		0.2852*** (0.0381)		0.1295*** (0.0290)
年度固定效应	控制	控制	控制	控制
常数项	-0.7612*** (0.0230)	-0.5338* (0.2876)	-0.4251*** (0.0172)	-1.0491*** (0.2189)
观测值	13536	13536	13536	13536
R^2	0.027	0.098	0.069	0.110

注：* 代表变量估计系数在 10% 统计水平上显著；** 代表在 5% 统计水平上显著；*** 代表在 1% 统计水平上显著。

5.2 稳健性检验

为进一步保证模型估计结果的稳健性，本部分对基准回归估计结果进行了一系列稳健性检验。

第一，“激励—约束” 相匹配的产权制度机制是驱动农户增加林业生产投资的重要前提。从林权改革到稳定的产权制度安排，对农户形成事实上的产权安全感知强化和生产积极性激励，但对于农户层面林权改革变量的选择可能会存在一定的自选择问题，而以所在县域林地确权比例作为林权改革的表征变量，能够在一定程度上有效避免在试点林权改革政策时可能出现的自选择倾向。表5-2结果显示，林权改革变量的估计系数依旧为正，且具有统计意义上的显著性，说明匹配的"激励—约束"产权制度安排工作的完成使农户形成对林权改革政策的信任，并具有长期稳定的经营预期，进而激励农户增加林业生产投资。

第二，为强化农户林业生产投资积极性和促进林业可持续发展，在2008年推行林权改革政策的同时，2009年逐步启动以保障农户平等获得森林资源采伐权利为目标的采伐限额管理制度、以提高农户抵御林业自然灾害能力为目标的政策性森林保险制度、以激发农户林业生产积极性的林业补贴政策和以增强农户抵御市场风险能力为目标的林业合作组织等配套改革。因此，多项影响农户林业生产投资的政策在推行林权改革的同时也在交叉实施，可能造成基准回归模型中的林权改革变量估计结果包含其他政策冲击的影响，进而产生潜在性偏误。为此，本部分设置采伐限额管理制度、政策性森林保险制度、林业补贴政策和参加林业合作组织的虚拟变量，将其同时纳入式（3-80）模型，以期排除以上政策对基准模型估计结果可能产生的影响。结果显示，林权改革对农户林业资本和林业劳动力投资仍然具有显著正向效应，说明即使在基准回归模型中控制各项政策可能产生的干扰，林权改革对农户林业生产投资的激励效应依旧显著。

第三，较早作为试点并全面推进林权改革政策的省份相比于其他省份更具代表性，可能造成试点地区农户林业生产投资行为与其他省份有所区别。因此，剔除最早推进林权改革政策的辽宁省、浙江省、福建省、江西省四省农户样本后，结果显示，林权改革对农户林业资本和林业劳动力投资均具有显著正向效应。上述结果表明，林权改革推行时间的差异不会对基准回归结果产生实质性影响，估计结果依然具有较好稳健性。

第四，本部分将林业资本和林业劳动力投资转换为二分类变量，即如果农户进行了林业资本和林业劳动力投资则设置为1，否则为0。probit模型估计结果证明林权改革依旧能够显著提升农户增加林业生产投资的概率。

表 5－2 **稳健性检验**

变量	替换核心解释变量		排除相关政策干扰		剔除试点省份		probit 模型	
	林业资本	林业劳动力	林业资本	林业劳动力	林业资本	林业劳动力	林业资本	林业劳动力
林权改革	0.0741* (0.0410)	0.0640** (0.0288)	0.1164*** (0.0169)	0.1561*** (0.0128)	0.2390*** (0.0208)	0.2699*** (0.0163)	0.2563*** (0.0289)	0.3782*** (0.0271)
非农劳动力价格	−0.2011*** (0.0399)	−0.1649*** (0.0191)	−0.3611*** (0.0204)	−0.0911*** (0.0155)	−0.5222*** (0.0301)	−0.1422*** (0.0236)	−0.5190*** (0.0356)	−0.1318*** (0.0339)
木材价格	0.7957*** (0.0630)	0.1160* (0.0601)	0.5145*** (0.0436)	0.0917*** (0.0331)	0.1950*** (0.0571)	0.1068** (0.0447)	0.7695*** (0.0747)	−0.0625 (0.0713)
年龄	−0.1726*** (0.0569)	−0.1498*** (0.0370)	−0.0031 (0.0387)	−0.0242 (0.0294)	−0.2098*** (0.0489)	−0.0594 (0.0383)	−0.0317 (0.0672)	−0.0435 (0.0638)
性别	0.0364 (0.0562)	0.0828** (0.0407)	0.0988** (0.0412)	0.1063*** (0.0313)	0.0839* (0.0472)	0.0842** (0.0369)	0.1778** (0.0755)	0.2041*** (0.0684)
受教育年限	0.0157*** (0.0059)	0.0044 (0.0036)	0.0043 (0.0037)	0.0009 (0.0028)	0.0083* (0.0050)	0.0014 (0.0039)	0.0081 (0.0066)	−0.0002 (0.0061)
健康状况	0.0709* (0.0429)	0.1077*** (0.0282)	0.1685*** (0.0284)	0.0766*** (0.0216)	0.1560*** (0.0377)	0.0784*** (0.0295)	0.2989*** (0.0504)	0.1372*** (0.0472)
户主是否干部	0.0932*** (0.0237)	0.0502*** (0.0163)	0.0494*** (0.0166)	0.0193 (0.0126)	0.0181 (0.0216)	0.0279* (0.0169)	0.0874*** (0.0280)	0.0427 (0.0274)
家庭人口数量	0.0911*** (0.0345)	0.0235 (0.0235)	0.0333 (0.0236)	0.0094 (0.0180)	0.0241 (0.0302)	0.0252 (0.0236)	0.0306 (0.0411)	0.0070 (0.0391)

续表

变量	替换核心解释变量		排除相关政策干扰		剔除试点省份		probit 模型	
	林业资本	林业劳动力	林业资本	林业劳动力	林业资本	林业劳动力	林业资本	林业劳动力
劳动力数量	0.0319** (0.0137)	0.0105 (0.0082)	0.0119 (0.0085)	0.0156** (0.0065)	0.0139 (0.0114)	0.0231*** (0.0089)	0.0225 (0.0146)	0.0387*** (0.0141)
非农劳动力占比	-0.0094*** (0.0016)	-0.0017 (0.0012)	-0.0105*** (0.0012)	-0.0022** (0.0009)	-0.0083*** (0.0015)	-0.0030** (0.0012)	-0.0169*** (0.0021)	-0.0017 (0.0020)
非农收入占比	-0.0470*** (0.0090)	-0.0524*** (0.0064)	-0.0907*** (0.0064)	-0.0474*** (0.0048)	-0.0972*** (0.0101)	-0.0582*** (0.0079)	-0.1726*** (0.0131)	-0.1024*** (0.0114)
林地面积	0.0016*** (0.0002)	0.0008*** (0.0001)	0.0009*** (0.0001)	0.0010*** (0.0001)	0.0021*** (0.0002)	0.0023*** (0.0002)	0.0015*** (0.0002)	0.0025*** (0.0002)
是否采伐木材	0.0089 (0.0693)	0.1726*** (0.0438)	0.2646*** (0.0382)	0.1137*** (0.0291)	0.0545 (0.0654)	0.0878* (0.0512)	0.4245*** (0.0626)	0.2526*** (0.0665)
年度固定效应	控制	控制	控制	控制	控制	控制	控制	控制
常数项	2.9101*** (0.4470)	-1.5215*** (0.3559)	-0.3012 (0.2885)	-0.8216*** (0.2193)	-1.7963*** (0.3736)	-0.8860*** (0.2925)	-0.6114 (0.5043)	-1.6780*** (0.4751)
观测值	13536	13536	13536	13536	7752	7752	13536	13536
R^2	0.083	0.104	0.103	0.117	0.122	0.134	0.076	0.086

注：* 代表变量估计系数在 10% 统计水平上显著；** 代表在 5% 统计水平上显著；*** 代表在 1% 统计水平上显著。

5.3　平行趋势检验

由于较早推行林权改革政策的地区可能是经过精心选择，政府并不是基于随机抽样原则来确定试点省、市、县或村，而实施林权改革政策的非随机性将违背双重差分模型的共同趋势假设前提条件。因此，运用双重差分模型前需要保证实验组与控制组在受到政策冲击之前具有同质性。第一，本部分借鉴朱文清和张莉琴（2019）的做法，首先需要分析实验组农户在林权改革前的林业生产投资行为是否与控制组农户存在显著性差异，若不存在显著性差异，表明实验组与控制组符合共同趋势的假定，此时采用双重差分法估计政策效应是适合的。在此引入“实验组”这一变量，如果农户截至 2017 年已经领取林权证则取值为 1，否则为 0。最早开始林权改革的时点是 2003 年，因此本部分考察 2003 年农户林业资本和林业劳动力投资的变化则可以说明两组农户在林权改革前的趋势特征。表 5 - 3 结果显示［列（1）—列（2）］，实施林权改革之前，实验组和控制组农户的林业资本和林业劳动力投资水平具备共同趋势特征，这一经验性结果在一定程度上为林权改革的外生性提供了有力支撑（周黎安和陈烨，2005）。第二，本部分借鉴 Li et al.（2016）的做法，在基准回归模型基础上加入所在村庄路面是否硬化、是否位于山区以及距县城距离等村庄特征变量与时间变量的交互项，通过控制不同村庄特征的时间趋势来排除因这些村庄特征变量的时间趋势而导致实验组和控制组可能存在的非平行趋势。结果显示［列（3）—列（4）］，林权改革对农户林业资本和林业劳动力投资均有显著正向效应。第三，本部分借鉴 Moser and Voena（2012）的做法，不对具体的村庄特征变量加以限制，而是在基准回归模型基础上加入地区固定效应与时间变量的交互项。结果显示［列（5）—列（6）］，林权改革对农户林业资本和林业劳动力投资依旧具有显著正向效应。上述三种做法所得到的回归结果均说明基准回归结果具备良好稳健性。

表 5－3　平行趋势检验

变量	林业资本	林业劳动力	林业资本	林业劳动力	林业资本	林业劳动力
	(1)	(2)	(3)	(4)	(5)	(6)
林权改革	0.0108 (0.0453)	0.0153 (0.0347)	0.2970*** (0.0369)	0.2902*** (0.0281)	0.1085*** (0.0209)	0.1316*** (0.0160)
非农劳动力价格	－1.0838*** (0.2823)	－0.2556 (0.1847)	－0.3738*** (0.0216)	－0.1312*** (0.0164)	－0.7284*** (0.0554)	－0.3150*** (0.0423)
木材价格	0.8027 (1.0371)	0.3497 (0.8427)	0.4802*** (0.0443)	0.0736** (0.0337)	1.0462*** (0.2660)	1.1498*** (0.2028)
年龄	－0.1301 (0.1222)	0.0506 (0.0932)	－0.0010 (0.0386)	－0.0172 (0.0293)	－0.0455 (0.0383)	－0.0436 (0.0292)
性别	0.5100*** (0.1932)	0.4800*** (0.1465)	0.0850** (0.0411)	0.1050*** (0.0313)	0.0889** (0.0405)	0.0978*** (0.0309)
受教育年限	0.0058 (0.0083)	－0.0042 (0.0064)	0.0040 (0.0037)	0.0001 (0.0028)	0.0060* (0.0036)	0.0023 (0.0028)
健康状况	0.1969** (0.0937)	－0.0314 (0.0726)	0.1520*** (0.0284)	0.0613*** (0.0216)	0.1531*** (0.0280)	0.0677*** (0.0213)
户主是否干部	0.0749 (0.0557)	－0.0522 (0.0431)	0.0387** (0.0166)	0.0103 (0.0126)	0.0403** (0.0166)	0.0062 (0.0127)
家庭人口数量	0.0637 (0.0759)	－0.0111 (0.0580)	0.0327 (0.0236)	0.0064 (0.0179)	0.0159 (0.0235)	0.0067 (0.0179)
劳动力数量	0.0322 (0.0243)	－0.0070 (0.0185)	0.0132 (0.0085)	0.0186*** (0.0065)	0.0186** (0.0084)	0.0201*** (0.0064)
非农劳动力占比	－0.0088** (0.0039)	－0.0032 (0.0031)	－0.0100*** (0.0012)	－0.0019** (0.0009)	－0.0092*** (0.0012)	－0.0039*** (0.0009)
非农收入占比	－0.0242 (0.0155)	－0.0516** (0.0213)	－0.0881*** (0.0064)	－0.0481*** (0.0048)	－0.0817*** (0.0064)	－0.0474*** (0.0049)
林地面积	0.0042*** (0.0006)	0.0032*** (0.0004)	0.0011*** (0.0001)	0.0011*** (0.0001)	0.0013*** (0.0001)	0.0012*** (0.0001)
是否采伐木材	0.1777 (0.1914)	－0.1230 (0.1225)	0.2749*** (0.0379)	0.1162*** (0.0288)	0.3867*** (0.0393)	0.1895*** (0.0300)
控制变量	控制	控制	控制	控制	控制	控制
年度固定效应			控制	控制	控制	控制

续表

变量	林业资本	林业劳动力	林业资本	林业劳动力	林业资本	林业劳动力
	(1)	(2)	(3)	(4)	(5)	(6)
村庄特征×时间变量	—	—	控制	控制	—	—
地区特征×时间变量	—	—	—	—	控制	控制
常数项	-11.2465* (5.7502)	-4.3478 (4.4387)	-0.5163* (0.2962)	-1.1306*** (0.2252)	1.4041 (1.4222)	4.0684*** (1.0844)
观测值	1128	1128	13536	13536	13536	13536
R^2	0.131	0.136	0.111	0.124	0.145	0.153

注：*代表变量估计系数在10%统计水平上显著；**代表在5%统计水平上显著；***代表在1%统计水平上显著。

5.4　安慰剂检验

为进一步验证基准回归估计结果是否还受其他不可观测因素的干扰，本部分借鉴 Cai et al.（2016）的检验方法，即通过将林权改革政策实施时间随机分配给农户的方式进行安慰剂检验。具体地，首先，随机抽取 2003—2017 年任意一年作为林权改革政策的实施时间，并且进行 500 次随机抽样。其次，在控制市场特征、农户特征、资源状况特征以及年度固定效应之后，使用随机抽样的林权改革变量替代式（3-80）模型中的林权改革变量进行 500 次双重差分估计。在此过程中，随机生成的实验组政策效果的估计系数应当不显著拒绝零，否则，说明双重差分模型设定可能存在偏误。图 5-1 绘出了农户林业资本和林业劳动力投资安慰剂检验系数的分布。结果显示，安慰剂检验下林权改革估计系数大多集中在 0 点附近，明显区别于表 5-1 列（2）和列（4）的估计结果，表明随机生成的“伪实验组”并没有产生政策效果，且大多数林权改革估计系数所对应的 p 值都大于 0.1，拒绝了安慰剂检验估计结果与真实估计结果不存在差异的原假设。图 5-1 中竖线代表实际估计系数在安慰剂检验中属于异常值。该结果表明林权改革对农户林业资本和林业劳动力投资的激励效应并没有因为其他不可观测因素的干扰而产生严重偏误，基准回归结果具有较强稳健性。

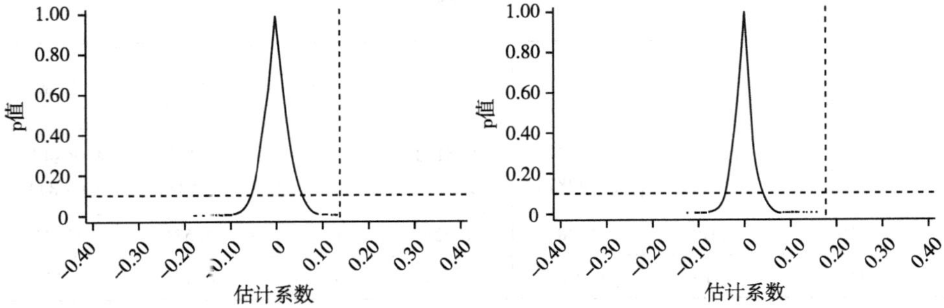

（a）资本投入　　（b）劳动力投入

图 5-1　安慰剂检验

5.5　林权改革对农户林业生产投资间接影响的经验性结果

5.5.1　中介效应分析

前文已经验证林权改革对农户林业生产投资具有直接激励效应，接下来将进一步分析林权改革影响农户林业生产投资可能存在的间接作用机制。首先，林权改革影响农户林业生产投资的一个重要渠道是通过强化林地产权稳定性来降低林地产权交易成本，进而提升林地流转发生率，而扩大林地经营规模则能够促进农户进一步增加林业生产投资。若林权改革无法显著提升农户转入林地的概率，那么林地转入这一间接影响机制则无法成立。表 5-4 结果显示，林权改革显著提升了农户转入林地的概率，随后将转入林地作为控制变量纳入基准回归模型中，林权改革和林地转入对农户林业资本和林业劳动力投资的估计系数均在 1% 统计水平上显著为正。因此，在林权改革影响农户林业生产投资的机制检验中，林地转入具有中介作用，与理论预期一致，假说 2 得到验证。除了上述林权改革通过林地转入而作用于农户林业生产投资外，林权改革还通过提升信贷可得性来缓解农户在林业生产经营过程中所面临的信贷约束，进而增加其林业生产投资。结果显示，林权改革对农户信贷可得性具有正向效应，其估计系数在 10% 统计水平上显著。将信贷可得性作为控制变量纳入基准回归模型后，林权改革和信贷可得性变量对农户林业资本和林业劳动力投资的估计系数均至少在 10% 统计水平上显著为正。因此，在林权改革影响农户林业生产投资的机制检验中，信贷可得性具有中介作用，与理论预期一致，假说 3 得到验证。

表 5－4　　中介效应检验

变量	林地转入	林业资本	林业劳动力	信贷可得性	林业资本	林业劳动力
林权改革	0.0366*** (0.0046)	0.1329*** (0.0166)	0.1747*** (0.0127)	0.0311* (0.0165)	0.1367*** (0.0166)	0.1512*** (0.0334)
林地转入	—	0.1052*** (0.0277)	0.0746*** (0.0211)	—	—	—
信贷可得性	—	—	—	—	0.0253*** (0.0057)	0.0810* (0.0453)
非农劳动力价格	-0.3071*** (0.0553)	-0.3557*** (0.0204)	-0.0876*** (0.0155)	-1.3422*** (0.1883)	-0.3505*** (0.0204)	-0.2582*** (0.0368)
木材价格	0.7253*** (0.1102)	0.4808*** (0.0434)	0.0578* (0.0330)	0.3467 (0.3840)	0.4721*** (0.0433)	0.4472*** (0.0795)
年龄	-0.7578*** (0.0985)	0.0004 (0.0389)	-0.0211 (0.0296)	-0.0824 (0.2956)	-0.0081 (0.0388)	-0.0017 (0.0513)
性别	0.7699*** (0.2058)	0.0979** (0.0413)	0.1050*** (0.0314)	0.0000 (0.0000)	0.0992** (0.0413)	0.0571 (0.0630)
受教育年限	0.0252** (0.0116)	0.0037 (0.0037)	0.0001 (0.0028)	-0.0255 (0.0196)	0.0043 (0.0037)	0.0110** (0.0051)
健康状况	0.0443 (0.0744)	0.1691*** (0.0285)	0.0753*** (0.0217)	0.1285 (0.1823)	0.1688*** (0.0285)	0.0635* (0.0350)
户主是否干部	0.0520 (0.0402)	0.0516*** (0.0167)	0.0205 (0.0127)	0.1374 (0.1137)	0.0519*** (0.0167)	0.0112 (0.0208)
家庭人口数量	-0.0259 (0.0608)	0.0328 (0.0237)	0.0094 (0.0180)	0.0832 (0.1709)	0.0336 (0.0237)	0.0194 (0.0308)

续表

变量	林地转入	林业资本	林业劳动力	信贷可得性	林业资本	林业劳动力
劳动力数量	-0.0050 (0.0214)	0.0145* (0.0086)	0.0185*** (0.0065)	0.0301 (0.0601)	0.0142* (0.0086)	0.0223** (0.0108)
非农劳动力占比	-0.0035 (0.0030)	-0.0104*** (0.0012)	-0.0021** (0.0009)	0.0090 (0.0091)	-0.0105*** (0.0012)	-0.0003 (0.0016)
非农收入占比	-0.0628*** (0.0172)	-0.0911*** (0.0064)	-0.0478*** (0.0049)	-0.1406*** (0.0404)	-0.0923*** (0.0064)	-0.0377*** (0.0065)
林地面积	0.0021*** (0.0002)	0.0010*** (0.0001)	0.0011*** (0.0001)	0.0030*** (0.0003)	0.0009*** (0.0001)	0.0007*** (0.0001)
是否采伐木材	-0.1192 (0.0884)	0.2877*** (0.0381)	0.1313*** (0.0290)	0.7088*** (0.1629)	0.2817*** (0.0381)	0.2393*** (0.0369)
年度固定效应	控制	控制	控制	控制	控制	控制
常数项	-5.6541*** (0.7680)	-0.5030* (0.2876)	-1.0273*** (0.2189)	-9.2540*** (2.7085)	-0.5093* (0.2875)	-4.5351*** (0.5585)
观测值	13536	13536	13536	13536	13536	13536
R^2	0.091	0.099	0.111	0.252	0.100	0.123

注：* 代表变量估计系数在 10% 统计水平上显著；** 代表在 5% 统计水平上显著；*** 代表在 1% 统计水平上显著。

5.5.2 调节效应分析

鉴于林权改革对农户林业生产投资具有显著影响，有必要进一步考察林权改革政策效应发挥的边界条件。这里主要关注林权改革和生计策略交叉项对农户林业生产投资的估计结果。为尽可能减少甚至消除样本数据的多重共线性和自相关性的干扰，在进行调节效应检验前，本部分借鉴温忠麟等（2005）的做法，对核心解释变量（林权改革）和调节变量（生计策略）采取中心化的方式进行处理，所得系数均为中心化系数，此时林权改革和生计策略交叉项的回归系数也是去中心化系数。表 5－5 结果显示，林权改革和生计策略的去中心化交叉项估计系数至少在 5% 统计水平上对农户林业生产投资具有显著负向效应，说明林权改革对农户林业生产投资产生了有利影响，但在其他条件不变的情况下，生计策略却制约了这种有利影响，产生消极的调节作用，即随着生计策略非农化程度的降低，林权改革对农户林业生产投资的正向效应得到进一步增强，与理论预期一致，假说 4 得到验证。

表 5－5　　调节效应检验

变量	林业资本	林业劳动力	纯农户		兼业户		非农户	
			林业资本	林业劳动力	林业资本	林业劳动力	林业资本	林业劳动力
林权改革	0.1418*** (0.0166)	0.1792*** (0.0127)	0.1764*** (0.0335)	0.2186*** (0.0234)	0.1428*** (0.0299)	0.1869*** (0.0250)	0.1092 (0.0718)	0.1516 (0.1366)
生计策略	－0.0212*** (0.0026)	－0.0079*** (0.0020)	—	—	—	—	—	—
林权改革×生计策略	－0.0098*** (0.0036)	－0.0059** (0.0028)	—	—	—	—	—	—
非农劳动力价格	－0.3486*** (0.0204)	－0.0867*** (0.0155)	－0.4216*** (0.0422)	－0.1088*** (0.0291)	－0.3114*** (0.0373)	－0.1004*** (0.0315)	－0.3276*** (0.0324)	－0.0996*** (0.0249)
木材价格	0.4683*** (0.0432)	0.0509 (0.0330)	0.4691*** (0.0875)	0.0661 (0.0619)	0.3099*** (0.0793)	0.0524 (0.0654)	0.4951*** (0.0634)	0.0156 (0.0487)
年龄	－0.0301 (0.0390)	－0.0134 (0.0297)	－0.1065 (0.0770)	－0.2038*** (0.0558)	－0.1642** (0.0715)	－0.0394 (0.0575)	0.0029 (0.0577)	－0.1445*** (0.0444)
性别	0.0981** (0.0412)	0.1061*** (0.0314)	0.2507*** (0.0911)	－0.0522 (0.0461)	0.0147 (0.0591)	0.1632** (0.0681)	0.0350 (0.0706)	0.2239*** (0.0542)
受教育年限	0.0035 (0.0037)	0.0001 (0.0028)	0.0132 (0.0083)	0.0067 (0.0048)	0.0168*** (0.0061)	0.0147** (0.0062)	0.0116** (0.0054)	0.0107*** (0.0041)
健康状况	0.1526*** (0.0285)	0.0694*** (0.0217)	0.1947*** (0.0618)	0.1002*** (0.0362)	0.1349*** (0.0464)	0.0996** (0.0461)	0.1047** (0.0442)	0.0052 (0.0340)
户主是否干部	0.0525*** (0.0166)	0.0213* (0.0127)	0.0190 (0.0345)	0.0302 (0.0229)	0.0769*** (0.0294)	0.0031 (0.0258)	0.0448* (0.0244)	0.0230 (0.0188)

续表

变量	林业资本	林业劳动力	纯农户		兼业户		非农户	
			林业资本	林业劳动力	林业资本	林业劳动力	林业资本	林业劳动力
家庭人口数量	0.0211 (0.0237)	0.0055 (0.0181)	0.0113 (0.0467)	0.0578* (0.0346)	0.0408 (0.0444)	0.0093 (0.0349)	−0.0132 (0.0355)	−0.0359 (0.0273)
劳动力数量	0.0111 (0.0085)	0.0172*** (0.0065)	−0.0060 (0.0181)	0.0101 (0.0111)	0.0023 (0.0142)	0.0076 (0.0135)	0.0243* (0.0129)	0.0289*** (0.0099)
非农劳动力占比	−0.0029* (0.0015)	−0.0006 (0.0012)	−0.0021 (0.0027)	−0.0031 (0.0030)	−0.0080** (0.0039)	−0.0051** (0.0020)	−0.0057** (0.0022)	0.0005 (0.0017)
非农收入占比	−0.0973*** (0.0064)	−0.0501*** (0.0049)	−0.0668*** (0.0078)	−0.0226 (0.0158)	−0.0996*** (0.0203)	−0.0441*** (0.0059)	−0.2235*** (0.0163)	−0.0815*** (0.0125)
林地面积	0.0010*** (0.0001)	0.0011*** (0.0001)	0.0018*** (0.0002)	0.0008*** (0.0001)	0.0002 (0.0002)	0.0016*** (0.0002)	0.0010*** (0.0001)	0.0010*** (0.0001)
是否采伐木材	0.2802*** (0.0380)	0.1273*** (0.0290)	0.2189*** (0.0705)	0.3948*** (0.1214)	0.4935*** (0.1556)	0.0609 (0.0527)	0.1632*** (0.0488)	0.0742** (0.0375)
年度固定效应	控制	控制	控制	控制	控制	控制	控制	控制
常数项	−0.6087** (0.2881)	−0.9948*** (0.2197)	−0.2099 (0.5718)	−1.6937*** (0.4171)	−2.0008*** (0.5345)	−1.0346** (0.4270)	−1.3440*** (0.4368)	−1.1115*** (0.3357)
观测值	13536	13536	3512	3512	6172	6172	3852	3852
R^2	0.103	0.111	0.143	0.138	0.080	0.146	0.123	0.106

注：* 代表变量估计系数在10%统计水平上显著；** 代表在5%统计水平上显著；*** 代表在1%统计水平上显著。

此外，为了更加直观了解生计策略差异的影响，本部分进一步考察林权改革与生计策略的交互效应，以生计策略非农化程度的高低为标准进行分组，将生计策略分为纯农户、兼业户和非农户，进一步探讨不同生计策略下林权改革影响农户林业生产投资的差异性。表 5 – 5 结果显示，林权改革影响农户林业资本和林业劳动力的估计系数分别由 0.1764 和 0.2186 降至 0.1092 和 0.1516，表明林权改革的正向影响随着农户生计策略非农化程度的降低而变大。尤其在生计策略非农化程度较低的样本中，例如对于纯农户而言，林权改革对其林业生产投资的正向效应更大，而对于非农户而言，林权改革对其林业生产投资并未产生显著影响，进一步佐证了假说4。

5.6 异质性分析

前文已经证明林权改革对农户林业生产投资具有显著正向效应，那么，对于不同农户而言，林权改革对其林业生产投资的影响又是否一致？首先，从区域层面来看，不同区域经济发展水平和森林资源禀赋不尽相同，使推行林权改革政策的积极性呈现明显差异，进而产生异质性的政策执行效果。其次，从农户层面来看，人力资本禀赋差异和代际差异使得农户家庭生产结构和行为决策偏好存在明显区别，进而造成林权改革对其林业生产投资产生异质性的作用效果。最后，从农户林业种植结构来看，不同林业种植结构意味着农户林业生产投资周期和获取的经济效益具有明显差异，使林权改革对其林业生产投资的影响也会产生异质性作用效果。为此，本部分将从区域层面的经济发展水平和森林资源禀赋、农户层面的人力资本禀赋和代际差异、林业种植结构视角出发，通过分样本回归来考察林权改革对不同农户家庭可能产生的政策效应。

5.6.1　经济发展水平差异视角下林权改革对农户林业生产投资的影响

经济发展水平差异使得农户的经济活动和市场参与程度存在显著差异，意味着农户对山林的依赖程度具有明显差别，造成林权改革对不同经济发展水平区域农户林业生产投资产生异质性影响。表5－6报告了经济发展水平差异下林权改革影响农户林业生产投资的分组回归结果。结果显示，相比于东部地区，林权改革对中西部地区农户林业资本和林业劳动力投资具有更加显著的正向效应。究其原因，东部地区社会经济发展水平较高，经济活动相比于中西部地区要更加多元化，导致东部地区农户对林地的依赖程度相对较低，更加倾向于保持原有林业生产投资水平，因而林权改革对东部地区农户林业生产投资的正向激励效应相对有限。而中西部地区经济发展水平较低，意味着林地对农户具有更强的经济收益功能和物质保障功能，因而林权改革对中西部地区农户具有更强的激励效应。

表5－6　林权改革对农户林业生产投资的影响：基于经济发展水平差异视角

变量	中西部		东部	
	林业资本	林业劳动力	林业资本	林业劳动力
林权改革	0.1683*** (0.0246)	0.1681*** (0.0185)	0.0020 (0.0256)	0.1088*** (0.0196)
非农劳动力价格	－0.5347*** (0.0457)	－0.3460*** (0.0345)	－0.5580*** (0.0373)	－0.1556*** (0.0286)
木材价格	0.3980*** (0.0779)	0.1170** (0.0587)	0.3838*** (0.0594)	0.0243 (0.0456)
年龄	－0.0742 (0.0616)	－0.1183** (0.0465)	－0.0655 (0.0495)	－0.0334 (0.0380)
性别	0.2598*** (0.0805)	0.3218*** (0.0607)	0.0564 (0.0476)	0.0414 (0.0365)
受教育年限	0.0007 (0.0051)	0.0018 (0.0039)	0.0055 (0.0053)	0.0011 (0.0041)
健康状况	0.1389*** (0.0435)	0.0401 (0.0328)	0.1989*** (0.0377)	0.1028*** (0.0289)
户主是否干部	0.1118*** (0.0265)	0.0106 (0.0200)	－0.0034 (0.0214)	0.0127 (0.0164)

续表

变量	中西部		东部	
	林业资本	林业劳动力	林业资本	林业劳动力
家庭人口数量	0.0582 (0.0385)	0.0210 (0.0290)	0.0243 (0.0303)	0.0377 (0.0232)
劳动力数量	0.0462 *** (0.0138)	0.0307 *** (0.0104)	0.0060 (0.0108)	0.0114 (0.0083)
非农劳动力占比	-0.0143 *** (0.0018)	-0.0033 ** (0.0014)	-0.0083 *** (0.0016)	-0.0023 * (0.0012)
非农收入占比	-0.0873 *** (0.0082)	-0.0505 *** (0.0062)	-0.1027 *** (0.0105)	-0.0530 *** (0.0081)
林地面积	0.0009 *** (0.0001)	0.0009 *** (0.0001)	0.0011 *** (0.0001)	0.0013 *** (0.0001)
是否采伐木材	0.4008 *** (0.0786)	0.0940 (0.0593)	0.2091 *** (0.0436)	0.1233 *** (0.0335)
年度固定效应	控制	控制	控制	控制
常数项	-2.2113 *** (0.5730)	-2.8723 *** (0.4320)	-1.3989 *** (0.3813)	-1.5914 *** (0.2926)
观测值	7680	7680	5856	5856
R^2	0.127	0.132	0.099	0.113

注：* 代表变量估计系数在 10% 统计水平上显著；** 代表在 5% 统计水平上显著；*** 代表在 1% 统计水平上显著。

5.6.2　森林资源禀赋差异视角下林权改革对农户林业生产投资的影响

由于不同区域森林资源禀赋存在明显差异，可能造成林权改革在不同森林资源禀赋区域推行的过程中会产生不同的政策执行效果，由此农户林业生产投资积极性将存在显著区别。表 5-7 报告了不同森林资源禀赋下林权改革影响农户林业生产投资的分组回归结果。结果显示，相比于北方地区，林权改革对南方集体林区农户林业生产投资具有更加显著的正向效应。究其原因，在森林资源更为丰富的南方地区，政府对林权改革政策的执行效果更好，并且农户对林地的依赖程度往往较之少林的北方地区要更高，他们能够从林业中获得更为可观的经济收益。因此，在考虑森林资源禀赋差异的前提下，林权改革对森林资源更为丰富的南方集体林区农户林业生产投资具有更加显著的激励效应。

表 5－7　　林权改革对农户林业生产投资的影响：基于森林资源禀赋差异视角

变量	北方地区		南方地区	
	林业资本	林业劳动力	林业资本	林业劳动力
林权改革	0.0812 *** (0.0214)	0.0966 *** (0.0163)	0.1408 *** (0.0294)	0.2324 *** (0.0222)
非农劳动力价格	－0.4227 *** (0.0233)	－0.1345 *** (0.0177)	－0.0970 (0.0755)	－0.1924 *** (0.0571)
木材价格	0.6033 *** (0.0630)	0.0382 (0.0478)	0.4726 *** (0.0755)	0.1168 ** (0.0571)
年龄	－0.1219 *** (0.0456)	－0.1042 *** (0.0346)	－0.3237 *** (0.0734)	－0.2894 *** (0.0556)
性别	0.0391 (0.0479)	0.0616 * (0.0363)	0.2474 *** (0.0810)	0.2319 *** (0.0613)
受教育年限	0.0104 ** (0.0046)	0.0046 (0.0035)	－0.0080 (0.0062)	0.0069 (0.0047)
健康状况	0.1981 *** (0.0339)	0.0957 *** (0.0257)	0.1002 * (0.0532)	0.0341 (0.0403)
户主是否干部	0.0895 *** (0.0194)	0.0320 ** (0.0147)	0.0460 (0.0329)	0.0307 (0.0249)
家庭人口数量	0.0205 (0.0284)	0.0164 (0.0215)	0.0329 (0.0433)	0.0055 (0.0328)
劳动力数量	0.0099 (0.0097)	0.0119 (0.0074)	0.0286 (0.0178)	0.0257 * (0.0135)
非农劳动力占比	－0.0086 *** (0.0015)	－0.0023 ** (0.0011)	－0.0150 *** (0.0021)	－0.0067 *** (0.0016)

续表

变量	北方地区		南方地区	
	林业资本	林业劳动力	林业资本	林业劳动力
非农收入占比	-0.0960 *** (0.0080)	-0.0474 *** (0.0061)	-0.0778 *** (0.0105)	-0.0515 *** (0.0079)
林地面积	0.0008 *** (0.0001)	0.0008 *** (0.0001)	0.0017 *** (0.0002)	0.0015 *** (0.0002)
是否采伐木材	0.3275 *** (0.0398)	0.1484 *** (0.0302)	0.2520 * (0.1390)	-0.0136 (0.1052)
年度固定效应	控制	控制	控制	控制
常数项	-0.4991 (0.3867)	-1.6582 *** (0.2932)	2.3519 *** (0.6195)	-0.2448 (0.4686)
观测值	4416	4416	9120	9120
R^2	0.119	0.108	0.090	0.125

注：* 代表变量估计系数在 10% 统计水平上显著；** 代表在 5% 统计水平上显著；*** 代表在 1% 统计水平上显著。

5.6.3　人力资本禀赋差异视角下林权改革对农户林业生产投资的影响

表 5-8 报告了人力资本禀赋差异下林权改革影响农户林业生产投资的分组回归结果。鉴于此，本部分把人力资本数量和质量差异作为人力资本禀赋差异的表征变量。其中，人力资本数量差异按照低于和高于农户家庭劳动力数量平均值的划分标准分为人力资本低、高数量两组，人力资本质量差异按照低于和高于农户受教育年限平均值的划分标准分为人力资本低、高质量两组。结果显示，相比于低人力资本禀赋农户，林权改革对高人力资本禀赋农户林业生产投资具有更大的正向效应。由此可见，人力资本禀赋是影响农户林业生产投资的重要因素，农户拥有较高的人力资本禀赋更有利于通过他们自身较高的技术水平和管理能力实现在更低成本要素组合中进行林业生产经营，使得林权改革对高人力资本禀赋农户林业生产投资具有更大的促进作用。

表 5-8　林权改革对农户林业生产投资的影响：基于人力资本禀赋差异视角

变量	低人力资本质量		高人力资本质量		低人力资本数量		高人力资本数量	
	林业资本	林业劳动力	林业资本	林业劳动力	林业资本	林业劳动力	林业资本	林业劳动力
林权改革	0.1243*** (0.0229)	0.1568*** (0.0183)	0.1531*** (0.0242)	0.2015*** (0.0174)	0.1024*** (0.0246)	0.1499*** (0.0184)	0.1607*** (0.0226)	0.1981*** (0.0175)
非农劳动力价格	-0.3545*** (0.0279)	-0.0955*** (0.0226)	-0.3598*** (0.0299)	-0.0785*** (0.0213)	-0.4090*** (0.0286)	-0.0987*** (0.0214)	-0.3181*** (0.0295)	-0.0880*** (0.0228)
木材价格	0.4247*** (0.0612)	0.0459 (0.0466)	0.4932*** (0.0616)	0.0400 (0.0466)	0.5108*** (0.0643)	-0.0756 (0.0481)	0.4457*** (0.0587)	0.0296 (0.0454)
年龄	-0.0432 (0.0556)	-0.0113 (0.0438)	0.0312 (0.0579)	-0.0888** (0.0424)	-0.1145* (0.0594)	-0.1172*** (0.0444)	-0.1121** (0.0529)	-0.1273*** (0.0409)
性别	0.1606*** (0.0495)	0.0391 (0.0553)	0.0178 (0.0731)	0.1840*** (0.0378)	0.1740*** (0.0575)	0.2073*** (0.0430)	0.0171 (0.0601)	0.0162 (0.0464)
受教育年限	0.0018 (0.0038)	0.1801*** (0.0515)	0.0811 (0.0681)	0.0031 (0.0029)	0.0055 (0.0059)	-0.0030 (0.0044)	0.0033 (0.0047)	0.0021 (0.0036)
健康状况	0.1207*** (0.0350)	0.1414*** (0.0388)	0.2647*** (0.0513)	0.0529** (0.0267)	0.0877 (0.0558)	0.0070 (0.0417)	0.1287*** (0.0387)	0.0644** (0.0299)
户主是否干部	0.0609** (0.0264)	0.0410** (0.0169)	0.0391* (0.0223)	0.0217 (0.0201)	0.0932*** (0.0232)	0.0500*** (0.0174)	0.0134 (0.0241)	-0.0101 (0.0186)
家庭人口数量	0.0026 (0.0315)	-0.0201 (0.0277)	0.0607* (0.0366)	0.0215 (0.0240)	0.0428 (0.0478)	-0.0250 (0.0357)	0.0180 (0.0289)	0.0093 (0.0223)

续表

变量	低人力资本质量		高人力资本质量		低人力资本数量		高人力资本数量	
	林业资本	林业劳动力	林业资本	林业劳动力	林业资本	林业劳动力	林业资本	林业劳动力
劳动力数量	0.0198 (0.0123)	0.0115 (0.0091)	0.0076 (0.0120)	0.0246 *** (0.0093)	-0.0125 (0.0157)	-0.0130 (0.0117)	0.0674 *** (0.0237)	0.0371 ** (0.0183)
非农劳动力占比	-0.0077 *** (0.0016)	-0.0065 *** (0.0013)	-0.0142 *** (0.0018)	0.0013 (0.0012)	-0.0061 *** (0.0018)	-0.0003 (0.0014)	-0.0144 *** (0.0016)	-0.0042 *** (0.0012)
非农收入占比	-0.0969 *** (0.0089)	-0.0478 *** (0.0069)	-0.0861 *** (0.0092)	-0.0505 *** (0.0068)	-0.0932 *** (0.0103)	-0.0561 *** (0.0077)	-0.0895 *** (0.0081)	-0.0408 *** (0.0063)
林地面积	0.0010 *** (0.0001)	0.0012 *** (0.0001)	0.0011 *** (0.0001)	0.0010 *** (0.0001)	0.0012 *** (0.0001)	0.0012 *** (0.0001)	0.0009 *** (0.0001)	0.0010 *** (0.0001)
是否采伐木材	0.2944 *** (0.0533)	0.0934 ** (0.0413)	0.2849 *** (0.0546)	0.1629 *** (0.0407)	0.2524 *** (0.0528)	0.0808 ** (0.0395)	0.3283 *** (0.0552)	0.1907 *** (0.0427)
年度固定效应	控制	控制	控制	控制	控制	控制	控制	控制
常数项	-0.6851 * (0.4065)	-0.6279 * (0.3353)	-0.6869 (0.4434)	-0.9422 *** (0.3097)	-0.8864 ** (0.4302)	-1.4089 *** (0.3217)	-0.1017 (0.3915)	-0.6947 ** (0.3027)
观测值	6588	6588	6948	6948	7247	7247	6289	6289
R^2	0.105	0.096	0.098	0.142	0.102	0.117	0.102	0.111

注：* 代表变量估计系数在 10% 统计水平上显著；** 代表在 5% 统计水平上显著；*** 代表在 1% 统计水平上显著。

5.6.4 代际差异视角下林权改革对农户林业生产投资的影响

借鉴何可和张俊飚（2014）的划分标准，本章以1980年出生为界，若户主是1980年以前出生，则视为第一代农户，若出生在1980年之后，则视为新生代农户。表5－9报告了代际差异视角下林权改革影响农户林业生产投资的分组回归结果。结果显示，无论是林业资本还是林业劳动力投资，林权改革对第一代农户和新生代农户均产生显著正向效应，但影响程度存在明显差异，林权改革对第一代农户的正向效应要大于新生代农户。可能的原因主要在于：相比于新生代农户，第一代农户年龄相对较大，处于生命周期阶段的末端，非农就业劳动能力逐渐弱化，而长期务农经验使其具备熟练的林业生产技能，使林地的"确定收益"逐渐成为其未来生活的主要保障。因此，林权改革对第一代农户林业生产投资具有更大的激励效果。而新生代农户处于生命周期阶段的前期，在受教育程度、风险偏好、新技能培训接受能力、新事物或观念的接受能力等方面要更优，使其对工作的偏好和选择需要从整个生命周期进行考量。因此，新生代农户对职业的选择更加倾向于具有比较报酬优势的非农部门，造成其思想观念不再局限于安土重迁的束缚，对林地的情感依赖相对淡薄，由此林权改革对其林业生产投资的正向激励效应相对有限。

表5－9　林权改革对农户林业生产投资的影响：基于代际差异视角

变量	新生代农户		第一代农户	
	林业资本	林业劳动力	林业资本	林业劳动力
林权改革	0.1090*** (0.0359)	0.1387*** (0.0275)	0.1381*** (0.0188)	0.1818*** (0.0143)
非农劳动力价格	－0.2778*** (0.0418)	－0.0984*** (0.0320)	－0.3769*** (0.0235)	－0.0773*** (0.0178)
木材价格	0.3559*** (0.0940)	0.1370* (0.0721)	0.5072*** (0.0489)	0.1064*** (0.0371)
年龄	－0.1745 (0.1190)	0.0438 (0.0913)	－0.1515** (0.0640)	－0.1123** (0.0485)

续表

变量	新生代农户		第一代农户	
	林业资本	林业劳动力	林业资本	林业劳动力
性别	0.3007 ** (0.1450)	0.2440 ** (0.1112)	0.1331 *** (0.0431)	0.1389 *** (0.0327)
受教育年限	-0.0099 (0.0223)	0.0352 ** (0.0171)	0.0030 (0.0037)	0.0004 (0.0028)
健康状况	0.4279 *** (0.1137)	0.1051 (0.0872)	0.1309 *** (0.0308)	0.0597 ** (0.0234)
户主是否干部	0.0771 ** (0.0343)	0.0347 (0.0263)	0.0415 ** (0.0193)	0.0084 (0.0146)
家庭人口数量	0.0470 (0.0563)	0.0547 (0.0432)	0.0322 (0.0270)	0.0131 (0.0205)
劳动力数量	0.0018 (0.0182)	0.0097 (0.0140)	0.0147 (0.0099)	0.0186 ** (0.0076)
非农劳动力占比	-0.0104 *** (0.0025)	-0.0048 ** (0.0019)	-0.0114 *** (0.0014)	-0.0020 * (0.0010)
非农收入占比	-0.0525 *** (0.0110)	-0.0270 *** (0.0084)	-0.1112 *** (0.0079)	-0.0599 *** (0.0060)
林地面积	0.0006 *** (0.0002)	0.0014 *** (0.0002)	0.0011 *** (0.0001)	0.0010 *** (0.0001)
是否采伐木材	0.2970 *** (0.0673)	0.1820 *** (0.0516)	0.2865 *** (0.0464)	0.0961 *** (0.0352)
年度固定效应	控制	控制	控制	控制
常数项	-0.9300 (0.6644)	-1.7476 *** (0.5096)	0.0274 (0.3868)	-0.4632 (0.2936)
观测值	974	974	12562	12562
R^2	0.075	0.110	0.111	0.116

注：* 代表变量估计系数在10%统计水平上显著；** 代表在5%统计水平上显著；*** 代表在1%统计水平上显著。

5.6.5 林业种植结构差异视角下林权改革对农户林业生产投资的影响

林权改革后，形成林地使用权和林木所有权主要以家庭经营为主的产权模式。因此，不同林业种植结构可能会导致林权改革政策对农户林业生产投资呈现异质性影响。以商品林为例，农户所选择的林业种植结构大致可以分为竹林、经济林和用材林，其中竹林和经济林生产周期较短、集约化经营程度较高和经济效益较好，而用材林根据生长周期长短大致可以分为速生丰产林和一般用材林，速生丰产林的经营特征与竹林和经济林大致相同，但一般用材林的经营特征是生长周期长、集约化经营程度较低和投资回收期较长。因此，由于不同树种（竹林、经济林和用材林）的生长周期不同，决定其相应的林业资本和林业劳动力投资水平也存在一定差异。表 5－10 报告了不同林业种植结构下林权改革影响农户林业生产投资的分组回归结果。结果显示，林权改革对农户种植竹林和经济林的林业资本和林业劳动力投资产生了显著正向效应，而对种植用材林没有产生显著激励效应。

表 5－10　林权改革对农户林业生产投资的影响：基于林业种植结构差异视角（一）

变量	竹林		经济林		用材林	
	林业资本	林业劳动力	林业资本	林业劳动力	林业资本	林业劳动力
林权改革	0.1373*** (0.0166)	0.1771*** (0.0127)	0.1370*** (0.0167)	0.1782*** (0.0127)	0.0172 (0.1130)	0.0996 (0.0680)
非农劳动力价格	−0.3584*** (0.0204)	−0.0898*** (0.0155)	−0.3590*** (0.0204)	−0.0918*** (0.0155)	0.1528 (0.1693)	0.0448 (0.1018)
木材价格	0.4739*** (0.0433)	0.0523 (0.0330)	0.4783*** (0.0434)	0.0574* (0.0330)	0.1439 (0.3243)	0.0273 (0.1950)
年龄	−0.0087 (0.0388)	−0.0296 (0.0296)	−0.0091 (0.0389)	−0.0256 (0.0296)	−0.3553 (0.2365)	−0.1229 (0.1422)
性别	0.1001** (0.0413)	0.1084*** (0.0315)	0.0997** (0.0413)	0.1063*** (0.0314)	0.3760 (0.2794)	0.1439 (0.1680)
受教育年限	0.0040 (0.0037)	0.0003 (0.0028)	0.0044 (0.0037)	0.0004 (0.0028)	−0.0099 (0.0265)	0.0027 (0.0159)

续表

变量	竹林		经济林		用材林	
	林业资本	林业劳动力	林业资本	林业劳动力	林业资本	林业劳动力
健康状况	0.1678*** (0.0285)	0.0734*** (0.0217)	0.1703*** (0.0285)	0.0763*** (0.0217)	0.0674 (0.1764)	-0.0582 (0.1061)
户主是否干部	0.0519*** (0.0167)	0.0216* (0.0127)	0.0539*** (0.0167)	0.0217* (0.0127)	0.0485 (0.0962)	0.0642 (0.0578)
家庭人口数量	0.0327 (0.0237)	0.0092 (0.0180)	0.0307 (0.0237)	0.0098 (0.0181)	0.1732 (0.1398)	0.0330 (0.0841)
劳动力数量	0.0143* (0.0086)	0.0185*** (0.0065)	0.0140 (0.0086)	0.0181*** (0.0065)	-0.0372 (0.0493)	-0.0073 (0.0296)
非农劳动力占比	-0.0105*** (0.0012)	-0.0022** (0.0009)	-0.0105*** (0.0012)	-0.0022** (0.0009)	-0.0013 (0.0070)	-0.0021 (0.0042)
非农收入占比	-0.0920*** (0.0064)	-0.0484*** (0.0049)	-0.0918*** (0.0064)	-0.0490*** (0.0049)	-0.0304 (0.0460)	-0.0219 (0.0277)
林地面积	0.0010*** (0.0001)	0.0011*** (0.0001)	0.0010*** (0.0001)	0.0011*** (0.0001)	0.0014** (0.0006)	0.0009** (0.0003)
是否采伐木材	0.2876*** (0.0382)	0.1285*** (0.0290)	0.2839*** (0.0381)	0.1297*** (0.0290)	0.2362* (0.1285)	0.0469 (0.0773)
年度固定效应	控制	控制	控制	控制	控制	控制
常数项	-0.5244* (0.2878)	-1.0409*** (0.2191)	-0.4979* (0.2880)	-1.0403*** (0.2194)	0.9397 (1.9723)	0.1127 (1.1860)
观测值	13536	13536	13536	13536	13536	13536
R^2	0.098	0.110	0.098	0.110	0.259	0.242

注：* 代表变量估计系数在 10% 统计水平上显著；** 代表在 5% 统计水平上显著；*** 代表在 1% 统计水平上显著。

当进一步对用材林结构进行划分，表 5 - 11 结果显示，林权改革对农户种植速生丰产林的林业生产投资产生了显著正向效应，而对种植一般用材林没有产生显著政策效果。因此，从林权改革后农户对不同林业种植结构的林业生产投资情况来看，农户仍然更多地会从经济效益出发而偏好于经营生长周期较短的竹林、经济林和速生丰产林，而对超长生产周期的一般用材林没有表现出强烈的种植热情。由此需要着重考虑的一个问题是，无论是种植竹林、经济林，还是种植用材林中的速生丰产林，在经营过程中都需要进行集约化管理，通过缩短成林期来获取更高的经济效益，这将会导致农户营造林种结构过于单一，不利于生态系统服务价值的长期有效供给和森林的可持续经营，因而在未来的政策调整中可以适当考虑如何平衡国家的生态需求和农户经济效益来使林权改革政策发挥最大激励效应。

表 5-11　林权改革对农户林业生产投资的影响：基于林业种植结构差异视角（二）

变量	速生丰产林		一般用材林	
	林业资本	林业劳动力	林业资本	林业劳动力
林权改革	0.1309*** (0.0167)	0.1754*** (0.0128)	-0.0244 (0.1297)	0.0319 (0.0744)
非农劳动力价格	-0.3800*** (0.0204)	-0.1000*** (0.0157)	0.2126 (0.2122)	0.0702 (0.1217)
木材价格	0.5069*** (0.0435)	0.0671** (0.0334)	0.1443 (0.3983)	0.1998 (0.2284)
年龄	0.0046 (0.0390)	-0.0178 (0.0299)	-0.2671 (0.2751)	-0.2426 (0.1578)
性别	0.1140*** (0.0415)	0.1079*** (0.0319)	-0.3246 (0.2822)	0.1043 (0.1618)
受教育年限	0.0037 (0.0037)	0.0002 (0.0028)	-0.0229 (0.0307)	-0.0179 (0.0176)
健康状况	0.1687*** (0.0286)	0.0796*** (0.0220)	0.3333* (0.2017)	-0.0683 (0.1157)
户主是否干部	0.0560*** (0.0168)	0.0212 (0.0129)	-0.0172 (0.1148)	0.0600 (0.0658)
家庭人口数量	0.0228 (0.0238)	0.0054 (0.0183)	0.2845* (0.1597)	0.1272 (0.0916)
劳动力数量	0.0156* (0.0086)	0.0190*** (0.0066)	0.1025* (0.0560)	-0.0395 (0.0321)
非农劳动力占比	-0.0103*** (0.0012)	-0.0020** (0.0009)	-0.0023 (0.0081)	0.0010 (0.0046)

续表

变量	速生丰产林		一般用材林	
	林业资本	林业劳动力	林业资本	林业劳动力
非农收入占比	-0.0945 *** (0.0064)	-0.0500 *** (0.0049)	-0.0900 (0.0600)	-0.0912 *** (0.0344)
林地面积	0.0010 *** (0.0001)	0.0011 *** (0.0001)	0.0017 *** (0.0006)	0.0010 *** (0.0004)
是否采伐木材	0.2571 *** (0.0399)	0.1202 *** (0.0307)	0.1235 (0.1375)	0.0371 (0.0789)
年度固定效应	控制	控制	控制	控制
常数项	-0.4861 * (0.2887)	-1.0512 *** (0.2216)	-0.7415 (2.3180)	-0.1235 (1.3293)
观测值	13536	13536	13536	13536
R^2	0.099	0.107	0.273	0.321

注：* 代表变量估计系数在 10% 统计水平上显著；** 代表在 5% 统计水平上显著；*** 代表在 1% 统计水平上显著。

5.7 林权改革对农户林业生产投资的动态影响

林权改革对农户林业生产投资具有年份差异吗？回答此问题需要进一步从长期来看林权改革对农户林业生产投资的动态影响。本部分使用间接估计方法对此进行论证。间接估计方法基本思路是：如果林权改革使得农户林业生产投资连续两年具有显著正向效应，那么政策的激励效果就可以是肯定的；反之，如果只在政策当年具有显著正向效应，而政策在次年的激励效应不再显著存在，则说明激励效应并不具有可持续性。表 5-12 结果显示，林权改革对农户前 5 年的林业资本和林业劳动力投资均有显著正向效应，且影响系数在林权改革推行后大致呈现逐年递增趋势，农户林业资本投入效果在政策推行的第 3 年最为明显，而林业劳动力投入效果在政策推行的第 4 年最为明显，随后逐年递减。该结果表明，林权改革对农户林业生产投资的影响虽然随着时间的推移逐渐减弱，但在一定程度上也表现出较好的可持续性。

表 5 – 12　　林权改革对农户林业生产投资的动态影响

变量	林业资本	林业劳动力	变量	林业资本	林业劳动力
林权改革	0.0307*** (0.0039)	0.0519** (0.0251)	年龄	-0.1947*** (0.0652)	-0.1149*** (0.0413)
林权改革第 1 年	0.1256** (0.0586)	0.0590* (0.0329)	性别	0.0331 (0.0600)	0.0788* (0.0441)
林权改革第 2 年	0.1414** (0.0573)	0.0870** (0.0378)	受教育年限	0.0252*** (0.0070)	0.0018 (0.0039)
林权改革第 3 年	0.1993*** (0.0580)	0.0926** (0.0378)	健康状况	0.1518*** (0.0490)	0.0760** (0.0312)
林权改革第 4 年	0.1856*** (0.0571)	0.1178*** (0.0375)	户主是否干部	0.0519** (0.0264)	0.0531*** (0.0177)
林权改革第 5 年	0.1535*** (0.0549)	0.0813** (0.0373)	家庭人口数量	0.0482 (0.0393)	0.0502* (0.0261)
林权改革第 6 年	0.0672 (0.0601)	0.0422 (0.0387)	劳动力数量	0.0214 (0.0154)	0.0201** (0.0090)
林权改革第 7 年	0.0172 (0.0708)	0.0154 (0.0411)	非农劳动力占比	-0.0083*** (0.0019)	-0.0022 (0.0013)
林权改革第 8 年	0.0529 (0.0928)	0.0174 (0.0453)	非农收入占比	-0.0605*** (0.0129)	-0.0598*** (0.0069)
林权改革第 9 年	0.0529 (0.0926)	0.0686 (0.0496)	林地面积	0.0013*** (0.0003)	0.0005*** (0.0001)
林权改革第 10 年	0.0678 (0.0966)	0.0166 (0.0643)	是否采伐木材	0.0563 (0.0731)	0.1289** (0.0522)
林权改革第 11 年	0.0489 (0.0637)	0.0152 (0.0458)	年度固定效应	控制	控制
林权改革第 12 年	0.0423 (0.0583)	0.0128 (0.0513)	常数项	-1.2319** (0.6058)	-1.2738*** (0.4011)
非农劳动力价格	-0.7056*** (0.0512)	-0.1904*** (0.0220)	观测值	13536	13536
木材价格	0.4141*** (0.0829)	0.1624** (0.0698)	R^2	0.136	0.115

注：* 代表变量估计系数在 10% 统计水平上显著；** 代表在 5% 统计水平上显著；*** 代表在 1% 统计水平上显著。

从经验性结果来看，林权改革后，农户显著增加了林业生产投资，但这种激励效应并未在全时期中表现出完美的可持续性效果。可能的原因主要在于：一是农户的林地面积是一定的，且生产经营的长周期性使得农户不可能一直持续的进行投入；二是林业的生产周期决定了农户的投资回收期较长，期间农户时刻面临着失去全部林业生产投资的高风险，因此农户经营林业的积极性多是从经济效益出发，不会因林地产权安全性的进一步改善而大幅增加林业生产投资，其更加偏好于种植生产周期较短的经济林、竹林和速生丰产林便是最为直接的例证。

5.8　本章结论

本章利用全国 9 省（区）18 县（市、区）农户调查数据，采用双重差分模型、中介效应模型和调节效应模型考察林权改革对农户林业生产投资的影响及作用机制。研究结果显示：第一，林权改革显著促进农户林业资本和林业劳动力投资的增加，通过稳定性检验、平衡趋势检验、安慰剂检验等一系列方法检验后，验证了实证结果的可靠性，且林权改革的政策激励效应表现出较好的可持续性；第二，在异质性分析部分得到了更加丰富的研究结论，林权改革对经济欠发达的中西部地区、森林资源禀赋较高的南方集体林区、人力资本禀赋较高的农户和第一代农户林业资本和林业劳动力投资的激励效应更加显著；第三，从林业种植结构来看，林权改革对较短生长周期的竹林、经济林和速生丰产林的林业资本和林业劳动力投资具有显著正向效应，而对超长生产周期的一般用材林没有产生显著政策效果；第四，机制分析表明，林权改革不仅通过强化林地产权安全性和稳定性这一直接影响机制促进农户增加林业生产投资，还通过促进林地转入来扩大林地经营规模和提升信贷可得性来缓解林业经营中所面临的信贷约束这两个间接渠道来促进农户增加林业生产投资。同时，生计策略在林权改革正向促进农户增加林业生产投资过程中具有显著负向调节作用，即生计策略非农化程度越低，林权改革对农户林业生产投资的正向效应越强。

第6章

林权改革对农户非农就业的影响

劳动力是农户家庭生产资料中最为活跃的生产要素。随着中国城镇化和工业化进程的持续推进，大量农村劳动力向城镇或非农部门转移，农村劳动力结构已经发生重大转变。在市场经济快速发展和人口要素在不同部门自由流动的环境下，农村家庭为改善生活条件通常有计划地进行劳动力的永久性或非永久性迁移，劳动力转移是在流入地改善生活条件因素的拉力和流出地制约生活水平提升因素的推力两者共同驱动下完成的。据《2021年农民工监测调查报告》显示，2021年中国农民工规模已达2.9251亿人，较上年增加2.4%，预示着未来将有更多的农村劳动力向非农部门转移。劳动力转移除了一般影响因素外，制度变迁会扩大或者缩小拉力和推力的共同作用效果，在劳动力转移过程中将会起到重要作用（秦伟平和李豫新，2007）。理论分析认为，不清晰、不稳定且缺乏有效保护的林地产权，不仅会造成劳动力和土地资源无法达到高效利用，还会限制劳动力要素向非农产业的充分转移。因此，有效的土地产权制度安排是提升劳动生产效率、推动农村剩余劳动力充分转移的关键，也是促进二元经济结构向一元经济结构转型的前提条件（North，1981）。林权改革的政策冲击将会影响农户家庭劳动力配置，进而对其家庭生计产生影响。为检验林权改革是否通过影响非农就业行为而作用于农户家庭收入，本章检验了林权改革对农户非农就业的影响，并进行内在影响机制的逻辑证明和实证检验。由此需要回答的政策性问题可以表述为：在持续非农化背景下，林权改革是否改变农村家庭劳动力的利用模式？尤其是是否激励农村家庭劳动力向城镇或非农产业实现充分就业转移？其影响效果如何？内在作用机制又是什么？

6.1　林权改革对农户非农就业直接影响的经验性结果

本部分采用逐步回归方式对式（3－80）进行回归估计，即首先只对林权改革变量进行回归，然后加入市场特征、农户特征和资源特征变量，进一步检验模型估计结果的稳健性。表6－1报告了林权改革影响农户非农就业的估计结果。列（1）—列（2）、列（3）—列（4）、列（5）—列（6）的被解释变量分别是非农就业、非农务工和非农创业劳动力投入，列（1）、列（3）和列（5）未加入任何控制变量，列（2）、列（4）和列（6）在列（1）、列（3）和列（5）的基础上加入控制变量。结果显示：林权改革在1%统计水平上对农户非农就业具有显著正向效应，与理论预期一致，假说5得到验证。从非农就业类型来看，以列（4）和列（6）的估计结果为例，林权改革促使农户非农务工劳动力投入大约增加了8.4%，非农创业劳动力投入大约增加了9.09%。说明产权稳定性作为农户生产行为的有力约束，林权改革通过明晰产权归属和承包关系，可以有效降低土地“黏性”对家庭劳动力的捆绑，进而拓宽农户就业选择空间，激励农户积极参与非农就业。

在控制变量方面，非农劳动力价格对农户非农就业具有显著正向效应，非农劳动力价格越高，农户非农就业的获利空间也就越大，则农户非农就业的意愿将会随之提升；木材价格对农户非农就业具有显著负向效应，木材等林产品市场价格越高，意味着农户因非农就业而放弃林业生产的机会成本则越大，进而降低农户非农就业的积极性；年龄对农户非农就业具有显著负向效应；男性劳动力在非农就业中的劳动能力要优于女性；受教育年限、家庭人口数量、家庭劳动力数量对农户非农就业具有显著正向效应；对于户主是干部的农户家庭，其非农就业能力显著高于户主不是干部的农户家庭；林业收入占比、林业劳动力占比和林地经营面积对农户非农就业具有显著负向效应，说明农户对山林的依赖程度是影响农户非农就业的重要因素。

表6-1　　林权改革对农户非农就业的直接影响

变量	非农就业		非农务工		非农创业	
	(1)	(2)	(3)	(4)	(5)	(6)
林权改革	0.1304*** (0.0138)	0.1030*** (0.0125)	0.0569*** (0.0171)	0.0840*** (0.0165)	0.1672*** (0.0162)	0.0909*** (0.0157)
非农劳动力价格	—	0.0036*** (0.0003)	—	0.0022*** (0.0004)	—	0.0077*** (0.0004)
木材价格	—	-0.0003*** (0.0001)	—	-0.0000 (0.0001)	—	-0.0006*** (0.0001)
年龄	—	-0.0108*** (0.0006)	—	-0.0070*** (0.0008)	—	-0.0072*** (0.0007)
性别	—	0.0575* (0.0312)	—	0.1686*** (0.0411)	—	0.1665*** (0.0390)

续表

变量	非农就业		非农务工		非农创业	
	(1)	(2)	(3)	(4)	(5)	(6)
受教育年限	—	0.0079 *** (0.0020)	—	0.0052 * (0.0027)	—	0.0215 *** (0.0026)
健康状况	—	0.0140 (0.0221)	—	0.0104 (0.0292)	—	0.0246 (0.0276)
户主是否干部	—	0.0579 *** (0.0128)	—	0.1250 *** (0.0169)	—	0.2556 *** (0.0160)
家庭人口数量	—	0.0623 *** (0.0050)	—	0.0628 *** (0.0067)	—	0.0215 *** (0.0063)
家庭劳动力数量	—	0.0765 *** (0.0066)	—	0.1086 *** (0.0087)	—	0.0206 ** (0.0082)
林业收入占比	—	-0.4294 *** (0.0288)	—	-0.3413 *** (0.0380)	—	-0.2590 *** (0.0360)
林业劳动力占比	—	-0.8617 *** (0.0303)	—	-0.6438 *** (0.0400)	—	-0.5822 *** (0.0379)
林地面积	—	-0.0005 *** (0.0001)	—	-0.0003 *** (0.0001)	—	-0.0005 *** (0.0001)
年度固定效应	控制	控制	控制	控制	控制	控制
常数项	-0.0479 ** (0.0191)	-0.3157 *** (0.0606)	-0.4525 *** (0.0237)	-0.6220 *** (0.0799)	-0.7177 *** (0.0224)	-1.0455 *** (0.0757)
观测值	13536	13536	13536	13536	13536	13536
R^2	0.015	0.238	0.009	0.136	0.023	0.140

注：* 代表变量估计系数在 10% 统计水平上显著；** 代表在 5% 统计水平上显著；*** 代表在 1% 统计水平上显著。

6.2 稳健性检验

为进一步强化基准模型回归结果的稳健性，本部分进行了一系列稳健性检验。第一，以所在县域林地确权比例替代农户层面的林权改革作为其表征变量，能够在一定程度上避免在开展林权改革时可能出现的自选择倾向。表 6-2 结果显示，林权改革对农户非农就业具有显著正向效应，且相比于基准回归结果，经济显著性有所上升，回归结果较为稳健。第二，较早作为试点实验林权改革的省份相比于其他省份更具典型性，因此，在全样本中剔除试点实施林权改革的辽宁省、浙江省、福建省、江西省四省后，林权改革的估计系数依然在1%统计水平上具有显著正向效应。第三，在林权改革推进过程中，相关影响农户非农就业的政策同时交叉运行，可能导致基准回归结果存在潜在偏误。因此，在控制采伐限额管理制度、森林保险制度、林业补贴政策和参加林业专业合作组织的政策干扰下，虽然经济显著性有所下降，但林权改革对农户非农就业的正向效应仍然存在。第四，非农就业变量为连续变量，且其数据结构分布特征为在0处左侧截尾。此时，参考 Angrist and Pischke（2009）的研究，采用 Tobit 方法也是一种合适的做法。结果显示，采用 Tobit 模型依然没有显著改变双重差分模型的估计结果。

6.3 平行趋势检验

由于开始试点实施林权改革的省、市、县或村可能不是基于随机性原则所确定，这将违背双重差分模型的共同趋势假设前提条件。因此，在使用双重差分模型前，需要先对其平行趋势假设进行检验，以此确保实验组与控制组在政策冲击之前不具有系统性差异。第一，本部分借鉴朱文清和张莉琴（2019）的做法，其基本思想是分析林权改革前实验组非农就业程度是否与控制组具有显著性差异，若无显著性差异，则实验组与控制组符合共同趋势假定，那么采用双重差分模型则是适合的。在此需要引入“实验组”这一变量，如果截至2017年农户已经领取林权证则赋值为1，否则为0。最早实施林权改革政策时点是2003年，因而考察2003年农户非农就业水平的变化能够说明两组农户在改革前的趋势特征。表6-3结果显示［列（1）—列（3）］，林权改革前，实验组和控制组农户非农就业水平具有共同趋势特征，在一定程度上为林权改革的外生性提供了有力支撑（周黎安和陈烨，2005）。第二，本部分借鉴 Li et al.（2016）的做法，在基准回归模型基础上加入村庄特征变量和时间变量的交互项，通过控制不同村庄特征的时间趋势来排除由于村庄特

表 6-2　稳健性检验

变量	替换核心解释变量			剔除试点省份			排除相关政策干扰			Tobit 模型		
	非农就业	非农务工	非农创业	非农就业	非农务工	非农创业	非农就业	非农务工	非农创业	非农就业	非农务工	非农创业
林权改革	0.1362*** (0.0207)	0.1480** (0.0632)	0.1118* (0.0624)	0.1074*** (0.0171)	0.0806*** (0.0213)	0.0956*** (0.0197)	0.0904*** (0.0128)	0.0733*** (0.0168)	0.0827*** (0.0160)	0.0590*** (0.0069)	0.0698*** (0.0121)	0.0851*** (0.0138)
非农劳动力价格	0.0033*** (0.0003)	0.0071*** (0.0025)	0.0087*** (0.0010)	0.0003 (0.0006)	0.0044*** (0.0007)	0.0041*** (0.0007)	0.0035*** (0.0003)	0.0023*** (0.0004)	0.0077*** (0.0004)	0.0020*** (0.0002)	0.0015*** (0.0003)	0.0065*** (0.0003)
木材价格	-0.0002*** (0.0001)	0.0002 (0.0002)	-0.0014*** (0.0004)	-0.0002** (0.0001)	-0.0002* (0.0001)	-0.0007*** (0.0001)	-0.0003*** (0.0001)	-0.0000 (0.0001)	-0.0006*** (0.0001)	-0.0002*** (0.0000)	0.0000 (0.0001)	-0.0005*** (0.0001)
年龄	-0.0106*** (0.0006)	-0.0121*** (0.0019)	-0.0107*** (0.0015)	-0.0126*** (0.0008)	-0.0097*** (0.0010)	-0.0076*** (0.0009)	-0.0106*** (0.0006)	-0.0069*** (0.0008)	-0.0071*** (0.0007)	-0.0060*** (0.0003)	-0.0055*** (0.0006)	-0.0067*** (0.0007)
性别	0.0562* (0.0312)	0.0853 (0.0889)	0.0465 (0.0746)	0.0619 (0.0383)	0.1709*** (0.0479)	0.1218*** (0.0441)	0.0577* (0.0312)	0.1683*** (0.0411)	0.1657*** (0.0390)	0.0275 (0.0173)	0.1305*** (0.0314)	0.1304*** (0.0335)
受教育年限	0.0082*** (0.0020)	0.0049 (0.0058)	0.0240*** (0.0051)	0.0092*** (0.0029)	-0.0029 (0.0036)	0.0202*** (0.0033)	0.0084*** (0.0020)	0.0050* (0.0027)	0.0223*** (0.0026)	0.0051*** (0.0011)	0.0036* (0.0020)	0.0183*** (0.0022)
健康状况	0.0155 (0.0221)	0.2010*** (0.0627)	-0.0405 (0.0594)	0.0253 (0.0315)	0.0028 (0.0393)	0.0118 (0.0363)	0.0148 (0.0221)	-0.0110 (0.0292)	0.0271 (0.0276)	0.0026 (0.0123)	0.0085 (0.0220)	0.0122 (0.0248)
户主是否干部	0.0643*** (0.0128)	0.1191*** (0.0371)	0.2701*** (0.0365)	0.0373** (0.0178)	0.1578*** (0.0223)	0.2733*** (0.0205)	0.0571*** (0.0128)	0.1267*** (0.0169)	0.2565*** (0.0160)	0.0311*** (0.0070)	0.0900*** (0.0124)	0.1981*** (0.0134)
家庭人口数量	0.0638*** (0.0050)	0.0289** (0.0137)	0.0256** (0.0126)	0.0484*** (0.0069)	0.0587*** (0.0087)	-0.0040 (0.0080)	0.0621*** (0.0050)	0.0628*** (0.0066)	0.0211*** (0.0063)	0.0369*** (0.0028)	0.0487*** (0.0048)	0.0202*** (0.0055)

续表

变量	替换核心解释变量			剔除试点省份			排除相关政策干扰			Tobit 模型		
	非农就业	非农务工	非农创业	非农就业	非农务工	非农创业	非农就业	非农务工	非农创业	非农就业	非农务工	非农创业
家庭劳动力数量	0.0753 *** (0.0066)	0.1835 *** (0.0178)	0.0402 ** (0.0158)	0.1116 *** (0.0093)	0.1324 *** (0.0116)	0.0426 *** (0.0107)	0.0746 *** (0.0066)	0.1069 *** (0.0087)	0.0196 ** (0.0082)	0.0477 *** (0.0036)	0.0790 *** (0.0062)	0.0209 *** (0.0070)
林业收入占比	-0.4392 *** (0.0288)	-0.1419 * (0.0850)	-0.2057 ** (0.0811)	-0.4057 *** (0.0403)	-0.3584 *** (0.0503)	-0.2130 *** (0.0464)	-0.4229 *** (0.0289)	-0.3390 *** (0.0381)	-0.2505 *** (0.0361)	-0.2510 *** (0.0171)	-0.2887 *** (0.0318)	-0.2343 *** (0.0345)
林业劳动力占比	-0.8502 *** (0.0303)	-0.6635 *** (0.0868)	-0.6455 *** (0.0819)	-0.7459 *** (0.0440)	-0.5963 *** (0.0550)	-0.4329 *** (0.0507)	-0.8664 *** (0.0304)	-0.6480 *** (0.0400)	-0.5856 *** (0.0379)	-0.6035 *** (0.0200)	-0.6944 *** (0.0382)	-0.6716 *** (0.0417)
林地面积	-0.0006 *** (0.0001)	-0.0004 * (0.0002)	-0.0005 * (0.0003)	-0.0004 ** (0.0002)	-0.0004 ** (0.0002)	0.0003 (0.0002)	-0.0005 *** (0.0001)	-0.0002 ** (0.0001)	-0.0005 *** (0.0001)	-0.0003 *** (0.0000)	-0.0003 *** (0.0001)	-0.0005 *** (0.0001)
年度固定效应	控制	控制	控制	控制	控制	控制	控制	控制	控制	控制	控制	控制
常数项	-0.2919 *** (0.0608)	-0.7432 *** (0.2100)	-1.1641 *** (0.1715)	-0.2290 *** (0.0816)	-0.5467 *** (0.1019)	-0.9584 *** (0.0940)	-0.3073 *** (0.0606)	-0.6083 *** (0.0799)	-1.0489 *** (0.0757)	0.0785 ** (0.0335)	-0.1738 *** (0.0597)	-0.5552 *** (0.0667)
观测值	13536	13536	13536	7752	7752	7752	13536	13536	13536	13536	13536	13536
R^2	0.237	0.185	0.179	0.241	0.175	0.106	0.240	0.138	0.142	0.255	0.109	0.110

注：* 代表变量估计系数在 10% 统计水平上显著；** 代表在 5% 统计水平上显著；*** 代表在 1% 统计水平上显著。

表6－3　　平行趋势检验

变量	非农就业	非农务工	非农创业	非农就业	非农务工	非农创业	非农就业	非农务工	非农创业
	(1)	(2)	(3)	(4)	(5)	(6)	(7)	(8)	(9)
林权改革	0.0595 (0.0783)	0.0681 (0.0932)	0.0306 (0.0827)	0.0904*** (0.0282)	0.0705* (0.0372)	0.0748** (0.0353)	0.0328** (0.0160)	0.0871* (0.0527)	0.0511** (0.0200)
非农劳动力价格	0.0058*** (0.0012)	0.0020 (0.0015)	0.0069*** (0.0013)	0.0034*** (0.0003)	0.0020*** (0.0004)	0.0075*** (0.0004)	0.0026*** (0.0008)	0.0029 (0.0018)	0.0018* (0.0010)
木材价格	-0.0019*** (0.0004)	-0.0017*** (0.0005)	-0.0009* (0.0005)	-0.0003*** (0.0001)	-0.0000 (0.0001)	-0.0006*** (0.0001)	-0.0012*** (0.0004)	-0.0018** (0.0008)	-0.0010** (0.0004)
年龄	-0.0089*** (0.0022)	-0.0046* (0.0026)	-0.0064*** (0.0023)	-0.0107*** (0.0006)	-0.0069*** (0.0008)	-0.0073*** (0.0007)	-0.0105*** (0.0006)	-0.0069*** (0.0017)	-0.0077*** (0.0007)
性别	0.1260 (0.1182)	0.2390* (0.1407)	0.2764** (0.1249)	0.0520* (0.0312)	0.1700*** (0.0412)	0.1731*** (0.0391)	0.0361 (0.0308)	0.1763*** (0.0662)	0.1930*** (0.0386)
受教育年限	0.0075 (0.0080)	-0.0108 (0.0095)	0.0270*** (0.0084)	0.0073*** (0.0020)	0.0057** (0.0027)	0.0213*** (0.0026)	0.0116*** (0.0020)	0.0107* (0.0057)	0.0235*** (0.0026)
健康状况	0.0286 (0.0912)	0.1456 (0.1086)	0.1182 (0.0964)	0.0130 (0.0221)	0.0132 (0.0292)	0.0266 (0.0277)	0.0119 (0.0218)	0.2024*** (0.0584)	0.0146 (0.0273)
户主是否干部	0.0268 (0.0439)	0.1770*** (0.0523)	0.1959*** (0.0464)	0.0553*** (0.0128)	0.1293*** (0.0169)	0.2568*** (0.0161)	0.0578*** (0.0129)	-0.0163 (0.0296)	0.2626*** (0.0161)
家庭人口数量	0.0532*** (0.0179)	0.0575*** (0.0214)	0.0186 (0.0190)	0.0628*** (0.0050)	0.0632*** (0.0066)	0.0218*** (0.0063)	0.0533*** (0.0050)	0.0659*** (0.0127)	0.0186*** (0.0063)

续表

变量	非农就业	非农务工	非农创业	非农就业	非农务工	非农创业	非农就业	非农务工	非农创业
	(1)	(2)	(3)	(4)	(5)	(6)	(7)	(8)	(9)
家庭劳动力数量	0.0606 *** (0.0224)	0.0487 * (0.0267)	0.0309 (0.0237)	0.0754 *** (0.0066)	0.1076 *** (0.0087)	0.0202 ** (0.0082)	0.0757 *** (0.0065)	0.1352 *** (0.0165)	0.0209 ** (0.0081)
林业收入占比	-0.4019 *** (0.1009)	-0.3593 *** (0.1202)	-0.1839 * (0.1067)	-0.4482 *** (0.0291)	-0.3680 *** (0.0384)	-0.2557 *** (0.0364)	-0.3721 *** (0.0294)	-0.7269 *** (0.0877)	-0.2495 *** (0.0368)
林业劳动力占比	-0.5935 *** (0.1214)	-0.4980 *** (0.1446)	-0.3525 *** (0.1283)	-0.8721 *** (0.0304)	-0.6603 *** (0.0400)	-0.5795 *** (0.0380)	-0.8834 *** (0.0301)	-0.8459 *** (0.0837)	-0.5680 *** (0.0378)
林地面积	-0.0018 *** (0.0003)	-0.0016 *** (0.0004)	-0.0011 *** (0.0004)	-0.0006 *** (0.0001)	-0.0003 *** (0.0001)	-0.0006 *** (0.0001)	-0.0003 *** (0.0001)	0.0003 (0.0002)	-0.0004 *** (0.0001)
村庄特征×时间变量	—	—	—	控制	控制	控制	—	—	—
地区特征×时间变量	—	—	—	—	—	—	控制	控制	控制
年度固定效应	—	—	—	控制	控制	控制	控制	控制	控制
常数项	-0.9545 *** (0.2498)	-1.4327 *** (0.2976)	-0.9772 *** (0.2641)	-0.2755 *** (0.0646)	-0.5855 *** (0.0851)	-1.0307 *** (0.0808)	-0.2449 ** (0.1119)	-1.4794 *** (0.3223)	-0.9780 *** (0.1402)
观测值	13536	13536	13536	13536	13536	13536	13536	13536	13536
R^2	0.129	0.079	0.086	0.241	0.140	0.141	0.270	0.195	0.171

注：* 代表变量估计系数在10%统计水平上显著；** 代表在5%统计水平上显著；*** 代表在1%统计水平上显著。

征的时间趋势变化而可能导致实验组和控制组存在的非平行趋势。结果显示［列（4）—列（6）］，林权改革后，农户非农就业水平均得到显著提升。第三，本部分借鉴 Moser and Voena（2012）的做法，在基准回归模型基础上加入地区固定效应和时间变量的交互项。结果显示［列（7）—列（9）］，林权改革对农户非农就业仍然具有显著正向效应。上述三种做法的回归结果均说明基准回归结果具有较好稳健性。

6.4　安慰剂检验

为进一步验证实证结果是否还受其他不可观测因素的干扰，本部分借鉴 Cai et al.（2016）的做法，对样本农户随机性地分配“虚拟”林权改革实施年份来进行安慰剂检验。具体地，随机抽取 2003—2017 年中的任意一年作为林权改革实施年份，在控制农户特征、市场特征、资源特征和年度固定效应之后，然后进行 500 次双重差分估计。在此过程中，随机生成的实验组林权改革估计系数应当不显著拒绝零，否则，说明基准模型设置存在偏误。图 6－1 绘出农户非农就业安慰剂检验的系数分布。结果显示，安慰剂检验下林权改革估计系数多集中分布在 0 点附近，说明随机生成的“虚拟实验组”没有产生显著政策效果，并且林权改革估计系数所对应 p 值大多数都大于 0.1，拒绝安慰剂检验的估计结果和真实估计结果不存在差异的原假设，图 6－1 中竖线代表实际估计系数在安慰剂检验中属于异常值。表明基准回归模型估计结果具有较强稳健性。

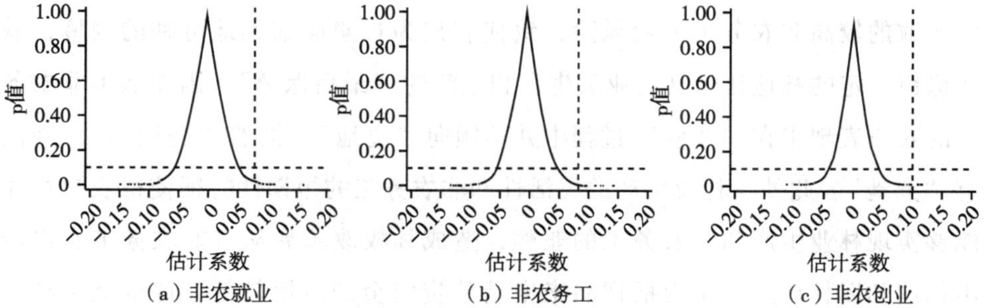

图 6－1　安慰剂检验

6.5 林权改革对农户非农就业间接影响的经验性结果

6.5.1 中介效应分析

前文已经验证林权改革对农户非农就业具有直接作用效果，接下来将进一步分析林权改革影响农户非农就业可能存在的间接作用机制。为进一步检验林权改革通过林地转出和信贷可得性而间接影响农户非农就业的中介效应，首先考察林权改革对林地转出和信贷可得性的影响。表 6-4 结果显示，林权改革对林地转出和信贷可得性均在 1% 统计水平上具有显著正向效应。接下来，将林地转出和信贷可得性变量纳入基准回归模型后，林地转出和信贷可得性对农户非农就业至少在 10% 统计水平上具有显著正向效应，且林权改革对农户非农就业也至少在 10% 统计水平上具有显著正向效应，说明林地转出和信贷可得性在林权改革影响农户非农就业过程中具有中介作用，与理论预期一致，假说 6 和假说 7 均得到验证。分非农就业类型来看，林地转出和信贷可得性在林权改革影响农户非农创业中具有中介作用，但对农户非农务工的中介作用并不成立。究其原因，一方面，相比于劳动力持续性需求更高、资金需求量更大的非农创业，非农务工具有更为明显的短期性、阶段性、灵活性、资金需求量更小的就业特点，往往容易造成非农务工收入不稳定，加上因产业结构调整引致的非农就业技能不足、个人年龄增长和健康状况恶化所导致的较高非农务工失业风险，致使农户为规避面临无地可种的困境，需要保留一定的林地作为其失业后生存和生活的“最后保障”，因而从事非农务工的农户表现出在“离农”过程中并不倾向“离地”，虽然“进城”，但并没有“弃地”。此外，林业生产的灵活性和非农务工的短期性特征使得农户往往能够实现林业生产和非农务工的兼顾，造成林权改革后从事非农务工农户转出林地和以林地产权作为抵押品来申请信贷资金的意愿较低，这也就是林权改革在影响农户非农务工过程中林地转出和信贷可得性不具有中介作用的原因所在；另一方面，相比于以劳动力需求为主导的非农务工，非农创业则对周转资金需求更大，农户在非农创业过程中面临更高的生产融资压力，而林权改革通过赋予林地承包经营权贷款融资功能以提升农户信贷可得性，不仅能够有效缓解其在非农创业过程中受到的信贷约束，进而保障生产经营活动的有序运转，还能够激发新的投资需求，推动富有创业能力和创业热情的农户开展多元化的创业活动。

表 6－4　中介效应检验

变量	林地转出	非农就业	非农务工	非农创业	信贷可得性	非农就业	非农务工	非农创业
林权改革	0.0160 *** (0.0055)	0.0994 *** (0.0222)	0.0868 * (0.0508)	0.0687 ** (0.0276)	0.0591 *** (0.0130)	0.0507 * (0.0294)	0.0654 * (0.0376)	0.0766 ** (0.0310)
林地转出	—	0.1432 ** (0.0716)	－0.0265 (0.0585)	0.1281 ** (0.0586)	—	—	—	—
信贷可得性	—	—	—	—	—	0.0038 * (0.0022)	0.0200 (0.0675)	0.2823 ** (0.1173)
非农劳动力价格	0.0068 *** (0.0011)	0.0014 * (0.0008)	0.0015 (0.0017)	0.0076 *** (0.0006)	－0.0207 *** (0.0017)	0.0012 (0.0011)	0.0018 *** (0.0006)	0.0087 *** (0.0011)
木材价格	－0.0013 *** (0.0003)	－0.0005 *** (0.0002)	－0.0003 (0.0002)	0.0002 (0.0002)	0.0017 *** (0.0005)	－0.0004 *** (0.0001)	－0.0002 (0.0002)	－0.0007 *** (0.0002)
年龄	－0.0100 *** (0.0025)	－0.0087 *** (0.0010)	－0.0069 *** (0.0017)	－0.0085 *** (0.0012)	－0.0067 (0.0041)	－0.0156 *** (0.0011)	－0.0076 *** (0.0013)	－0.0090 *** (0.0013)
性别	0.0000 (0.0000)	0.0710 (0.0446)	0.1800 *** (0.0665)	0.2204 ** (0.0905)	0.0000 (0.0000)	0.0480 (0.0468)	0.1670 ** (0.0724)	0.1083 * (0.0585)
受教育年限	0.0249 *** (0.0085)	0.0191 *** (0.0035)	0.0111 * (0.0057)	0.0211 *** (0.0039)	0.0385 *** (0.0131)	0.0086 ** (0.0035)	－0.0046 (0.0045)	0.0169 *** (0.0043)
健康状况	0.1090 (0.0896)	0.0061 (0.0384)	0.2047 *** (0.0585)	0.0879 ** (0.0429)	0.0264 (0.1343)	0.1017 *** (0.0375)	0.0812 * (0.0473)	0.1062 ** (0.0471)
户主是否干部	0.2326 *** (0.0504)	0.0875 *** (0.0211)	－0.0168 (0.0297)	0.2944 *** (0.0277)	0.1026 (0.0845)	0.0883 *** (0.0201)	0.0468 * (0.0265)	0.1937 *** (0.0280)
家庭人口数量	0.0286 (0.0211)	0.0488 *** (0.0085)	0.0700 *** (0.0127)	0.0254 ** (0.0103)	0.0213 (0.0343)	0.0553 *** (0.0082)	0.0645 *** (0.0115)	0.0055 (0.0100)

续表

变量	林地转出	非农就业	非农务工	非农创业	信贷可得性	非农就业	非农务工	非农创业
家庭劳动力数量	-0.0014 (0.0272)	0.1022*** (0.0112)	0.1348*** (0.0166)	0.0455*** (0.0132)	0.0431 (0.0459)	0.0985*** (0.0109)	0.0836*** (0.0149)	0.0102 (0.0130)
林业收入占比	-0.3646*** (0.1282)	-0.5745*** (0.0709)	-0.7225*** (0.0879)	-0.1520*** (0.0567)	0.4082** (0.1622)	-0.2411*** (0.0533)	-0.3065*** (0.0724)	-0.0311 (0.0679)
林业劳动力占比	-0.1463 (0.1221)	-0.9728*** (0.0583)	-0.8410*** (0.0837)	-0.6271*** (0.0560)	0.0933 (0.1672)	-0.8111*** (0.0522)	-0.6179*** (0.0663)	-0.5213*** (0.0698)
林地面积	0.0005** (0.0003)	0.0002 (0.0001)	-0.0004* (0.0002)	-0.0006*** (0.0001)	0.0035*** (0.0003)	-0.0000 (0.0002)	-0.0003* (0.0001)	-0.0000 (0.0002)
年度固定效应	控制	控制	控制	控制	控制	控制	控制	控制
常数项	-2.4272*** (0.2327)	-0.5924*** (0.1013)	-0.6971*** (0.1609)	-0.7934*** (0.1477)	-4.4026*** (0.4518)	0.0265 (0.1059)	-0.3752*** (0.1388)	-1.0301*** (0.1218)
观测值	13536	13536	13536	13536	13536	13536	13536	13536
R^2	0.056	0.209	0.188	0.161	0.283	0.259	0.110	0.125

注：* 代表变量估计系数在 10% 统计水平上显著；** 代表在 5% 统计水平上显著；*** 代表在 1% 统计水平上显著。

6.5.2 调节效应分析

鉴于林权改革对农户非农就业具有显著影响，有必要进一步考察并准确识别政策效应发挥的边界条件。对于选择不同生计策略的农户，林权改革对其非农就业的影响可能存在明显差异，这里主要关注林权改革和生计策略交叉项对农户非农就业的估计结果。为了尽可能减少甚至消除样本数据的多重共线性和自相关性的干扰，在进行调节效应检验前，对林权改革和生计策略变量采取中心化的方式进行处理，所得系数均为中心化系数。表 6-5 结果显示，林权改革和生计策略的去中心化交叉项估计系数在 1% 统计水平上对农户非农就业具有显著正向效应，说明林权改革对农户非农就业产生了有利影响，并且在其他条件不变的情况下，生计策略扩大了这种有利影响，产生积极的调节作用，即随着生计策略非农化程度的提高，林权改革对农户非农就业的正向效应得到进一步增强，与理论预期一致，假说 8 得到验证。

分非农就业类型来看，林权改革和生计策略的去中心化交叉项估计系数均在 5% 统计水平上对农户非农务工和非农创业具有显著正向效应，说明生计策略在林权改革影响农户非农务工和非农创业中具有显著正向调节作用，即生计策略非农化程度越高，林权改革对农户非农务工和非农创业的正向效应越强。

表 6－5　　　　　　　　　调节效应检验（一）

变量	非农就业	非农务工	非农创业
林权改革	0.1040*** (0.0325)	0.0126*** (0.0050)	0.0206** (0.0106)
生计策略	0.0502*** (0.0025)	0.0521*** (0.0050)	0.0257*** (0.0026)
林权改革×生计策略	0.0163*** (0.0051)	0.0186** (0.0077)	0.0131** (0.0052)
非农劳动力价格	0.0019 (0.0020)	0.0059*** (0.0021)	0.0042** (0.0019)
木材价格	0.0002 (0.0004)	-0.0006*** (0.0002)	-0.0017*** (0.0003)
年龄	-0.0061*** (0.0016)	-0.0080*** (0.0021)	-0.0067*** (0.0017)
性别	0.0048 (0.0618)	0.2264*** (0.0869)	0.3713*** (0.0829)
受教育年限	0.0005 (0.0050)	-0.0080 (0.0072)	0.0056 (0.0060)
健康状况	-0.0533 (0.0497)	0.1622** (0.0747)	0.2372*** (0.0590)
户主是否干部	0.0650** (0.0266)	0.1588*** (0.0399)	0.1876*** (0.0346)
家庭人口数量	0.0527*** (0.0110)	0.0341* (0.0197)	0.0374*** (0.0132)
家庭劳动力数量	0.0173 (0.0134)	0.0890*** (0.0253)	0.0570*** (0.0169)

续表

变量	非农就业	非农务工	非农创业
林业收入占比	-0.0004 (0.0757)	0.0970 (0.0687)	-0.0693 (0.1009)
林业劳动力占比	-0.9568*** (0.0721)	-0.2306** (0.0899)	-0.5185*** (0.0892)
林地面积	-0.0003** (0.0001)	-0.0022** (0.0009)	-0.0003* (0.0002)
年度固定效应	控制	控制	控制
常数项	0.2877 (0.1772)	-0.8558*** (0.2134)	-0.5308*** (0.1845)
观测值	13536	13536	13536
R^2	0.500	0.280	0.165

注：* 代表变量估计系数在10%统计水平上显著；** 代表在5%统计水平上显著；*** 代表在1%统计水平上显著。

此外，为了更加直观了解生计策略差异的影响，本部分进一步考察林权改革与生计策略的交互效应，以生计策略非农化程度的高低为标准，将生计策略分为纯农户、兼业户和非农户进行分组回归，进一步探讨不同生计策略下林权改革影响农户非农就业的差异性。表6-6结果显示，林权改革影响农户非农就业的估计系数由0.0589增至0.0854，需要指出的是，林权改革至少在5%统计水平上对兼业户和非农户非农就业具有显著正向效应，而对纯农户非农就业并无显著影响，表明林权改革的正向影响随着农户生计策略非农化程度的提高而变大，进一步佐证了前述观点。

表6-6　　调节效应稳健性检验（二）

变量	非农就业		
	纯农户	兼业户	非农户
林权改革	0.0589 (0.0683)	0.0664** (0.0294)	0.0854*** (0.0133)
非农劳动力价格	0.0089 (0.0054)	0.0038*** (0.0013)	0.0014*** (0.0003)

续表

变量	非农就业		
	纯农户	兼业户	非农户
木材价格	-0.0435 (0.0563)	-0.0016 *** (0.0002)	-0.0002 *** (0.0001)
年龄	-0.0203 *** (0.0024)	-0.0111 *** (0.0012)	-0.0063 *** (0.0006)
性别	0.1488 (0.1313)	0.0123 (0.0533)	0.1151 *** (0.0260)
受教育年限	0.0123 * (0.0073)	0.0098 ** (0.0041)	0.0061 *** (0.0020)
健康状况	-0.0028 (0.0882)	0.0149 (0.0460)	0.1233 *** (0.0211)
户主是否干部	0.0872 (0.0604)	0.0163 (0.0261)	0.0127 (0.0134)
家庭人口数量	0.0635 *** (0.0190)	0.0401 *** (0.0095)	0.0418 *** (0.0052)
家庭劳动力数量	0.1302 *** (0.0260)	0.0770 *** (0.0122)	0.0464 *** (0.0064)
林业收入占比	-0.6752 *** (0.1382)	-0.3112 *** (0.0635)	-0.7049 *** (0.1611)
林业劳动力占比	-0.7443 *** (0.1325)	-0.9499 *** (0.0682)	-0.9920 *** (0.0404)
林地面积	-0.0060 *** (0.0019)	-0.0002 (0.0001)	0.0001 (0.0001)
年度固定效应	控制	控制	控制
常数项	14.9989 (19.6921)	-0.3477 *** (0.1148)	0.0953 (0.0603)
观测值	3512	6172	3852
R^2	0.424	0.239	0.352

注：* 代表变量估计系数在 10% 统计水平上显著；** 代表在 5% 统计水平上显著；*** 代表在 1% 统计水平上显著。

接下来，分非农就业类型来看，表6－7结果显示，林权改革至少在10%统计水平上对兼业户和非农户非农务工和非农创业具有显著正向效应，而对纯农户非农务工和非农创业并无显著影响，且在生计策略非农化程度较高的样本农户中，例如非农户，林权改革对其非农务工和非农创业的正向效应更大，进一步与前述观点相吻合。

表6－7　　调节效应稳健性检验（三）

变量	纯农户		兼业户		非农户	
	非农务工	非农创业	非农务工	非农创业	非农务工	非农创业
林权改革	0.0488 (0.0820)	0.0212 (0.0328)	0.1033* (0.0564)	0.1135* (0.0624)	0.1486** (0.0597)	0.1286*** (0.0451)
非农劳动力价格	0.0045 (0.0049)	－0.0098 (0.0075)	0.0038 (0.0026)	0.0215 (0.0140)	0.0093*** (0.0034)	0.0015 (0.0027)
木材价格	－0.0010 (0.0016)	－0.0012** (0.0006)	－0.0017*** (0.0004)	－0.0006 (0.0010)	－0.0031*** (0.0007)	－0.0004 (0.0009)
年龄	－0.0151*** (0.0030)	0.0004 (0.0014)	－0.0156*** (0.0020)	－0.0183*** (0.0029)	－0.0184*** (0.0025)	－0.0133*** (0.0026)
性别	0.5318** (0.2599)	0.0170 (0.0633)	0.2597** (0.1163)	0.1382 (0.1294)	0.0072 (0.1373)	0.0334 (0.1686)
受教育年限	－0.0094 (0.0113)	0.0095* (0.0049)	0.0089 (0.0065)	0.0290*** (0.0097)	0.0060 (0.0072)	0.0178** (0.0079)
健康状况	－0.1341 (0.1322)	0.1161** (0.0568)	0.2296*** (0.0749)	－0.0905 (0.1203)	0.2918*** (0.0831)	0.1987** (0.0892)
户主是否干部	0.1307* (0.0774)	0.1090*** (0.0315)	0.2361*** (0.0443)	0.3285*** (0.0673)	0.1925*** (0.0572)	0.2880*** (0.0569)
家庭人口数量	0.0440 (0.0281)	0.0203* (0.0110)	0.0264* (0.0157)	0.0743*** (0.0229)	0.0261 (0.0185)	－0.0241 (0.0214)
家庭劳动力数量	0.1384*** (0.0405)	0.0513*** (0.0150)	0.1735*** (0.0221)	0.1209*** (0.0300)	0.1806*** (0.0254)	0.0406 (0.0251)
林业收入占比	－0.5568 (0.3976)	－0.1807*** (0.0686)	－0.0643 (0.0913)	－0.3123 (0.2412)	0.1263 (0.1211)	－0.3046*** (0.1129)
林业劳动力占比	－0.6745*** (0.2089)	－0.1722** (0.0807)	－0.4623*** (0.0948)	－0.8901*** (0.2774)	－0.5654*** (0.1207)	－0.6739*** (0.1114)

续表

变量	纯农户		兼业户		非农户	
	非农务工	非农创业	非农务工	非农创业	非农务工	非农创业
林地面积	-0.0005 (0.0003)	-0.0002 (0.0002)	-0.0053*** (0.0013)	-0.0009* (0.0005)	-0.0010** (0.0004)	-0.0012*** (0.0003)
年度固定效应	控制	控制	控制	控制	控制	控制
常数项	1.5360*** (0.5608)	-1.4291*** (0.1372)	-1.3508*** (0.2410)	-0.9004*** (0.3022)	-1.3808*** (0.3750)	-0.1036 (0.3706)
观测值	3512	3512	6172	6172	3852	3852
R^2	0.196	0.114	0.197	0.171	0.196	0.139

注：* 代表变量估计系数在 10% 统计水平上显著；** 代表在 5% 统计水平上显著；*** 代表在 1% 统计水平上显著。

6.6　异质性分析

上文已经证实林权改革对农户非农就业具有显著正向效应。那么，对于不同农户群体而言，林权改革对其非农就业的实际作用效果又是否一致？为此，本部分试图从地区层面的经济发展水平和森林资源丰富度、农户层面的人力资本禀赋和代际差异两方面视角考察林权改革对农户非农就业的异质性影响。

6.6.1　经济发展水平差异视角下林权改革对农户非农就业的影响

经济发展水平的地区差异导致非农就业机会和农户对林地的依赖程度呈现明显差异，进而造成林权改革对不同经济发展水平地区农户非农就业的作用效果也存在显著异质性。表 6－8 报告了经济发展水平差异下林权改革影响农户非农就业的分组回归结果。结果显示，相比于东部地区，林权改革对中西部地区农户非农就业、非农务工和非农创业具有更为显著的正向效应。究其原因，东部地区经济发展水平更高，就近非农就业机会也更多，意味着其非农收入较为稳定以及对林地的依赖程度较低，此时无论林地产权是否稳定，都能在非农就业的同时兼顾林业生产。因此，林权改革对其非农就业的激励效应相对有限。而中西部地区经济发展水平较低，意味着林地对农户家庭的经济收益功能和物质保障功能更高，且就近非农就业机会较少，强化林地产权稳定性带来的林地安全感知提升则更加明显，进而对其非农就业具有更大的激励效果。

表 6－8　林权改革对农户非农就业的影响：基于经济发展水平差异视角

变量	东部地区			中西部地区		
	非农就业	非农务工	非农创业	非农就业	非农务工	非农创业
林权改革	0.0569*** (0.0195)	0.0446* (0.0257)	0.0577** (0.0239)	0.1300*** (0.0184)	0.0801*** (0.0241)	0.1361*** (0.0234)
非农劳动力价格	0.0020*** (0.0007)	0.0021** (0.0009)	0.0063*** (0.0009)	0.0064*** (0.0005)	0.0009 (0.0007)	0.0075*** (0.0006)
木材价格	-0.0006*** (0.0001)	0.0002 (0.0001)	-0.0007*** (0.0001)	-0.0005*** (0.0001)	-0.0003* (0.0002)	-0.0005*** (0.0001)
年龄	-0.0113*** (0.0008)	-0.0080*** (0.0010)	-0.0073*** (0.0010)	-0.0097*** (0.0009)	-0.0061*** (0.0012)	-0.0064*** (0.0012)
性别	0.0442 (0.0366)	0.1465*** (0.0484)	0.1861*** (0.0449)	0.1132* (0.0595)	0.2226*** (0.0781)	0.0787 (0.0757)
受教育年限	0.0106*** (0.0027)	0.0012 (0.0036)	0.0172*** (0.0034)	0.0056* (0.0031)	0.0128*** (0.0040)	0.0269*** (0.0039)
健康状况	0.0179 (0.0297)	0.0420 (0.0392)	0.0993*** (0.0364)	0.0368 (0.0333)	0.0484 (0.0437)	0.0491 (0.0424)
户主是否干部	0.0263 (0.0167)	0.1334*** (0.0221)	0.2393*** (0.0205)	0.1010*** (0.0202)	0.1378*** (0.0265)	0.3049*** (0.0257)
家庭人口数量	0.0414*** (0.0064)	0.0473*** (0.0085)	0.0052 (0.0078)	0.0845*** (0.0084)	0.0677*** (0.0110)	0.0543*** (0.0107)
家庭劳动力数量	0.0943*** (0.0084)	0.1408*** (0.0112)	0.0110 (0.0104)	0.0480*** (0.0104)	0.0644*** (0.0137)	0.0291** (0.0133)
林业收入占比	-0.3327*** (0.0454)	-0.3530*** (0.0600)	-0.1249** (0.0557)	-0.4847*** (0.0374)	-0.3010*** (0.0491)	-0.3668*** (0.0476)
林业劳动力占比	-0.8889*** (0.0437)	-0.7864*** (0.0578)	-0.4853*** (0.0536)	-0.8415*** (0.0421)	-0.5220*** (0.0553)	-0.6692*** (0.0536)

续表

变量	东部地区			中西部地区		
	非农就业	非农务工	非农创业	非农就业	非农务工	非农创业
林地面积	0.0001 (0.0001)	-0.0001 (0.0002)	-0.0002* (0.0001)	-0.0007*** (0.0001)	-0.0004*** (0.0001)	-0.0006*** (0.0001)
年度固定效应	控制	控制	控制	控制	控制	控制
常数项	-0.2883*** (0.0781)	-0.6664*** (0.1033)	-0.9478*** (0.0959)	-0.6391*** (0.1035)	-0.8383*** (0.1359)	-1.2686*** (0.1317)
观测值	5856	5856	5856	7680	7680	7680
R^2	0.224	0.155	0.109	0.275	0.107	0.188

注：* 代表变量估计系数在 10% 统计水平上显著；** 代表在 5% 统计水平上显著；*** 代表在 1% 统计水平上显著。

6.6.2 森林资源丰富度差异视角下林权改革对农户非农就业的影响

表 6-9 报告了不同森林资源丰富度下林权改革影响农户非农就业的分组回归结果。结果显示，相比于南方地区，林权改革对北方地区农户非农就业、非农务工和非农创业具有更为显著的正向效应。究其原因，在森林资源更为丰富的南方地区，农户对林地的依赖程度往往较之北方地区要更高，使其能够从林业生产中获得更为可观的收益，进而农户更加倾向于把资本、劳动力等生产要素配置于林业部门。因此，在考虑森林资源丰富度差异的前提下，林权改革对森林资源更为丰富的南方地区农户非农就业的激励效应相对有限，而对少林的北方地区农户非农就业具有更大的激励效果。

表 6-9 林权改革对农户非农就业的影响：基于森林资源丰富度差异视角

变量	北方地区			南方地区		
	非农就业	非农务工	非农创业	非农就业	非农务工	非农创业
林权改革	0.1733*** (0.0236)	0.1931*** (0.0283)	0.0974*** (0.0275)	0.0071 (0.0155)	0.0093 (0.0216)	0.0108 (0.0202)
非农劳动力价格	0.0022** (0.0011)	0.0025* (0.0013)	0.0002 (0.0013)	0.0041*** (0.0003)	0.0025*** (0.0004)	0.0089*** (0.0004)
木材价格	-0.0003*** (0.0001)	-0.0003* (0.0001)	-0.0003** (0.0001)	-0.0007*** (0.0001)	-0.0003** (0.0001)	-0.0010*** (0.0001)

续表

变量	北方地区			南方地区		
	非农就业	非农务工	非农创业	非农就业	非农务工	非农创业
年龄	-0.0148*** (0.0012)	-0.0133*** (0.0014)	-0.0068*** (0.0013)	-0.0078*** (0.0007)	-0.0031*** (0.0010)	-0.0071*** (0.0009)
性别	-0.0288 (0.0626)	0.0538 (0.0751)	0.1255* (0.0730)	0.0736** (0.0352)	0.2031*** (0.0490)	0.1978*** (0.0457)
受教育年限	0.0097** (0.0039)	0.0043 (0.0046)	0.0230*** (0.0045)	0.0104*** (0.0024)	0.0021 (0.0033)	0.0212*** (0.0031)
健康状况	0.0915** (0.0428)	0.1406*** (0.0514)	0.1056** (0.0500)	0.0510** (0.0254)	0.0414 (0.0354)	0.0698** (0.0330)
户主是否干部	0.0786*** (0.0262)	0.1445*** (0.0314)	0.2723*** (0.0306)	0.0438*** (0.0145)	0.1211*** (0.0202)	0.2465*** (0.0189)
家庭人口数量	0.0619*** (0.0100)	0.0481*** (0.0120)	0.0140 (0.0117)	0.0506*** (0.0057)	0.0598*** (0.0080)	0.0159** (0.0075)
家庭劳动力数量	0.1218*** (0.0138)	0.1539*** (0.0165)	0.0764*** (0.0161)	0.0538*** (0.0073)	0.0841*** (0.0102)	0.0010 (0.0095)
林业收入占比	-0.3382*** (0.0474)	-0.3002*** (0.0568)	-0.1415** (0.0553)	-0.4980*** (0.0368)	-0.3741*** (0.0512)	-0.3406*** (0.0478)
林业劳动力占比	-0.6843*** (0.0542)	-0.4520*** (0.0650)	-0.5331*** (0.0632)	-0.9753*** (0.0361)	-0.7761*** (0.0502)	-0.6103*** (0.0469)
林地面积	-0.0005*** (0.0002)	-0.0002 (0.0002)	-0.0010*** (0.0002)	-0.0003*** (0.0001)	-0.0003** (0.0001)	-0.0003*** (0.0001)
年度固定效应	控制	控制	控制	控制	控制	控制
常数项	-0.2317* (0.1276)	-0.6003*** (0.1530)	-0.8224*** (0.1488)	-0.4418*** (0.0704)	-0.8242*** (0.0980)	-1.0905*** (0.0915)
观测值	4416	4416	4416	9120	9120	9120
R^2	0.265	0.158	0.141	0.230	0.129	0.162

注：* 代表变量估计系数在10%统计水平上显著；** 代表在5%统计水平上显著；*** 代表在1%统计水平上显著。

6.6.3 人力资本禀赋差异视角下林权改革对农户非农就业的影响

表6-10报告了人力资本禀赋差异下林权改革影响农户非农就业的分组回归结果。鉴于此，本部分把人力资本数量和质量差异作为人力资本禀赋差

异的表征变量。其中，人力资本数量和质量差异按照低于和高于农户家庭劳动力数量和受教育年限平均值的划分标准分为人力资本低、高数量两组和人力资本低、高质量两组。结果显示，相比于低人力资本禀赋农户，林权改革对高人力资本禀赋农户非农就业、非农务工和非农创业具有更大的正向效应。由此可见，人力资本禀赋是影响农户非农就业的重要因素，具有更高人力资本禀赋农户家庭因突出的劳动力资源禀赋引致的可支配劳动力数量和创收能力均更具优势、更高的文化程度引致的新技术培训和新观念接受能力均更强，使其无论是非农就业选择空间还是非农就业比较优势均更具上风。因此，林权改革对具有更高人力资本禀赋农户非农就业具有更强的激励作用。

6.6.4 代际差异视角下林权改革对农户非农就业的影响

借鉴何可和张俊飚（2014）的做法，本部分以1980年出生为界，若户主是1980年以前出生，则视为第一代农户，否则视为新生代农户。表6－11报告了代际差异视角下林权改革影响农户非农就业的分组回归结果。结果显示，在考虑代际差异的情况下，林权改革对农户非农就业、非农务工和非农创业的激励效应仍然存在，但对新生代农户的激励效应更加明显。究其原因，现阶段中国经济快速发展加快了社会转型升级步伐，不同代际农户的行为方式和价值观也随之发生剧烈分化。第一代农户大多保留熟练的林业生产技能、吃苦耐劳的坚韧性格、较低文化水平、根深蒂固的“以地养老”和安土重迁的“故土”传统思想观念，随着年龄逐渐增长，劳动能力逐渐弱化，林地的经济功能和保障功能确保第一代农户“以林养老”的作用日益凸显。而新生代农户大多数缺乏务农经验，其在教育程度、劳动能力、新技能培训和新观念接受能力等方面也要更加适合具备更多就业机会、更高收入水平和更为完善社会保障体系的城市生活，造成其对土地缺乏认同感。因此，由于成长环境和生活经历的明显差别在很大程度上决定了两代农户在面对林权改革政策时的主观态度和行为决策有所不同。

表 6－10　　林权改革对农户非农就业的影响：基于人力资本禀赋差异视角

变量	低人力资本质量			高人力资本质量			低人力资本数量			高人力资本数量		
	非农就业	非农务工	非农创业	非农就业	非农务工	非农创业	非农就业	非农务工	非农创业	非农就业	非农务工	非农创业
林权改革	0.1013*** (0.0182)	0.0460** (0.0230)	0.0742*** (0.0229)	0.1036*** (0.0171)	0.1267*** (0.0238)	0.1006*** (0.0214)	0.0907 (0.0591)	0.0343 (0.0218)	0.0241 (0.0234)	0.0954*** (0.0171)	0.1226*** (0.0246)	0.1435*** (0.0211)
非农劳动力价格	0.0044*** (0.0004)	－0.0002 (0.0005)	0.0084*** (0.0005)	0.0023*** (0.0004)	0.0045*** (0.0006)	0.0068*** (0.0005)	－0.0025 (0.0038)	0.0002 (0.0005)	0.0088*** (0.0005)	0.0020*** (0.0004)	0.0048*** (0.0006)	0.0068*** (0.0005)
木材价格	－0.0002* (0.0001)	－0.0001 (0.0001)	－0.0007*** (0.0001)	－0.0005*** (0.0001)	0.0001 (0.0001)	－0.0005*** (0.0001)	0.0015 (0.0012)	－0.0002 (0.0001)	－0.0006*** (0.0001)	－0.0003** (0.0001)	0.0001 (0.0001)	－0.0006*** (0.0001)
年龄	－0.0126*** (0.0009)	－0.0073*** (0.0011)	－0.0049*** (0.0011)	－0.0085*** (0.0009)	－0.0066*** (0.0012)	－0.0094*** (0.0010)	－0.0097*** (0.0023)	－0.0102*** (0.0010)	－0.0051*** (0.0012)	－0.0038*** (0.0009)	－0.0000 (0.0012)	－0.0078*** (0.0010)
性别	0.0915** (0.0395)	0.1960*** (0.0498)	0.1581** (0.0697)	0.0019 (0.0522)	0.0711 (0.0724)	0.1421*** (0.0464)	0.3025* (0.1611)	0.0986* (0.0574)	0.2030*** (0.0551)	0.1015** (0.0403)	0.2763*** (0.0581)	0.1086* (0.0555)
受教育年限	0.0028 (0.0045)	0.0011 (0.0057)	0.0437*** (0.0062)	0.0015 (0.0047)	0.0292*** (0.0065)	0.0023 (0.0053)	0.0282*** (0.0090)	－0.0027 (0.0036)	0.0290*** (0.0038)	0.0051* (0.0027)	0.0100** (0.0040)	0.0129*** (0.0035)
健康状况	0.0455 (0.0287)	0.0116 (0.0361)	0.1790*** (0.0499)	0.0935** (0.0373)	0.0708 (0.0518)	0.0345 (0.0337)	0.0690 (0.0991)	0.1229*** (0.0375)	0.0147 (0.0543)	0.0420 (0.0397)	0.0350 (0.0572)	0.0070 (0.0362)
户主是否干部	0.0137 (0.0212)	0.1005*** (0.0267)	0.2863*** (0.0212)	0.0896*** (0.0159)	0.1284*** (0.0221)	0.1899*** (0.0249)	0.1723*** (0.0613)	0.1257*** (0.0236)	0.2009*** (0.0226)	0.0029 (0.0165)	0.1221*** (0.0238)	0.3257*** (0.0228)
家庭人口数量	0.0652*** (0.0074)	0.0680*** (0.0093)	0.0082 (0.0092)	0.0505*** (0.0069)	0.0510*** (0.0096)	0.0326*** (0.0087)	0.0762*** (0.0242)	0.0774*** (0.0087)	0.0037 (0.0101)	0.0127* (0.0074)	0.0145 (0.0107)	0.0397*** (0.0084)

续表

变量	低人力资本质量			高人力资本质量			低人力资本数量			高人力资本数量		
	非农就业	非农务工	非农创业	非农就业	非农务工	非农创业	非农就业	非农务工	非农创业	非农就业	非农务工	非农创业
家庭劳动力数量	0.1034 *** (0.0099)	0.1228 *** (0.0125)	0.0173 (0.0116)	0.0494 *** (0.0087)	0.0948 *** (0.0120)	0.0197 * (0.0117)	0.0341 (0.0564)	0.1198 *** (0.0221)	-0.0154 (0.0155)	0.0299 *** (0.0114)	0.0658 *** (0.0164)	0.0553 *** (0.0213)
林业收入占比	-0.4518 *** (0.0423)	-0.3213 *** (0.0533)	-0.2128 *** (0.0524)	-0.3935 *** (0.0392)	-0.3437 *** (0.0544)	-0.3004 *** (0.0496)	-1.0885 *** (0.2430)	-0.2819 *** (0.0461)	-0.2946 *** (0.0604)	-0.4331 *** (0.0442)	-0.3816 *** (0.0636)	-0.2292 *** (0.0446)
林业劳动力占比	-0.7688 *** (0.0419)	-0.5845 *** (0.0528)	-0.6890 *** (0.0587)	-0.9843 *** (0.0440)	-0.7278 *** (0.0610)	-0.4901 *** (0.0492)	-1.0436 *** (0.1244)	-0.4981 *** (0.0473)	-0.6441 *** (0.0665)	-0.9472 *** (0.0486)	-0.7818 *** (0.0700)	-0.5301 *** (0.0457)
林地面积	-0.0007 *** (0.0001)	-0.0003 ** (0.0001)	-0.0004 *** (0.0001)	-0.0003 *** (0.0001)	0.0002 (0.0001)	-0.0007 *** (0.0001)	-0.0011 *** (0.0003)	-0.0004 *** (0.0001)	-0.0006 *** (0.0001)	-0.0002 ** (0.0001)	0.0001 (0.0001)	-0.0004 *** (0.0001)
年度固定效应	控制	控制	控制	控制	控制	控制	控制	控制	控制	控制	控制	控制
常数项	-0.2412 *** (0.0842)	-0.7762 *** (0.1061)	-1.5239 *** (0.1307)	-0.2628 *** (0.0979)	-0.1245 (0.1358)	-0.7542 *** (0.0989)	-0.3201 (0.4236)	-0.4027 *** (0.1077)	-0.9046 *** (0.1190)	-0.1845 ** (0.0870)	-0.6455 *** (0.1253)	-1.1158 *** (0.1040)
N	6588	6588	6588	6948	6948	6948	7247	7247	7247	6289	6289	6289
R^2	0.249	0.156	0.149	0.220	0.128	0.115	0.264	0.117	0.129	0.187	0.114	0.159

注：* 代表变量估计系数在 10% 统计水平上显著；** 代表在 5% 统计水平上显著；*** 代表在 1% 统计水平上显著。

表 6-11　林权改革对农户非农就业的影响：基于代际差异视角

变量	新生代农户			第一代农户		
	非农就业	非农务工	非农创业	非农就业	非农务工	非农创业
林权改革	0.0973*** (0.0142)	0.1741*** (0.0364)	0.1115*** (0.0176)	0.0850*** (0.0267)	0.0450** (0.0186)	0.0057* (0.0031)
非农劳动力价格	0.0036*** (0.0003)	0.0012 (0.0009)	0.0078*** (0.0004)	0.0028*** (0.0007)	0.0026*** (0.0004)	0.0069*** (0.0009)
木材价格	-0.0002*** (0.0001)	0.0000 (0.0002)	-0.0006*** (0.0001)	-0.0005*** (0.0002)	-0.0001 (0.0001)	-0.0004** (0.0002)
年龄	-0.0139*** (0.0009)	-0.0036 (0.0036)	-0.0090*** (0.0011)	-0.0041 (0.0026)	-0.0116*** (0.0011)	-0.0008 (0.0034)
性别	0.0715** (0.0326)	0.0836 (0.1481)	0.1389*** (0.0403)	-0.0717 (0.1088)	0.1955*** (0.0426)	0.4069*** (0.1415)
受教育年限	0.0070*** (0.0023)	0.0197*** (0.0063)	0.0168*** (0.0028)	0.0075 (0.0047)	0.0038 (0.0030)	0.0404*** (0.0061)
健康状况	0.0135 (0.0237)	0.1602 (0.1144)	0.0164 (0.0294)	0.1912** (0.0841)	0.0493 (0.0310)	0.1488 (0.1094)
户主是否干部	0.0645*** (0.0148)	0.1947*** (0.0355)	0.2550*** (0.0183)	0.0138 (0.0261)	0.1138*** (0.0193)	0.2361*** (0.0340)
家庭人口数量	0.0737*** (0.0058)	0.0226 (0.0153)	0.0290*** (0.0072)	0.0099 (0.0112)	0.0755*** (0.0076)	0.0175 (0.0146)
家庭劳动力数量	0.0715*** (0.0077)	0.0647*** (0.0189)	0.0148 (0.0096)	0.0443*** (0.0139)	0.1008*** (0.0101)	0.0263 (0.0180)
林业收入占比	-0.4721*** (0.0330)	-0.2400*** (0.0806)	-0.2935*** (0.0408)	-0.2957*** (0.0592)	-0.3775*** (0.0431)	-0.1452* (0.0770)
林业劳动力占比	-0.8563*** (0.0340)	-0.7359*** (0.0904)	-0.6013*** (0.0421)	-0.8674*** (0.0665)	-0.6166*** (0.0444)	-0.4950*** (0.0864)
林地面积	-0.0005*** (0.0001)	0.0000 (0.0002)	-0.0004*** (0.0001)	-0.0005*** (0.0002)	-0.0004*** (0.0001)	-0.0008*** (0.0002)
年度固定效应	控制	控制	控制	控制	控制	控制
常数项	-0.1203 (0.0775)	-0.3349 (0.2368)	-0.9590*** (0.0960)	-0.3319* (0.1741)	-0.3333*** (0.1012)	-1.1164*** (0.2263)
观测值	974	974	974	12562	12562	12562
R^2	0.267	0.085	0.152	0.145	0.161	0.115

注：* 代表变量估计系数在 10% 统计水平上显著；** 代表在 5% 统计水平上显著；*** 代表在 1% 统计水平上显著。

6.7　林权改革对农户非农就业的动态影响

前文实证结果已证实林权改革对农户非农就业具有显著正向效应，然而这种效应是否是稳定且长期的，需要进一步从长期视角识别林权改革的政策效应。本部分使用间接估计方法对此进行论证。间接估计方法基本思路是：如果林权改革使得农户非农就业连续两年具有显著正向效应，那么政策的激励效果就可以是肯定的；反之，如果只在政策当年具有显著正向效应，而政策在次年的激励效应不再显著存在，则说明激励效应并不具有可持续性。表 6-12 结果显示，林权改革对农户前 6 年非农就业均具有显著正向效应，从改革后第 7 年的正向效应才开始衰减；从非农就业类型来看，林权改革对农户前 5 年非农务工和非农创业均具有显著正向效应，从改革后第 6 年的正向效应才开始衰减。由此可以看出，林权改革的政策效果表现出较好的可持续性，农户面对林权改革的行为决策与投入决策具有一致性和持续性，但持续时间并不长。

表 6-12　　林权改革对农户非农就业的动态影响

变量	非农就业	非农务工	非农创业	变量	非农就业	非农务工	非农创业
林权改革	0.0850*** (0.0280)	0.0680** (0.0314)	0.1139*** (0.0366)	木材价格	-0.0003** (0.0001)	-0.0005** (0.0002)	-0.0008*** (0.0002)
林权改革第 1 年	0.0444* (0.0234)	0.1075* (0.0559)	0.1225** (0.0557)	年龄	-0.0138*** (0.0009)	-0.0086*** (0.0012)	-0.0063*** (0.0013)
林权改革第 2 年	0.0586** (0.0286)	0.1734*** (0.0544)	0.1316** (0.0546)	性别	0.0668 (0.0482)	0.1888*** (0.0565)	0.2514*** (0.0570)
林权改革第 3 年	0.0826** (0.0375)	0.1114** (0.0526)	0.1207** (0.0553)	受教育年限	0.0035 (0.0031)	0.0039 (0.0040)	0.0267*** (0.0046)
林权改革第 4 年	0.0964*** (0.0369)	0.1196** (0.0515)	0.1460*** (0.0541)	健康状况	0.0135 (0.0339)	0.0027 (0.0454)	0.0269 (0.0474)
林权改革第 5 年	0.1117*** (0.0364)	0.1339*** (0.0508)	0.1015* (0.0521)	户主是否干部	0.0305 (0.0195)	0.1447*** (0.0257)	0.2945*** (0.0252)

续表

变量	非农就业	非农务工	非农创业	变量	非农就业	非农务工	非农创业
林权改革第 6 年	0.0837 ** (0.0387)	0.0302 (0.0532)	0.0148 (0.0569)	家庭人口数量	0.0388 *** (0.0075)	0.0528 *** (0.0097)	0.0128 (0.0109)
林权改革第 7 年	0.0463 (0.0452)	0.0170 (0.0618)	0.0378 (0.0673)	家庭劳动力数量	0.1007 *** (0.0100)	0.1191 *** (0.0127)	0.0292 ** (0.0147)
林权改革第 8 年	0.0870 (0.0573)	0.0108 (0.0773)	0.0947 (0.0884)	林业收入占比	-0.1981 *** (0.0479)	-0.2776 *** (0.0631)	-0.3239 *** (0.0570)
林权改革第 9 年	0.0738 (0.0573)	-0.0858 (0.0774)	-0.1084 (0.0878)	林业劳动力占比	-0.9230 *** (0.0455)	-0.6641 *** (0.0621)	-0.4765 *** (0.0650)
林权改革第 10 年	0.0339 (0.0618)	0.0241 (0.0834)	-0.0820 (0.0917)	林地面积	-0.0009 *** (0.0002)	-0.0002 (0.0003)	-0.0004 (0.0002)
林权改革第 11 年	0.0126 (0.0099)	0.0187 (0.0158)	-0.0762 (0.0680)	年度固定效应	控制	控制	控制
林权改革第 12 年	0.0058 (0.0047)	0.0075 (0.0062)	-0.0537 (0.0437)	常数项	0.0961 (0.1024)	-0.7145 *** (0.1239)	-0.9227 *** (0.1388)
非农劳动力价格	0.0022 *** (0.0007)	0.0019 ** (0.0008)	0.0000 (0.0010)	观测值	13536	13536	13536
				R^2	0.243	0.145	0.128

注：* 代表变量估计系数在 10% 统计水平上显著；** 代表在 5% 统计水平上显著；*** 代表在 1% 统计水平上显著。

6.8 本章结论

本章利用全国 9 省（区）18 县（市、区）农户调查数据，运用双重差分模型、中介效应模型和调节效应模型检验了林权改革对农户非农就业的影响及其内在作用机制。研究发现：第一，林权改革显著激励农户非农就业、非农务工和非农创业劳动力投入，通过平衡趋势检验、安慰剂检验等一系列稳健性检验后验证了实证结果的可靠性。第二，在林权改革影响农户非农就业过程中，农户的行为决策与投入决策具有一致性和持续性，但持续时间并不长。第三，林权改革对不同经济发展水平地区、不同森林资源丰富度、不同人力资本禀赋和不同代际程度农户非农就业、非农务工和非农创业的作用效果呈现明显差异，林权改革的政策效应在经济欠发达的中西部地区和少林的北方地区、较高人力资本禀赋和新生代农户非农就业、非农务工和非农创业中更为显著。第四，林地转出和信贷可得性在林权改革影响农户非农就业中具有中介效应。分非农就业类型来看，此中介效应只显著存在于农户非农创业过程中，而对农户非农务工的中介效应并不成立。第五，生计策略在林权改革影响农户非农就业、非农务工和非农创业过程中具有正向调节效应，即生计策略非农化程度越高，林权改革对农户非农就业、非农务工和非农创业的正向效应越强。

第7章

林权改革对农户生产效率的影响

生产效率代表着生产力水平，生产力水平直接关系着生产要素配置效率，而生产要素配置效率的决定因素是社会制度安排中的权力结构。理论分析认为明晰且稳定的林地产权能够激励经济主体有效地安排生产资料，提高生产活动的精细化程度，进而提升生产效率。因此，面对林权改革的政策冲击，农户家庭生产要素配置结构将会受到影响，进而对其投入产出水平及其经营效率产生影响。为了检验林权改革是否通过影响生产要素配置而作用于农户生产效率，本章检验了林权改革对农户生产效率的影响，并进行内在影响机制的逻辑证明和实证检验。由此需要回答的政策性问题可以表述为：林权改革能否改善农户生产效率？其影响效果如何？其产生影响的内在传导机制是什么？

7.1　林权改革对农户生产效率直接影响的经验性结果

本部分采用逐步回归方式对式（3－80）进行回归估计，即首先只对林权改革变量进行回归，随后加入市场特征、农户特征以及资源特征变量，进一步验证回归结果的稳健性。为了检验假说 9，本部分被解释变量为农户总生产效率，借鉴冒佩华等（2015）的研究，以农户家庭总收入与总劳动力投入的比值进行表征。表 7－1 报告了林权改革影响农户总生产效率的基准回归结果。列（1）未加入任何控制变量，列（2）在列（1）的基础上加入控制变量。结果显示：林权改革对农户总生产效率具有显著正向效应，且在加入控制变量后回归结果依然保持稳健，以列（2）估计结果为例，林权改革促使农户总生产效率提升了 3.32%，与理论预期一致，假说 9 得到验证。

表 7-1 林权改革对农户生产效率的直接影响

变量	总生产效率			
	(1)		(2)	
	系数	标准误	系数	标准误
林权改革	0.0412***	0.0085	0.0332***	0.0074
非农劳动力价格	—	—	0.0009***	0.0002
木材价格	—	—	0.0001*	0.0000
年龄	—	—	-0.0028***	0.0004
性别	—	—	0.0450**	0.0186
受教育年限	—	—	0.0010	0.0012
健康状况	—	—	0.5685***	0.0132
户主是否干部	—	—	0.0006	0.0076
家庭人口数量	—	—	0.0264***	0.0030
家庭劳动力数量	—	—	0.0448***	0.0039
是否采伐木材	—	—	0.0321*	0.0168
是否非农就业	—	—	0.1801***	0.0071
林地面积	—	—	0.0002***	0.0000
年度固定效应	控制		控制	
常数项	0.6906***	0.0118	0.0171	0.0361
观测值	13536		13536	
R^2	0.014		0.289	

注：* 代表变量估计系数在10%统计水平上显著；** 代表在5%统计水平上显著；*** 代表在1%统计水平上显著。

7.2 稳健性检验

为进一步保证基准回归结果的稳健性，本部分进行了一系列稳健性检验。第一，以所在县域林地确权比例替换农户层面的林权改革作为表征变量，能够在一定程度上避免开展林权改革时可能出现的主观选择倾向。

表7-2结果显示，林权改革对农户总生产效率具有显著正向效应，回归结果依然稳健。第二，为避免试点地区样本对总体样本估计结果可能产生的干扰，剔除最早开始试点实施林权改革的辽宁省、浙江省、福建省、江西省四省后，林权改革对农户总生产效率依然具有显著正向效应。第三，在控制采伐限额管理制度、森林保险制度、林业补贴和参加林业专业合作组织等政策可能干扰林权改革政策净效应的作用下，林权改革对农户总生产效率的正向效应依然显著。

表7-2　稳健性检验

变量	总生产效率		
	替换核心解释变量	剔除试点省份	排除相关政策干扰
林权改革	0.0595*** (0.0215)	0.0478*** (0.0088)	0.0287*** (0.0076)
非农劳动力价格	0.0025*** (0.0004)	0.0015*** (0.0003)	0.0008*** (0.0002)
木材价格	0.0001 (0.0001)	0.0001 (0.0001)	0.0001* (0.0000)
年龄	-0.0027*** (0.0005)	-0.0035*** (0.0004)	-0.0028*** (0.0004)
性别	0.0281 (0.0208)	0.0234 (0.0199)	0.0440** (0.0185)
受教育年限	0.0004 (0.0017)	0.0007 (0.0015)	0.0011 (0.0012)
健康状况	0.4623*** (0.0182)	0.6377*** (0.0164)	0.5686*** (0.0131)
户主是否干部	-0.0030 (0.0101)	-0.0051 (0.0093)	0.0006 (0.0076)
家庭人口数量	0.0178*** (0.0039)	0.0223*** (0.0036)	0.0263*** (0.0030)
家庭劳动力数量	0.0337*** (0.0052)	0.0494*** (0.0048)	0.0440*** (0.0039)

续表

变量	总生产效率		
	替换核心解释变量	剔除试点省份	排除相关政策干扰
是否采伐木材	0.0639** (0.0264)	0.0628** (0.0273)	0.0340** (0.0169)
是否非农就业	0.1351*** (0.0095)	0.1349*** (0.0085)	0.1793*** (0.0071)
林地面积	0.0001* (0.0001)	0.0001* (0.0001)	0.0002*** (0.0000)
年度固定效应	控制	控制	控制
常数项	0.1669*** (0.0519)	0.0062 (0.0425)	0.0206 (0.0361)
观测值	13536	7752	13536
R^2	0.251	0.365	0.290

注：* 代表变量估计系数在10%统计水平上显著；** 代表在5%统计水平上显著；*** 代表在1%统计水平上显著。

7.3 平行趋势检验

由于较早试点或推行林权改革的省、市、县或村可能是经过政府精心选择而不是随机确定的，这种可能的非随机性就无法满足双重差分模型的共同趋势假设前提条件。因此，在使用双重差分模型前，需要保证实验组与控制组在受到政策冲击之前应具有同质性。第一，本部分借鉴朱文清和张莉琴（2019）的做法，若农户截至2017年已经获得林权证则赋值为1，否则为0。推行林权改革政策时点是2003年，因此考察2003年农户总生产效率特征则可以判别两组农户在改革前的趋势特征。表7－3结果显示［列（1）］，实验组和控制组农户在林权改革前的总生产效率不存在显著性差异，符合共同趋势特征。第二，本部分借鉴Li et al.（2016）的做法，在基准回归模型基础上加入村庄特征变量与时间变量的交互项，通过控制不同村庄特征的时间趋势而排除可能由这些村庄特征时间趋势导致实验组和控制组存在的非平行趋势。结果显示［列（2）］，林权改革对农户总生产效率依然具有显著正向效应。第三，本部分借鉴 Moser and Voena（2012）的做法，在基准回归模型基础上加入地区固定效应与时间变量的交互项。结果显示［列（3）］，林权改革对农户总生产效率的正向效应依然稳健。

表7-3　平行趋势检验

变量	总生产效率		
	(1)	(2)	(3)
林权改革	0.0436 (0.0535)	0.0165*** (0.0029)	0.0319*** (0.0096)
非农劳动力价格	0.0015* (0.0008)	0.0006 (0.0006)	0.0001 (0.0005)
木材价格	0.0006* (0.0003)	0.0002** (0.0001)	-0.0001 (0.0002)
年龄	-0.0017 (0.0015)	-0.0018*** (0.0006)	-0.0028*** (0.0004)
性别	0.0687 (0.0808)	0.1052*** (0.0305)	0.0408** (0.0185)
受教育年限	0.0101* (0.0055)	0.0007 (0.0020)	0.0018 (0.0012)
健康状况	0.4456*** (0.0623)	0.5514*** (0.0222)	0.5634*** (0.0131)
户主是否干部	0.0202 (0.0300)	0.0064 (0.0122)	0.0044 (0.0077)
家庭人口数量	0.0419*** (0.0123)	0.0226*** (0.0051)	0.0260*** (0.0030)
家庭劳动力数量	-0.0056 (0.0153)	0.0455*** (0.0066)	0.0455*** (0.0039)
是否采伐木材	0.0698 (0.0577)	0.0631 (0.0407)	0.0217 (0.0175)
是否非农就业	0.3325*** (0.0258)	0.1759*** (0.0117)	0.1863*** (0.0072)

续表

变量	总生产效率		
	(1)	(2)	(3)
林地面积	0.0009*** (0.0002)	0.0001* (0.0001)	0.0002*** (0.0000)
年度固定效应	—	控制	控制
村庄特征×时间变量	—	控制	—
地区特征×时间变量	—	—	控制
常数项	0.1866 (0.1708)	-0.0595 (0.0659)	0.1389** (0.0672)
观测值	1128	13536	13536
R^2	0.089	0.278	0.305

注：*代表变量估计系数在10%统计水平上显著；**代表在5%统计水平上显著；***代表在1%统计水平上显著。

7.4 安慰剂检验

为进一步考察是否还受其他不可观测因素的干扰导致基准回归估计结果有偏，参考 Ca: et al.（2016）的做法，通过随机产生林权改革政策推行时间来进行安慰剂检验。具体而言，首先，随机选取2003—2017年任意一年作为林权改革推行时间，并且进行随机抽样500次。其次，使用随机选取的林权改革变量进行500次双重差分估计。在此过程中，随机生成的实验组政策效果估计系数应当不显著拒绝零。图7-1绘出随机生成林权改革估计系数的分布情况。结果显示，安慰剂检验下林权改革估计系数均值大多集中在0点附近，表明通过随机生成的“伪实验组”没有产生明显的政策效果，且大多数林权改革估计系数所对应的p值都大于0.1，拒绝安慰剂检验估计结果与真实估计结果不存在差异的原假设。图7-1中竖线代表实际估计系数在安慰剂检验中属于异常值。由此可以判别林权改革对农户总生产效率的正向效应并没有因其他不可观测因素干扰而产生明显偏误，基准回归结果具有较强稳健性。

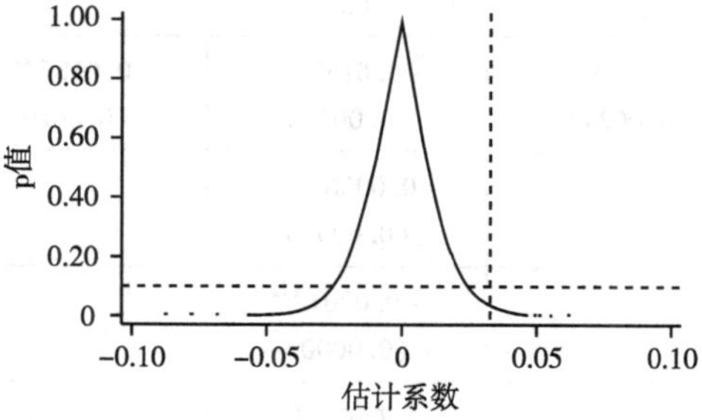

图 7－1　安慰剂检验

7.5　林权改革对农户生产效率间接影响的经验性结果

理论上而言，林权改革主要从林业生产投资、非农劳动供给、林地流转和信贷可得性四个方面影响农户生产效率，但还未作出严格的论证。为此，本部分将进一步检验林权改革如何通过间接作用机制影响农户生产效率。

表 7－4 报告了林权改革对农户生产效率结构的影响。其中，以农户家庭林业收入作为林业产出指标，以林业生产费用投入、林业劳动力投入和林地经营规模作为林业投入指标，运用随机前沿超越对数生产函数计算出林业生产效率损失，以此作为农户林业生产效率的表征变量，另外，借鉴冒佩华等（2015）的研究，以农户家庭非农收入与非农劳动力投入的比值衡量农户非农生产效率。结果显示，林权改革对农户林业生产效率损失在 1% 统计水平上具有显著负向效应，即林权改革对农户林业生产效率具有显著正向效应，同时，林权改革对农户非农生产效率在 1% 统计水平上具有显著正向效应。这意味着，林权改革既可以激励农户增加林业生产投资以提高林业生产效率，也能够鼓励农户积极参与非农就业以提高非农生产效率。

表 7-4　　　　林权改革对农户生产效率结构的影响

变量	林业生产效率		非农生产效率	
	(1)	(2)	(3)	(4)
林权改革	-0.0238*** (0.0024)	-0.0152*** (0.0024)	0.0187** (0.0020)	0.0230*** (0.0059)
非农劳动力价格	—	0.0006*** (0.0001)	—	0.0009 (0.0028)
木材价格	—	-0.0001*** (0.0000)	—	-0.0009*** (0.0002)
年龄	—	0.0004*** (0.0001)	—	-0.0253*** (0.0022)
性别	—	-0.0250*** (0.0060)	—	0.0367 (0.1018)
受教育年限	—	-0.0020*** (0.0004)	—	0.0121* (0.0066)
健康状况	—	-0.0147*** (0.0043)	—	0.1994*** (0.0716)
户主是否干部	—	-0.0203*** (0.0025)	—	0.1166*** (0.0417)
家庭人口数量	—	-0.0024** (0.0010)	—	0.0960*** (0.0156)
家庭劳动力数量	—	-0.0018 (0.0013)	—	0.1067*** (0.0203)
是否采伐木材	—	-0.1101*** (0.0055)	—	-0.0152 (0.0098)
是否非农就业	—	0.0006 (0.0023)	—	2.1017*** (0.0065)
林地面积	—	-0.0001*** (0.0000)	—	-0.0013*** (0.0002)
年度固定效应	控制	控制	控制	控制
常数项	0.2017*** (0.0033)	0.2351*** (0.0118)	0.8960*** (0.2722)	0.3269 (0.2387)
观测值	13536	13536	13536	13536
R^2	0.037	0.064	0.015	0.178

注：*代表变量估计系数在10%统计水平上显著；**代表在5%统计水平上显著；***代表在1%统计水平上显著。

7.5.1 中介效应分析

7.5.1.1 中介变量：林业生产投资

表7-5报告了林业生产投资在林权改革影响农户生产效率中的中介效应回归结果。首先，第二步检验结果表明，林权改革能够显著增加农户林业资本和林业劳动力投资；其次，第三步检验结果表明，林业资本和林业劳动力对农户林业生产效率和总生产效率均具有显著正向效应，且在加入中介变量后，林权改革对农户林业生产效率和总生产效率的正向效应依然显著；最后，结合表7-1和表7-4已经验证的第一步检验结果，可见林业生产投资在林权改革影响农户生产效率中具有中介作用，与理论预期一致，假说10得到验证。

表7-5 林业生产投资中介效应检验

变量	林业资本	林业生产效率	总生产效率	林业劳动力	林业生产效率	总生产效率
林权改革	0.1509*** (0.0167)	-0.0117*** (0.0024)	0.0290*** (0.0075)	0.1827*** (0.0126)	-0.0084*** (0.0024)	0.0265*** (0.0075)
林业资本	—	-0.0264*** (0.0013)	0.0281*** (0.0039)	—	—	—
林业劳动力	—	—	—	—	-0.0392*** (0.0017)	0.0357*** (0.0052)
非农劳动力价格	-0.0074*** (0.0004)	0.0004*** (0.0001)	0.0007*** (0.0002)	-0.0020*** (0.0003)	0.0005*** (0.0001)	0.0008*** (0.0002)
木材价格	0.0009*** (0.0001)	-0.0000*** (0.0000)	0.0001** (0.0000)	0.0001 (0.0001)	-0.0001*** (0.0000)	0.0001** (0.0000)
年龄	-0.0009 (0.0008)	0.0004*** (0.0001)	-0.0028*** (0.0004)	-0.0019*** (0.0006)	0.0003** (0.0001)	-0.0027*** (0.0004)
性别	0.1096*** (0.0414)	-0.0220*** (0.0061)	0.0481*** (0.0185)	0.1234*** (0.0314)	-0.0200*** (0.0060)	0.0494*** (0.0185)

续表

变量	林业资本	林业生产效率	总生产效率	林业劳动力	林业生产效率	总生产效率
受教育年限	0.0053** (0.0027)	-0.0022*** (0.0004)	0.0009 (0.0012)	0.0077*** (0.0021)	-0.0018*** (0.0004)	0.0013 (0.0012)
健康状况	0.1637*** (0.0294)	-0.0108** (0.0043)	0.5640*** (0.0131)	0.0646*** (0.0222)	-0.0126*** (0.0043)	0.5662*** (0.0131)
户主是否干部	0.0581*** (0.0171)	-0.0192*** (0.0025)	0.0011 (0.0076)	0.0348*** (0.0129)	-0.0193*** (0.0025)	0.0007 (0.0076)
家庭人口数量	0.0085 (0.0067)	-0.0024** (0.0010)	0.0262*** (0.0030)	-0.0012 (0.0051)	-0.0026*** (0.0010)	0.0263*** (0.0030)
家庭劳动力数量	0.0236*** (0.0088)	-0.0012 (0.0013)	0.0442*** (0.0039)	0.0277*** (0.0066)	-0.0006 (0.0013)	0.0437*** (0.0039)
是否采伐木材	0.3126*** (0.0384)	-0.1080*** (0.0057)	0.0224 (0.0168)	0.1409*** (0.0291)	-0.1102*** (0.0056)	0.0274 (0.0168)
是否非农就业	-0.0615*** (0.0163)	0.0014 (0.0024)	0.1820*** (0.0071)	-0.0263** (0.0124)	0.0011 (0.0023)	0.1792*** (0.0071)
林地面积	0.0010*** (0.0001)	-0.0001*** (0.0000)	0.0001*** (0.0000)	0.0011*** (0.0001)	-0.0001*** (0.0000)	0.0001*** (0.0000)
年度固定效应	控制	控制	控制	控制	控制	控制
常数项	-1.1796*** (0.0809)	0.2049*** (0.0119)	0.0503 (0.0363)	-0.6493*** (0.0612)	0.2116*** (0.0118)	0.0395 (0.0361)
观测值	13536	13536	13536	13536	13536	13536
R^2	0.083	0.090	0.292	0.104	0.098	0.291

注：* 代表变量估计系数在 10% 统计水平上显著；** 代表在 5% 统计水平上显著；*** 代表在 1% 统计水平上显著。

7.5.1.2 中介变量：非农劳动供给

表 7-6 报告了非农劳动供给在林权改革影响农户生产效率中的中介效应回归结果。首先，第二步检验结果表明，林权改革能够显著促进农户增加非农劳动供给；其次，第三步检验结果表明，非农劳动供给对农户非

农生产效率和总生产效率具有显著正向效应，且在加入中介变量后，林权改革对农户非农生产效率和总生产效率依然具有显著正向效应；最后，结合表 7 – 1 和表 7 – 4 已经验证的第一步检验结果，可见非农劳动供给在林权改革影响农户生产效率中具有中介作用，与理论预期一致，假说 11 得到验证。

表 7 – 6　　非农劳动供给中介效应检验

变量	非农劳动供给	非农生产效率	总生产效率
林权改革	0.1313 ** (0.0584)	0.0242 ** (0.0123)	0.0206 *** (0.0073)
非农劳动供给	—	0.1417 *** (0.0006)	0.1222 *** (0.0005)
非农劳动力价格	0.0053 (0.0047)	0.0024 *** (0.0005)	0.0006 *** (0.0002)
木材价格	–0.1466 *** (0.0490)	0.0000 (0.0001)	0.0000 (0.0000)
年龄	–0.0277 *** (0.0022)	–0.0001 (0.0004)	–0.0015 *** (0.0004)
性别	0.0626 (0.1296)	0.0427 * (0.0256)	0.0460 ** (0.0181)
受教育年限	0.0052 (0.0064)	0.0050 *** (0.0014)	0.0003 (0.0012)
健康状况	0.3388 *** (0.0741)	0.0397 *** (0.0153)	0.5729 *** (0.0128)
户主是否干部	0.1088 ** (0.0522)	0.0095 (0.0104)	0.0061 (0.0075)
家庭人口数量	0.0387 ** (0.0159)	0.0008 (0.0034)	0.0179 *** (0.0029)
家庭劳动力数量	0.1730 *** (0.0228)	0.0350 *** (0.0047)	0.0337 *** (0.0038)

续表

变量	非农劳动供给	非农生产效率	总生产效率
是否采伐木材	-0.2598 (0.4375)	-0.0364** (0.0178)	0.0335** (0.0168)
是否非农就业	14.5250*** (0.0435)	2.7711*** (0.0561)	0.0572 (0.0685)
林地面积	-0.0025* (0.0014)	0.0000 (0.0001)	0.0002*** (0.0000)
年度固定效应	控制	控制	控制
常数项	51.4795*** (17.1362)	0.1109** (0.0495)	0.0611* (0.0352)
观测值	13536	13536	13536
R^2	0.290	0.965	0.323

注：*代表变量估计系数在10%统计水平上显著；**代表在5%统计水平上显著；***代表在1%统计水平上显著。

7.5.1.3 中介变量：林地流转

表7-7报告了林地流转在林权改革影响农户生产效率中的中介效应回归结果。首先，第二步检验结果表明，林权改革能够显著提升农户家庭流转林地（转入林地和转出林地）的概率，进而影响其林地经营规模；其次，第三步检验结果表明，林地转入对农户林业生产效率和总生产效率具有显著正向效应，而林地转出对农户非农生产效率和总生产效率具有显著正向效应，且在加入中介变量后，林权改革对农户林业生产效率、非农生产效率和总生产效率的正向效应依然显著；最后，结合表7-1和表7-4已经验证的第一步检验结果，可见林地流转（转入林地和转出林地）在林权改革影响农户生产效率中具有中介作用，表明林权改革不仅可以通过激励农户扩大林地经营规模以接近或达到规模效应，还可以通过鼓励农户转出林地以提升非农劳动力利用效率，与理论预期一致，假说12得到验证。

表 7－7　　　　　　　　林地流转中介效应检验

变量	林地转入	林业生产效率	总生产效率	林地转出	非农生产效率	总生产效率
林权改革	0.0389*** (0.0046)	−0.0163*** (0.0025)	0.0322*** (0.0075)	0.0164*** (0.0055)	0.0109** (0.0047)	0.0265** (0.0122)
林地转入	—	−0.0183*** (0.0042)	0.0242* (0.0125)	—	—	—
林地转出	—	—	—	—	0.0322** (0.0133)	0.0680* (0.0373)
非农劳动力价格	−0.0041*** (0.0009)	0.0006*** (0.0001)	0.0009*** (0.0002)	0.0066*** (0.0011)	0.0032** (0.0015)	0.0024*** (0.0005)
木材价格	0.0013*** (0.0002)	−0.0001*** (0.0000)	0.0001* (0.0000)	−0.0013*** (0.0003)	−0.0003 (0.0002)	0.0004*** (0.0002)
年龄	−0.0146*** (0.0021)	0.0004*** (0.0001)	−0.0028*** (0.0004)	−0.0094*** (0.0026)	−0.0186*** (0.0020)	−0.0028*** (0.0005)
性别	0.7925*** (0.2025)	−0.0256*** (0.0062)	0.0459** (0.0186)	0.0000 (0.0000)	0.0093 (0.0816)	0.0281 (0.0221)
受教育年限	0.0238*** (0.0068)	−0.0020*** (0.0004)	0.0009 (0.0012)	0.0251*** (0.0085)	0.0129* (0.0071)	0.0027 (0.0019)
健康状况	0.0856 (0.0759)	−0.0149*** (0.0044)	0.5687*** (0.0132)	0.1093 (0.0895)	0.0745 (0.0743)	0.5032*** (0.0213)
户主是否干部	0.0322 (0.0408)	−0.0209*** (0.0025)	0.0006 (0.0076)	0.2207*** (0.0504)	0.2530*** (0.0375)	−0.0004 (0.0112)
家庭人口数量	−0.0183 (0.0169)	−0.0026*** (0.0010)	0.0264*** (0.0030)	0.0287 (0.0213)	0.1189*** (0.0172)	0.0202*** (0.0045)
家庭劳动力数量	0.0063 (0.0216)	−0.0017 (0.0013)	0.0448*** (0.0039)	−0.0026 (0.0273)	0.1399*** (0.0234)	0.0274*** (0.0059)
是否采伐木材	0.0969 (0.0879)	−0.1157*** (0.0058)	0.0326* (0.0168)	−0.3095*** (0.0965)	−0.0039 (0.0156)	0.0765** (0.0355)
是否非农就业	0.0193 (0.0417)	0.0002 (0.0024)	0.1800*** (0.0071)	0.0140 (0.0537)	2.0901*** (0.0048)	0.1312*** (0.0108)
林地面积	0.0022*** (0.0002)	−0.0001*** (0.0000)	0.0002*** (0.0000)	0.0003 (0.0003)	−0.0051*** (0.0010)	0.0001 (0.0001)

续表

变量	林地转入	林业生产效率	总生产效率	林地转出	非农生产效率	总生产效率
年度固定效应	控制	控制	控制	控制	控制	控制
常数项	-0.2726 *** (0.0270)	0.2367 *** (0.0120)	0.0175 (0.0361)	-0.2474 *** (0.0235)	-0.1148 (0.2046)	0.0304 (0.0718)
观测值	13536	13536	13536	13536	13536	13536
R^2	0.084	0.062	0.289	0.057	0.190	0.276

注：* 代表变量估计系数在10%统计水平上显著；** 代表在5%统计水平上显著；*** 代表在1%统计水平上显著。

7.5.1.4 中介变量：信贷可得性

表7-8报告了信贷可得性在林权改革影响农户生产效率中的中介效应回归结果。首先，第二步检验结果表明，林权改革能够显著提升农户信贷可得性；其次，第三步检验结果表明，信贷可得性对农户林业生产效率、非农生产效率和总生产效率具有显著正向效应，且在加入中介变量后，林权改革对农户林业生产效率、非农生产效率和总生产效率依然具有显著正向效应；最后，结合表7-1和表7-4已经验证的第一步检验结果，可见信贷可得性在林权改革影响农户生产效率中具有中介作用，与理论预期一致，假说13得到验证。

表7-8　　信贷可得性中介效应检验

变量	信贷可得性	林业生产效率	非农生产效率	总生产效率
林权改革	0.0297 * (0.0164)	-0.0156 *** (0.0025)	0.0127 *** (0.0043)	0.0332 *** (0.0074)
信贷可得性	—	-0.0136 ** (0.0061)	0.0158 ** (0.0076)	0.0584 ** (0.0259)
非农劳动力价格	-0.0171 *** (0.0024)	0.0006 *** (0.0001)	0.0071 *** (0.0008)	0.0010 *** (0.0002)
木材价格	0.0007 (0.0007)	-0.0001 *** (0.0000)	-0.0005 ** (0.0003)	0.0001 * (0.0000)
年龄	-0.0052 (0.0057)	0.0004 *** (0.0001)	-0.0186 *** (0.0015)	-0.0028 *** (0.0004)

续表

变量	信贷可得性	林业生产效率	非农生产效率	总生产效率
性别	0.0000 (0.0000)	−0.0248 *** (0.0062)	0.1805 (0.1160)	0.0445 ** (0.0186)
受教育年限	0.0418 ** (0.0186)	−0.0020 *** (0.0004)	0.0157 *** (0.0051)	0.0009 (0.0012)
健康状况	0.1724 (0.1833)	−0.0151 *** (0.0044)	0.1011 * (0.0555)	0.5685 *** (0.0131)
户主是否干部	0.1749 (0.1155)	−0.0208 *** (0.0025)	0.1208 *** (0.0359)	0.0008 (0.0076)
家庭人口数量	0.0005 (0.0488)	−0.0026 *** (0.0010)	0.0906 *** (0.0135)	0.0263 *** (0.0030)
家庭劳动力数量	0.0300 (0.0618)	−0.0017 (0.0013)	0.1124 *** (0.0176)	0.0447 *** (0.0039)
是否采伐木材	0.6060 *** (0.1603)	−0.1159 *** (0.0058)	−0.0112 (0.0141)	0.0329 * (0.0168)
是否非农就业	−0.0381 (0.1188)	0.0002 (0.0024)	2.1166 *** (0.0043)	0.1799 *** (0.0071)
林地面积	0.0029 *** (0.0003)	−0.0001 *** (0.0000)	−0.0004 *** (0.0002)	0.0002 *** (0.0000)
年度固定效应	控制	控制	控制	控制
常数项	−0.3994 *** (0.0617)	0.2359 *** (0.0120)	−0.0987 (0.1900)	0.0153 (0.0361)
观测值	13536	13536	13536	13536
R^2	0.242	0.060	0.162	0.289

注：* 代表变量估计系数在 10% 统计水平上显著；** 代表在 5% 统计水平上显著；*** 代表在 1% 统计水平上显著。

7.5.2　调节效应分析

鉴于林权改革对农户生产效率具有显著影响，有必要进一步探究林权改革政策效应得以发挥的边界条件。对于采取不同生计策略的农户而言，林权改革对其生产效率可能存在异质性影响，这里主要关注生计策略与林权改革交叉项的估计结果。为了尽可能减少甚至消除样本数据的多重共线性和自相关性的干扰，在进行调节效应检验前，对林权改革和生计策略采取中心化的方式进行处理，所得系数均为中心化系数。表7－9结果显示，林权改革和生计策略的去中心化交叉项估计系数在10%统计水平上对农户总生产效率具有显著正向效应，说明生计策略非农化程度越高，林权改革对农户总生产效率的正向效应越大。

分生产结构来看，林权改革和生计策略的去中心化交叉项估计系数在10%统计水平上对农户林业生产效率具有显著负向效应，而在10%统计水平上对其非农生产效率具有显著正向效应。由此可以判别，随着生计策略非农化程度的加深，林权改革对农户林业生产效率的正向效应呈现逐渐减弱态势，而对其非农生产效率的正向效应则呈现逐渐增强态势，说明生计策略在林权改革影响农户生产效率中的确存在异质性调节作用，与理论预期一致，假说14得到验证。

表7－9　　调节效应检验（一）

变量	总生产效率	林业生产效率	非农生产效率
林权改革	0.0433** (0.0200)	－0.0320*** (0.0064)	0.0348*** (0.0074)
生计策略	0.0115*** (0.0018)	0.0019*** (0.0005)	0.0137*** (0.0008)
林权改革×生计策略	0.0065* (0.0038)	0.0020* (0.0011)	0.0235* (0.0129)
非农劳动力价格	0.0005 (0.0007)	0.0023*** (0.0001)	0.0049** (0.0024)
木材价格	0.0002 (0.0001)	－0.0004*** (0.0000)	－0.0002 (0.0003)
年龄	－0.0029*** (0.0007)	0.0000 (0.0002)	－0.0128*** (0.0025)
性别	0.0346 (0.0321)	－0.0045 (0.0173)	0.0707 (0.1014)

续表

变量	总生产效率	林业生产效率	非农生产效率
受教育年限	0.0042 * (0.0023)	-0.0002 (0.0007)	0.0277 *** (0.0084)
健康状况	0.2987 *** (0.0229)	-0.0126 * (0.0076)	0.2324 *** (0.0873)
户主是否干部	0.0050 (0.0134)	-0.0080 * (0.0048)	0.0532 (0.0462)
家庭人口数量	0.0180 *** (0.0051)	-0.0026 (0.0020)	0.0828 *** (0.0229)
家庭劳动力数量	0.0273 *** (0.0065)	-0.0111 *** (0.0024)	0.0912 *** (0.0296)
是否采伐木材	0.0224 (0.0187)	-0.1042 *** (0.0129)	-0.0127 (0.0146)
是否非农就业	0.1731 *** (0.0175)	0.0158 ** (0.0067)	2.1077 *** (0.0053)
林地面积	0.0002 *** (0.0001)	-0.0000 (0.0000)	0.0001 (0.0010)
年度固定效应	控制	控制	控制
常数项	0.4774 *** (0.0702)	0.2129 *** (0.0283)	0.4334 * (0.2465)
观测值	13536	13536	13536
R^2	0.189	0.293	0.572

注：* 代表变量估计系数在10%统计水平上显著；** 代表在5%统计水平上显著；*** 代表在1%统计水平上显著。

此外，为了更加直观了解生计策略差异的影响，本部分进一步考察林权改革与生计策略的交互效应，以生计策略非农化程度的高低为标准，将生计策略分为纯农户、兼业户和非农户进行分组回归，进一步探讨不同生计策略选择下林权改革影响农户总生产效率的差异性。表7-10结果显示，林权改革影响农户总生产效率的估计系数由0.0211升至0.0785，表明林权改革的正向影响随着农户生计策略非农化程度的提高而变大。

表 7-10　　　　调节效应稳健性检验（二）

变量	非农就业		
	纯农户	兼业户	非农户
林权改革	0.0211* (0.0108)	0.0335* (0.0198)	0.0785*** (0.0143)
非农劳动力价格	0.0010*** (0.0003)	0.0009 (0.0007)	0.0017*** (0.0003)
木材价格	0.0005*** (0.0001)	0.0004** (0.0002)	-0.0000 (0.0001)
年龄	-0.0029*** (0.0005)	-0.0025*** (0.0007)	-0.0044*** (0.0007)
性别	0.0333 (0.0274)	0.0396 (0.0301)	0.0374 (0.0282)
受教育年限	0.0012 (0.0019)	0.0033 (0.0025)	0.0007 (0.0022)
健康状况	0.4930*** (0.0220)	0.5452*** (0.0278)	0.4845*** (0.0229)
户主是否干部	0.0057 (0.0127)	-0.0123 (0.0132)	0.0022 (0.0145)
家庭人口数量	0.0186*** (0.0046)	0.0143** (0.0057)	0.0485*** (0.0056)
家庭劳动力数量	0.0214*** (0.0058)	0.0410*** (0.0080)	0.0576*** (0.0069)
是否采伐木材	0.0649 (0.0396)	0.0670 (0.0431)	0.0277 (0.0709)
是否非农就业	0.1198*** (0.0110)	0.1474*** (0.0135)	0.4802*** (0.0240)
林地面积	-0.0001 (0.0001)	0.0007 (0.0005)	0.0001 (0.0001)
年度固定效应	控制	控制	控制
常数项	0.1128* (0.0587)	0.0220 (0.0868)	0.1504** (0.0652)
观测值	3512	6172	3852
R^2	0.256	0.301	0.356

注：*代表变量估计系数在10%统计水平上显著；**代表在5%统计水平上显著；***代表在1%统计水平上显著。

分生产结构来看，表7-11结果显示，林权改革对农户林业生产效率影响的估计系数由0.0359降至-0.0014，表明林权改革的正向影响随着农户生计策略非农化程度的提高而变小，尤其在生计策略非农化程度较高的样本中，例如非农户，林权改革对其林业生产效率没有产生显著影响；林权改革对农户非农生产效率影响的估计系数由0.0298增至0.0895，表明林权改革的正向影响随着农户生计策略非农化程度的提高而变大，尤其在生计策略非农化程度较低的样本中，例如纯农户，林权改革对其非农生产效率并未产生显著影响，以上结果进一步与前述观点相吻合。

表7-11 调节效应稳健性检验（三）

变量	纯农户		兼业户		非农户	
	林业生产效率	非农生产效率	林业生产效率	非农生产效率	林业生产效率	非农生产效率
林权改革	-0.0359*** (0.0041)	0.0298 (0.0806)	-0.0157*** (0.0035)	0.0646* (0.0363)	0.0014 (0.0051)	0.0895*** (0.0204)
非农劳动力价格	0.0008*** (0.0001)	0.0210*** (0.0012)	0.0009*** (0.0001)	0.0061*** (0.0014)	0.0003** (0.0001)	0.0034*** (0.0004)
木材价格	-0.0001*** (0.0000)	-0.0011** (0.0005)	-0.0000** (0.0000)	-0.0015*** (0.0003)	-0.0000 (0.0000)	-0.0004*** (0.0001)
年龄	0.0001 (0.0002)	-0.0130*** (0.0021)	0.0010*** (0.0002)	-0.0179*** (0.0015)	0.0003 (0.0002)	-0.0111*** (0.0010)
性别	-0.0096 (0.0081)	0.3032* (0.1745)	-0.0018 (0.0102)	0.1605** (0.0672)	-0.0493*** (0.0140)	0.1649*** (0.0401)
受教育年限	-0.0013** (0.0006)	0.0076 (0.0073)	-0.0022*** (0.0006)	0.0204*** (0.0054)	-0.0012 (0.0009)	0.0088*** (0.0031)
健康状况	-0.0098 (0.0066)	0.0784 (0.0738)	-0.0013 (0.0066)	0.0456 (0.0620)	-0.0140 (0.0096)	0.1804*** (0.0325)
户主是否干部	-0.0150*** (0.0042)	0.1871*** (0.0431)	-0.0218*** (0.0036)	0.0905*** (0.0332)	-0.0246*** (0.0053)	0.0248 (0.0206)
家庭人口数量	-0.0057*** (0.0016)	0.0649*** (0.0187)	-0.0044*** (0.0014)	0.0540*** (0.0130)	-0.0008 (0.0021)	0.0582*** (0.0080)

续表

变量	纯农户		兼业户		非农户	
	林业生产效率	非农生产效率	林业生产效率	非农生产效率	林业生产效率	非农生产效率
家庭劳动力数量	-0.0031 (0.0020)	0.0688*** (0.0228)	-0.0022 (0.0019)	0.1544*** (0.0173)	-0.0025 (0.0028)	0.0721*** (0.0099)
是否采伐木材	-0.1067*** (0.0213)	-0.0080 (0.0138)	-0.0960*** (0.0070)	-0.0149 (0.0170)	-0.1042*** (0.0106)	-0.0208 (0.0226)
是否非农就业	0.0420*** (0.0072)	2.1340*** (0.0047)	0.0220*** (0.0042)	2.0885*** (0.0076)	0.0280*** (0.0057)	2.0562*** (0.0065)
林地面积	-0.0000 (0.0000)	-0.0006*** (0.0002)	-0.0001*** (0.0000)	-0.0016*** (0.0004)	-0.0001*** (0.0000)	-0.0000 (0.0001)
年度固定效应	控制	控制	控制	控制	控制	控制
常数项	0.2733*** (0.0187)	-1.8333*** (0.2714)	0.1876*** (0.0179)	-0.8403*** (0.1699)	0.2780*** (0.0254)	0.2315** (0.0927)
观测值	3512	3512	6172	6172	3852	3852
R^2	0.116	0.293	0.086	0.156	0.068	0.222

注：* 代表变量估计系数在10%统计水平上显著；** 代表在5%统计水平上显著；*** 代表在1%统计水平上显著。

7.6 异质性分析

前文已经证实林权改革对农户生产效率具有显著影响。那么，对于不同农户而言，林权改革对其生产效率的实际作用效果又是否一致？为此，本部分试图从地区层面的经济发展水平和森林资源丰富度、农户层面的人力资本禀赋和代际差异来考察林权改革的异质性作用效果。

7.6.1 经济发展水平差异视角下林权改革对农户生产效率的影响

表7-12报告了经济发展水平差异下林权改革对农户生产效率影响的估计结果。鉴于此，本部分将农户按地区经济发展水平差异划分为中西部地区

农户和东部地区农户。结果显示，相比于东部地区，林权改革对中西部地区农户总生产效率具有更为显著的正向效应。就生产结构类型来看，相比于东部地区，林权改革对中西部地区农户林业生产效率和非农生产效率具有更为显著的正向效应。由此可见，经济发展水平的差异使农户对山林的依赖程度和所面临的市场环境存在显著差异，造成农户对林权改革的响应程度以及由此引发的生产决策偏好和行为能力发挥呈现明显差异，进而形成异质性的生产效率和获利能力。因此，经济欠发达地区农户对森林资源的依存度较高，更有利于发挥其林业生产比较优势，通过提升其林业生产效率以扩大林业的获利空间。同时，强化林地产权稳定性对相对较低市场化程度和非农就业参与率的中西部地区农户具有更大的激励效果，因而对其非农生产效率的提升效果也更为明显。

表 7－12　林权改革对农户生产效率的影响：基于经济发展水平差异视角

变量	中西部地区			东部地区		
	总生产效率	林业生产效率	非农生产效率	总生产效率	林业生产效率	非农生产效率
林权改革	0.0502*** (0.0101)	－0.0205*** (0.0036)	0.1090* (0.0564)	0.0351** (0.0165)	－0.0135*** (0.0039)	0.0776*** (0.0292)
非农劳动力价格	0.0009** (0.0004)	0.0000 (0.0001)	0.0026 (0.0025)	0.0011* (0.0006)	0.0016*** (0.0001)	0.0015 (0.0010)
木材价格	0.0002*** (0.0001)	0.0000 (0.0000)	－0.0006** (0.0003)	0.0000 (0.0001)	－0.0000* (0.0000)	－0.0011*** (0.0002)
年龄	－0.0035*** (0.0004)	0.0005*** (0.0001)	－0.0085*** (0.0020)	－0.0025*** (0.0007)	0.0001 (0.0002)	－0.0169*** (0.0012)
性别	0.0127 (0.0189)	－0.0222*** (0.0067)	0.1161 (0.0989)	0.0669* (0.0360)	－0.0414*** (0.0127)	0.0591 (0.0548)
受教育年限	0.0006 (0.0014)	－0.0034*** (0.0005)	0.0305*** (0.0067)	0.0028 (0.0025)	－0.0003 (0.0007)	0.0167*** (0.0041)
健康状况	0.5018*** (0.0153)	－0.0242*** (0.0054)	0.0185 (0.0700)	0.5541*** (0.0289)	－0.0065 (0.0071)	0.0088 (0.0445)

续表

变量	中西部地区			东部地区		
	总生产效率	林业生产效率	非农生产效率	总生产效率	林业生产效率	非农生产效率
户主是否干部	0.0001 (0.0086)	-0.0152 *** (0.0031)	0.1172 *** (0.0402)	0.0077 (0.0182)	-0.0244 *** (0.0043)	0.0746 *** (0.0251)
家庭人口数量	0.0205 *** (0.0033)	-0.0016 (0.0012)	0.1163 *** (0.0158)	0.0237 *** (0.0065)	-0.0011 (0.0018)	0.0669 *** (0.0096)
家庭劳动力数量	0.0388 *** (0.0044)	0.0020 (0.0015)	0.0515 ** (0.0206)	0.0445 *** (0.0084)	-0.0068 *** (0.0022)	0.1270 *** (0.0126)
是否采伐木材	0.0271 (0.0170)	-0.1031 *** (0.0062)	-0.0114 (0.0101)	0.0748 (0.0640)	-0.1348 *** (0.0130)	-0.0043 (0.0091)
是否非农就业	0.1511 *** (0.0084)	0.0051 * (0.0030)	2.1024 *** (0.0064)	0.1550 *** (0.0148)	0.0103 *** (0.0039)	2.0734 *** (0.0045)
林地面积	0.0000 (0.0001)	-0.0002 *** (0.0000)	-0.0006 *** (0.0002)	0.0002 * (0.0001)	-0.0000 (0.0000)	-0.0009 *** (0.0002)
年度固定效应	控制	控制	控制	控制	控制	控制
常数项	0.1461 *** (0.0404)	0.1980 *** (0.0143)	-0.5485 ** (0.2263)	-0.1086 (0.0766)	0.3550 *** (0.0222)	-0.3525 *** (0.1171)
观测值	7680	7680	7680	5856	5856	5856
R^2	0.291	0.045	0.103	0.266	0.147	0.127

注：* 代表变量估计系数在 10% 统计水平上显著；** 代表在 5% 统计水平上显著；*** 代表在 1% 统计水平上显著。

7.6.2 森林资源丰富度差异视角下林权改革对农户生产效率的影响

表 7-13 报告了森林资源丰富度差异下林权改革对农户生产效率影响的估计结果。本部分将农户按地区森林资源丰富度差异划分为富林的南方地区和少林的北方地区。结果显示，相比于北方地区，林权改革对南方地区农户总生产效率具有更大的正向效应；就生产结构类型来看，相比于北方地区，林权改革对南方地区农户林业生产效率具有更为显著的正向效应，但其非农生产效率要弱于北方地区农户。由此可见，森林资源丰富度差异使得农户对

自然资源的依存度以及就业决策偏好存在显著差异，进而造成林权改革对农户在生产决策和行为能力等方面的响应程度呈现明显异质性。因此，富林的南方地区农户对森林资源的依存度较高，更有利于发挥其林业生产比较优势以提高林地边际产出，因而林权改革对其林业生产效率具有更大促进效应。因森林资源禀赋劣势的北方地区农户使得林权改革对其林业获利能力的提升效果相对有限，为了扩大家庭收入边界，此时农户往往具有更加强烈的非农就业意愿，促使强化林地产权稳定性对其非农就业参与率和非农就业能力的提升具有更加明显的促进效应。

表7-13　林权改革对农户生产效率的影响：基于森林资源丰富度差异视角

变量	北方地区			南方地区		
	总生产效率	林业生产效率	非农生产效率	总生产效率	林业生产效率	非农生产效率
林权改革	0.0212** (0.0089)	-0.0027 (0.0057)	0.1064* (0.0546)	0.0262* (0.0147)	-0.0219*** (0.0030)	0.0536* (0.0306)
非农劳动力价格	0.0006*** (0.0002)	0.0002 (0.0003)	0.0046* (0.0026)	0.0010 (0.0007)	0.0007*** (0.0001)	0.0048*** (0.0011)
木材价格	0.0002*** (0.0001)	-0.0000 (0.0001)	-0.0003 (0.0002)	0.0001 (0.0001)	-0.0001*** (0.0000)	-0.0010*** (0.0002)
年龄	-0.0025*** (0.0004)	0.0009*** (0.0002)	-0.0266*** (0.0023)	-0.0020*** (0.0007)	0.0002 (0.0001)	-0.0126*** (0.0013)
性别	0.0441** (0.0201)	-0.0187 (0.0150)	0.0670 (0.1130)	0.0651* (0.0395)	-0.0248*** (0.0068)	0.0691 (0.0579)
受教育年限	0.0010 (0.0014)	-0.0042*** (0.0008)	0.0064 (0.0074)	0.0023 (0.0024)	-0.0001 (0.0005)	0.0260*** (0.0045)
健康状况	0.4523*** (0.0145)	-0.0133 (0.0088)	0.1872** (0.0821)	0.7832*** (0.0270)	-0.0119** (0.0050)	0.0069 (0.0489)
户主是否干部	0.0053 (0.0083)	-0.0224*** (0.0059)	0.1066** (0.0493)	0.0106 (0.0165)	-0.0146*** (0.0028)	0.1191*** (0.0266)
家庭人口数量	0.0228*** (0.0033)	-0.0038* (0.0020)	0.1147*** (0.0188)	0.0293*** (0.0063)	-0.0031*** (0.0011)	0.0823*** (0.0106)

续表

变量	北方地区			南方地区		
	总生产效率	林业生产效率	非农生产效率	总生产效率	林业生产效率	非农生产效率
家庭劳动力数量	0.0300*** (0.0042)	-0.0078*** (0.0028)	0.1574*** (0.0265)	0.0820*** (0.0087)	0.0019 (0.0014)	0.1043*** (0.0140)
是否采伐木材	0.0274* (0.0162)	-0.1781*** (0.0309)	-0.0038 (0.0101)	0.0911 (0.0677)	-0.1012*** (0.0057)	-0.0104 (0.0213)
是否非农就业	0.1890*** (0.0082)	0.0025 (0.0048)	2.0732*** (0.0050)	0.1507*** (0.0137)	0.0022 (0.0028)	2.1089*** (0.0044)
林地面积	0.0001** (0.0000)	-0.0001* (0.0000)	-0.0046*** (0.0011)	0.0003** (0.0001)	-0.0001*** (0.0000)	-0.0007*** (0.0002)
年度固定效应	控制	控制	控制	控制	控制	控制
常数项	0.1918*** (0.0403)	0.2263*** (0.0337)	0.3122 (0.2473)	-0.3480*** (0.0805)	0.2358*** (0.0137)	-0.7641*** (0.1262)
N	4416	4416	4416	9120	9120	9120
R^2	0.217	0.075	0.203	0.418	0.055	0.118

注：* 代表变量估计系数在10%统计水平上显著；** 代表在5%统计水平上显著；*** 代表在1%统计水平上显著。

7.6.3 人力资本禀赋差异视角下林权改革对农户生产效率的影响

表7-14报告了人力资本禀赋差异下林权改革对农户生产效率影响的估计结果。鉴于此，本部分把人力资本数量和质量差异作为人力资本禀赋差异的表征变量。其中，人力资本数量差异按照低于和高于农户家庭劳动力数量平均值的划分标准分为人力资本低、高数量两组，人力资本质量差异按照低于和高于农户受教育年限平均值的划分标准分为人力资本低、高质量两组。结果显示，对于高人力资本禀赋农户而言，林权改革对其林业生产效率、非农生产效率和总生产效率具有显著正向效应；相对应地，林权改革对低人力资本禀赋农户林业生产效率、非农生产效率和总生产效率的影响要弱于高人力资本禀赋农户。由此可见，人力资本禀赋是影响农户生产效率的重要因素，拥有较高人力资本禀赋农户更有利于提升其技术水平和管理能力，进而促进生产效率的提升。

表7-14 林权改革对农户生产效率的影响：基于人力资本禀赋差异视角

变量	低人力资本质量			高人力资本质量			低人力资本数量			高人力资本数量		
	总生产效率	林业生产效率	非农生产效率	总生产效率	林业生产效率	非农生产效率	总生产效率	林业生产效率	非农生产效率	总生产效率	林业生产效率	非农生产效率
林权改革	0.0214** (0.0087)	-0.0100*** (0.0036)	0.1352*** (0.0276)	0.0392*** (0.0119)	-0.0210*** (0.0034)	0.1467*** (0.0263)	0.0025 (0.0050)	-0.0124*** (0.0035)	0.1243*** (0.0257)	0.0354*** (0.0105)	-0.0171*** (0.0036)	0.1347*** (0.0276)
非农劳动力价格	0.0011*** (0.0002)	0.0006*** (0.0001)	0.0056*** (0.0006)	0.0005** (0.0003)	0.0006*** (0.0001)	0.0023*** (0.0006)	0.0007*** (0.0001)	0.0004*** (0.0001)	0.0020*** (0.0006)	0.0007*** (0.0002)	0.0008*** (0.0001)	0.0063*** (0.0007)
木材价格	0.0001** (0.0000)	-0.0000** (0.0000)	-0.0003** (0.0002)	0.0001 (0.0001)	-0.0001*** (0.0000)	-0.0008*** (0.0001)	0.0001*** (0.0000)	-0.0001*** (0.0000)	-0.0005*** (0.0001)	0.0000 (0.0001)	-0.0001*** (0.0000)	-0.0005*** (0.0001)
年龄	-0.0023*** (0.0004)	0.0002 (0.0002)	-0.0177*** (0.0013)	-0.0030*** (0.0006)	0.0005*** (0.0002)	-0.0142*** (0.0013)	-0.0014*** (0.0003)	0.0003* (0.0002)	-0.0069*** (0.0013)	-0.0001 (0.0005)	0.0004** (0.0002)	-0.0192*** (0.0013)
性别	0.0771*** (0.0267)	-0.0125 (0.0110)	0.0800 (0.0600)	0.0163 (0.0259)	-0.0312*** (0.0074)	0.0266 (0.0805)	0.0055 (0.0119)	-0.0165* (0.0091)	0.0629 (0.0605)	0.1409*** (0.0279)	-0.0351*** (0.0084)	0.0584 (0.0730)
受教育年限	0.0021 (0.0024)	-0.0033*** (0.0010)	0.0076 (0.0069)	0.0014 (0.0030)	0.0012 (0.0008)	0.0034 (0.0072)	0.0028*** (0.0008)	-0.0018*** (0.0006)	0.0089** (0.0041)	0.0054*** (0.0018)	-0.0023*** (0.0006)	0.0097** (0.0046)
健康状况	0.6590*** (0.0191)	-0.0308*** (0.0079)	0.0907** (0.0435)	0.5023*** (0.0188)	-0.0065 (0.0054)	0.0716 (0.0575)	0.0040 (0.0117)	-0.0157*** (0.0060)	0.0032 (0.0596)	0.3101*** (0.0182)	-0.0049 (0.0083)	0.2590*** (0.0476)
户主是否干部	0.0063 (0.0081)	-0.0243*** (0.0034)	0.0013 (0.0322)	0.0097 (0.0139)	-0.0161*** (0.0040)	0.1419*** (0.0245)	0.0173*** (0.0049)	-0.0274*** (0.0038)	0.0045 (0.0249)	0.0004 (0.0114)	-0.0153*** (0.0035)	0.1826*** (0.0299)
家庭人口数量	0.0207*** (0.0035)	-0.0040*** (0.0015)	0.1030*** (0.0112)	0.0239*** (0.0048)	-0.0008 (0.0014)	0.0712*** (0.0106)	0.0101*** (0.0022)	-0.0016 (0.0014)	0.0183 (0.0111)	0.0257*** (0.0042)	-0.0042*** (0.0015)	0.1265*** (0.0110)

续表

变量	低人力资本质量			高人力资本质量			低人力资本数量			高人力资本数量		
	总生产效率	林业生产效率	非农生产效率	总生产效率	林业生产效率	非农生产效率	总生产效率	林业生产效率	非农生产效率	总生产效率	林业生产效率	非农生产效率
家庭劳动力数量	0.0128 *** (0.0044)	-0.0013 (0.0018)	0.1374 *** (0.0151)	0.0781 *** (0.0065)	-0.0052 *** (0.0019)	0.0716 *** (0.0134)	0.0277 *** (0.0033)	-0.0096 *** (0.0035)	0.0222 (0.0171)	0.5939 *** (0.0107)	-0.0018 (0.0024)	0.2722 *** (0.0280)
是否采伐木材	0.0218 (0.0194)	-0.1231 *** (0.0083)	-0.0091 (0.0086)	0.0411 (0.0274)	-0.1077 *** (0.0080)	-0.0048 (0.0108)	0.0306 *** (0.0104)	-0.1212 *** (0.0086)	-0.0095 (0.0098)	0.0831 *** (0.0253)	-0.1118 *** (0.0078)	-0.0025 (0.0097)
是否非农就业	0.1655 *** (0.0086)	0.0049 (0.0036)	2.0940 *** (0.0035)	0.1830 *** (0.0112)	0.0029 (0.0032)	2.0913 *** (0.0048)	0.1328 *** (0.0050)	0.0031 (0.0033)	2.1019 *** (0.0038)	0.1480 *** (0.0099)	0.0045 (0.0037)	2.0830 *** (0.0046)
林地面积	0.0000 (0.0001)	-0.0001 *** (0.0000)	-0.0002 (0.0002)	0.0003 *** (0.0001)	-0.0001 *** (0.0000)	-0.0004 *** (0.0002)	0.0000 (0.0000)	-0.0001 *** (0.0000)	-0.0005 *** (0.0001)	0.0001 ** (0.0001)	-0.0001 *** (0.0000)	0.0002 (0.0002)
年度固定效应	控制	控制	控制	控制	控制	控制	控制	控制	控制	控制	控制	控制
常数项	-0.0032 (0.0501)	0.2353 *** (0.0207)	-0.2809 ** (0.1279)	0.0412 (0.0553)	0.2346 *** (0.0157)	-0.2186 (0.1509)	0.7773 *** (0.0256)	0.2354 *** (0.0172)	0.0008 (0.1308)	-0.6627 *** (0.0523)	0.2260 *** (0.0182)	-0.4857 *** (0.1368)
观测值	6588	6588	6588	6948	6948	6948	7247	7247	7247	6289	6289	6289
R^2	0.258	0.050	0.149	0.308	0.076	0.086	0.121	0.062	0.072	0.581	0.067	0.161

注：* 代表变量估计系数在 10% 统计水平上显著；** 代表在 5% 统计水平上显著；*** 代表在 1% 统计水平上显著。

7.6.4　代际差异视角下林权改革对农户生产效率的影响

表 7-15 报告了代际差异下林权改革对农户生产效率影响的估计结果。本部分借鉴何可和张俊飚（2014）的做法，以 1980 年出生为界，若户主是 1980 年以前出生，则视为第一代农户，若出生在 1980 年之后，则视为新生代农户，以此表征农户代际程度的差异。结果显示，相比于第一代农户，林权改革对新生代农户非农生产效率和总生产效率具有更大的正向效应，但对其林业生产效率的正向效应要弱于第一代农户。究其原因，不同代际农户的林地价值观、劳动能力、就业属性和生活偏好存在显著差异，进而形成异质性的生产结构和生产效率。

表 7-15　林权改革对农户生产效率的影响：基于代际差异视角

变量	第一代农户			新生代农户		
	总生产效率	林业生产效率	非农生产效率	总生产效率	林业生产效率	非农生产效率
林权改革	0.0253** (0.0124)	-0.0188*** (0.0053)	0.0911** (0.0404)	0.0356*** (0.0089)	-0.0153*** (0.0028)	0.1418*** (0.0218)
非农劳动力价格	0.0008 (0.0005)	0.0006*** (0.0001)	0.0034*** (0.0010)	0.0011*** (0.0002)	0.0006*** (0.0001)	0.0043*** (0.0005)
木材价格	0.0001 (0.0001)	-0.0002*** (0.0000)	-0.0008*** (0.0002)	0.0001 (0.0000)	-0.0000** (0.0000)	-0.0005*** (0.0001)
年龄	-0.0028*** (0.0006)	0.0001 (0.0005)	-0.0064 (0.0040)	-0.0034*** (0.0005)	0.0006*** (0.0002)	-0.0196*** (0.0013)
性别	0.0641** (0.0271)	-0.0252 (0.0216)	0.1121 (0.1649)	0.0449** (0.0205)	-0.0257*** (0.0064)	0.0479 (0.0500)
受教育年限	0.0007 (0.0019)	-0.0034*** (0.0009)	0.0154** (0.0070)	0.0000 (0.0014)	-0.0018*** (0.0005)	0.0100*** (0.0035)
健康状况	0.4864*** (0.0217)	-0.0268 (0.0167)	0.2453* (0.1273)	0.5562*** (0.0149)	-0.0117** (0.0047)	0.0563 (0.0363)

续表

变量	第一代农户			新生代农户		
	总生产效率	林业生产效率	非农生产效率	总生产效率	林业生产效率	非农生产效率
户主是否干部	0.0017 (0.0112)	-0.0386*** (0.0052)	0.0037 (0.0394)	0.0023 (0.0093)	-0.0149*** (0.0029)	0.1052*** (0.0227)
家庭人口数量	0.0182*** (0.0046)	-0.0075*** (0.0022)	0.0103 (0.0170)	0.0264*** (0.0036)	-0.0014 (0.0011)	0.1116*** (0.0089)
家庭劳动力数量	0.0308*** (0.0059)	-0.0031 (0.0028)	0.0687*** (0.0210)	0.0535*** (0.0049)	-0.0029* (0.0015)	0.0960*** (0.0119)
是否采伐木材	0.0095 (0.0216)	-0.1231*** (0.0100)	-0.0030 (0.0088)	0.0501 (0.0355)	-0.1122*** (0.0071)	-0.0192* (0.0100)
是否非农就业	0.1794*** (0.0086)	0.0110** (0.0050)	2.0922*** (0.0035)	0.1521*** (0.0112)	0.0032 (0.0027)	2.0952*** (0.0051)
林地面积	0.0000 (0.0002)	-0.0000 (0.0000)	-0.0001 (0.0002)	0.0002*** (0.0001)	-0.0001*** (0.0000)	-0.0001 (0.0001)
年度固定效应	控制	控制	控制	控制	控制	控制
常数项	0.2940*** (0.0613)	0.2311*** (0.0346)	-0.4162 (0.2636)	0.0513 (0.0487)	0.2306*** (0.0154)	-0.1045 (0.1190)
观测值	12562	12562	12562	974	974	974
R^2	0.267	0.072	0.049	0.315	0.061	0.146

注：*代表变量估计系数在10%统计水平上显著；**代表在5%统计水平上显著；***代表在1%统计水平上显著。

7.6.5 生产结构差异视角下林权改革对农户生产效率的影响

虽然林权改革显著提升了农户生产效率，但在不同生产结构下林权改革的政策效果是否存在明显差异？表7－16结果显示，就林业生产结构来看，林权改革对经营竹林、经济林农户林业生产效率具有显著正向效应，但对经营用材林农户林业生产效率并未产生显著影响。由此可见，林权改革后农户仍然偏好于经营生长周期较短、集约化经营程度较高以及投资回收期较短的竹林和经济林，其传统经营理念依然没有发生显著改变，而生长周期长、集约化经营程度较低和投资回收期较长的用材林的经营积极性仍然未被充分调动起来。进一步从用材林经营结构来看，林权改革对经营速生丰产林农户林业生产效率具有显著正向效应，而对经营一般用材林农户林业生产效率并未产生显著影响，进一步佐证了上述观点。就非农生产结构来看，林权改革对农户非农务工、非农创业生产效率提升具有显著正向效应，说明林权改革不仅带来农户非农务工、非农创业劳动力数量的增加，还促进农户非农务工和非农创业能力得到质的提升。

表7-16　林权改革对农户不同生产结构生产效率的影响

变量	林业生产效率					非农生产效率	
	竹林	经济林	用材林	速生丰产林	一般用材林	非农务工	非农创业
林权改革	-0.0154*** (0.0025)	-0.0159*** (0.0025)	-0.0156 (0.0148)	-0.0158*** (0.0025)	-0.0062 (0.0172)	0.0374** (0.0179)	0.0794** (0.0375)
非农劳动力价格	0.0006*** (0.0001)	0.0006*** (0.0001)	0.0007 (0.0004)	0.0006*** (0.0001)	0.0008 (0.0005)	0.0004 (0.0006)	0.0163*** (0.0018)
木材价格	-0.0001*** (0.0000)	-0.0001*** (0.0000)	-0.0001 (0.0001)	-0.0001*** (0.0000)	-0.0000 (0.0001)	0.0005 (0.0004)	0.0001 (0.0003)
年龄	0.0004*** (0.0001)	0.0004*** (0.0001)	-0.0004 (0.0006)	0.0004*** (0.0001)	0.0002 (0.0007)	-0.0019*** (0.0007)	-0.0095*** (0.0016)
性别	-0.0249*** (0.0062)	-0.0247*** (0.0062)	-0.0149 (0.0363)	-0.0256*** (0.0062)	-0.0092 (0.0373)	0.0162 (0.0322)	0.0087 (0.0702)
受教育年限	-0.0021*** (0.0004)	-0.0020*** (0.0004)	-0.0021 (0.0023)	-0.0022*** (0.0004)	-0.0034 (0.0026)	0.0036 (0.0025)	0.0200*** (0.0056)
健康状况	-0.0151*** (0.0044)	-0.0152*** (0.0044)	-0.0297 (0.0234)	-0.0149*** (0.0044)	-0.0251 (0.0275)	0.0500* (0.0271)	0.1940*** (0.0634)
户主是否干部	-0.0209*** (0.0026)	-0.0211*** (0.0026)	-0.0126 (0.0127)	-0.0214*** (0.0026)	0.0064 (0.0155)	0.0100 (0.0119)	0.0182 (0.0363)

续表

变量	林业生产效率					非农生产效率	
	竹林	经济林	用材林	速生丰产林	一般用材林	非农务工	非农创业
家庭人口数量	−0.0027*** (0.0010)	−0.0026*** (0.0010)	−0.0094* (0.0048)	−0.0024** (0.0010)	−0.0115** (0.0057)	0.0194*** (0.0058)	0.0386*** (0.0131)
家庭劳动力数量	−0.0016 (0.0013)	−0.0017 (0.0013)	−0.0120* (0.0064)	−0.0022* (0.0013)	−0.0172** (0.0075)	0.0218*** (0.0075)	0.0828*** (0.0175)
是否采伐木材	−0.1168*** (0.0058)	−0.1165*** (0.0058)	−0.1114*** (0.0162)	−0.1183*** (0.0061)	−0.1252*** (0.0173)	−0.0007 (0.0038)	−0.0049** (0.0021)
是否非农就业	0.0002 (0.0024)	0.0002 (0.0024)	0.0056 (0.0119)	0.0005 (0.0024)	0.0043 (0.0137)	0.0000 (0.0000)	0.2045*** (0.0008)
林地面积	−0.0001*** (0.0000)	−0.0001*** (0.0000)	−0.0001 (0.0001)	−0.0001*** (0.0000)	−0.0001 (0.0001)	−0.0006 (0.0005)	−0.0007*** (0.0002)
年度固定效应	控制	控制	控制	控制	控制	控制	控制
常数项	0.2362*** (0.0120)	0.2357*** (0.0120)	0.2918*** (0.0703)	0.2354*** (0.0121)	0.3058*** (0.0825)	0.8788*** (0.1562)	−0.5313*** (0.1730)
观测值	13536	13536	13536	13536	13536	13536	13536
R^2	0.060	0.061	0.096	0.061	0.113	0.048	0.108

注：* 代表变量估计系数在10%统计水平上显著；** 代表在5%统计水平上显著；*** 代表在1%统计水平上显著。

7.7 本章结论

本章利用全国9省（区）18县（市、区）农户调查数据，运用双重差分模型、Tobit模型、中介效应模型和调节效应模型分析林权改革对农户生产效率的影响及其内在作用机制。研究发现：第一，林权改革能够显著提升农户总生产效率，且经过稳健性检验、平衡趋势检验、安慰剂检验等一系列检验后证实了实证结果的可靠性。第二，林权改革通过林业生产投资、非农劳动供给、林地流转和信贷可得性以提升农户生产效率。第三，生计策略在林权改革影响农户生产效率过程中表现出异质性的调节效应，生计策略非农化程度加深弱化了林权改革对农户林业生产效率的正向效应，而强化了对农户非农生产效率的正向效应。第四，在异质性分析部分得到了更加丰富的研究结论，林权改革对经济欠发达的中西部地区、森林资源丰富度更高的南方地区、更高人力资本禀赋和新生代农户生产效率的提升效应更加显著；就生产结构的异质性来看，林权改革对短生长周期林产品的林业生产效率具有显著正向效应，而对长生长周期林产品的林业生产效率并未产生显著影响，此外，林权改革对农户非农务工和非农创业生产效率均具有明显的提升效果。

第8章

林权改革对农户家庭收入的影响

增加农户家庭收入是林权改革的重要目标和森林资源可持续经营的关键所在。土地作为农户最主要的家庭财产，国家在以土地为基础的农村产权制度上制定了一系列改革政策，旨在通过优化土地资源配置效率来激发农村生产要素活力，以此实现农户家庭收入稳定增长和全面推进乡村振兴。基于此，面对林权改革的政策冲击，农户家庭要素配置结构和经营决策将会受到影响，继而影响其家庭收入。因此，为了检验林权改革对农户家庭收入的实际影响及其内在作用机制，需要回答的政策性问题可以表述为：林权改革能否促进农户家庭收入增长？影响程度如何？又是通过何种途径实现增收？其内在作用机制是什么？林权改革增收效应持续性效果如何？

8.1 林权改革对农户家庭收入直接影响的经验性结果

本部分采取逐步回归方式对式（3－80）进行回归估计，即首先只对林权改革变量进行回归，随后加入市场特征、农户特征以及资源特征变量，进一步验证回归结果的稳健性。表 8－1 报告了林权改革影响农户家庭收入的基准回归结果。结果显示：林权改革对农户家庭总收入、林业收入和非农收入具有显著正向效应，且在加入控制变量后林权改革增收效应仍然存在，回归结果保持稳健，与理论预期一致，假说 15 得到验证。以列（2）、列（4）、列（6）估计结果为例，林权改革促使农户家庭总收入增加 1.42%、林业收入增加 1.55%、非农收入增加 2.17%，说明林权改革的确有助于农户形成积极的收入预期，从而实现家庭创收。

在控制变量方面［列（2）］，非农劳动力价格、木材价格、是否参与非农就业和是否采伐木材对农户家庭总收入具有显著正向效应，非农劳动力价格和木材价格越高，农户非农就业和林业生产的积极性也就越高，进而通过提升农户的预期收益而扩大其获利空间。年龄对农户家庭总收入具有显著负向效应，说明无论是从事林业生产还是非农就业，随着年龄的增长，其劳动能力的就业优势逐渐降低。户主性别和健康状况对农户家庭总收入具有显著正向效应。家庭人口数量、家庭劳动力数量对农户家庭总收入具有显著正向效应，显然，人口越多，从事非农就业和林业生产的劳动力也越多，劳动资本存量也就更为充足，因此农户家庭收入水平也会得到相应提升。

表 8-1 林权改革对农户家庭总收入的直接影响

变量	总收入		林业收入		非农收入	
	(1)	(2)	(3)	(4)	(5)	(6)
林权改革	0.0215*** (0.0026)	0.0142* (0.0081)	0.0240*** (0.0018)	0.0155*** (0.0018)	0.0745*** (0.0067)	0.0217*** (0.0047)
非农劳动力价格	—	0.0017*** (0.0003)	—	-0.0003*** (0.0000)	—	0.0008*** (0.0001)
木材价格	—	0.0006*** (0.0002)	—	0.0001*** (0.0000)	—	-0.0000* (0.0000)
年龄	—	-0.0015*** (0.0003)	—	-0.0002*** (0.0001)	—	-0.0024*** (0.0002)
性别	—	0.0313*** (0.0113)	—	0.0166*** (0.0045)	—	0.0247** (0.0116)
受教育年限	—	0.0016 (0.0010)	—	0.0017*** (0.0003)	—	0.0003 (0.0008)
健康状况	—	0.0302*** (0.0109)	—	0.0130*** (0.0032)	—	0.0563*** (0.0082)
户主是否干部	—	0.0001 (0.0053)	—	0.0137*** (0.0018)	—	0.0092* (0.0048)
家庭人口数量	—	0.0063*** (0.0023)	—	0.0018** (0.0007)	—	0.0072*** (0.0019)
家庭劳动力数量	—	0.0203*** (0.0032)	—	0.0014 (0.0009)	—	0.0041* (0.0025)
是否采伐木材	—	0.0403** (0.0167)	—	0.0734*** (0.0041)	—	-0.0077 (0.0108)
是否非农就业	—	0.0748*** (0.0057)	—	-0.0008 (0.0018)	—	0.5388*** (0.0046)
林地面积	—	0.0003 (0.0002)	—	0.0001*** (0.0000)	—	0.0000 (0.0000)
年度固定效应	控制	控制	控制	控制	控制	控制

续表

变量	总收入		林业收入		非农收入	
	(1)	(2)	(3)	(4)	(5)	(6)
常数项	0.8670 *** (0.0036)	0.5303 *** (0.0654)	-0.0327 *** (0.0025)	-0.0525 *** (0.0087)	0.5951 *** (0.0093)	0.1771 *** (0.0227)
观测值	13536	13536	13536	13536	13536	13536
R^2	0.078	0.321	0.052	0.109	0.073	0.579

注：* 代表变量估计系数在 10% 统计水平上显著；** 代表在 5% 统计水平上显著；*** 代表在 1% 统计水平上显著。

8.2　稳健性检验

为进一步保证模型估计结果的稳健性，本部分对基准回归估计结果进行了一系列稳健性检验。第一，林权改革从试点实施到形成稳定的产权制度安排，强化了农户事实上的产权安全感知和生产积极性，进而提高其创收能力，但在农户层面选择林权改革变量可能会在一定程度上存在自选择问题，而以所在县域林地确权比例作为林权改革的表征变量，能够有效避免实施林权改革时可能出现的自选择倾向。表 8 - 2 结果显示，林权改革对农户家庭总收入、林业收入和非农收入具有正向效应，且至少在 10% 统计水平上显著。第二，较早作为试点推进林权改革政策的省份相比于其他省份更具代表性，可能导致试点省份的农户家庭收入水平与其他省份有所差异。因此，在剔除试点推进林权改革的福建省、浙江省、江西省、辽宁省四省后，林权改革变量估计系数仍然在 1% 统计水平上对农户家庭总收入、林业收入和非农收入具有显著正向效应。第三，在推进林权改革过程中，影响农户家庭收入的相关林业政策同时交叉运行，例如采伐限额管理制度、森林保险制度、林业补贴和参加林业专业合作组织，可能导致基准回归中林权改革政策净效应有偏。因此，为排除上述政策对林权改革政策效应可能产生的干扰，在基准回归模型基础上，进一步添加上述政策虚拟变量。结果显示，在控制上述政策作用下，林权改革的政策效应虽然在一定程度上受到削弱，但增收效果依然存在。

表 8－2　　稳健性检验

变量	替换核心解释变量			剔除试点省份			排除相关政策干扰		
	总收入	林业收入	非农收入	总收入	林业收入	非农收入	总收入	林业收入	非农收入
林权改革	0.0111* (0.0063)	0.0159*** (0.0019)	0.0185*** (0.0049)	0.0156*** (0.0025)	0.0174*** (0.0024)	0.0316*** (0.0064)	0.0070* (0.0036)	0.0120*** (0.0018)	0.0212*** (0.0048)
非农劳动力价格	0.0012*** (0.0001)	-0.0004*** (0.0000)	0.0007*** (0.0001)	0.0014*** (0.0001)	-0.0002*** (0.0001)	0.0004* (0.0002)	0.0011*** (0.0001)	-0.0003*** (0.0000)	0.0008*** (0.0001)
木材价格	0.0000 (0.0000)	0.0001*** (0.0000)	0.0000 (0.0000)	0.0000*** (0.0000)	0.0000 (0.0000)	-0.0001* (0.0000)	0.0001*** (0.0000)	0.0001*** (0.0000)	-0.0000* (0.0000)
年龄	-0.0003* (0.0002)	-0.0002*** (0.0001)	-0.0025*** (0.0002)	-0.0006*** (0.0001)	-0.0006*** (0.0001)	-0.0032*** (0.0003)	-0.0003* (0.0002)	-0.0002** (0.0001)	-0.0025*** (0.0002)
性别	0.0014 (0.0079)	0.0166*** (0.0045)	0.0248** (0.0116)	0.0094* (0.0055)	0.0183*** (0.0053)	0.0448*** (0.0145)	0.0041 (0.0076)	0.0172*** (0.0044)	0.0248** (0.0116)
受教育年限	0.0041*** (0.0005)	0.0017*** (0.0003)	0.0003 (0.0008)	0.0027*** (0.0004)	0.0024*** (0.0004)	0.0006 (0.0011)	0.0031*** (0.0005)	0.0016*** (0.0003)	0.0003 (0.0008)
健康状况	0.0044 (0.0059)	0.0130*** (0.0032)	0.0560*** (0.0082)	0.0010 (0.0045)	0.0246*** (0.0044)	0.0788*** (0.0119)	0.0237*** (0.0062)	0.0131*** (0.0031)	0.0560*** (0.0082)
户主是否干部	0.0046 (0.0037)	0.0137*** (0.0018)	0.0092* (0.0048)	0.0091*** (0.0026)	0.0153*** (0.0025)	0.0111* (0.0067)	0.0142*** (0.0038)	0.0137*** (0.0018)	0.0094** (0.0048)
家庭人口数量	0.0083*** (0.0013)	0.0018** (0.0007)	0.0073*** (0.0019)	0.0103*** (0.0010)	-0.0001 (0.0010)	0.0022 (0.0026)	0.0122*** (0.0014)	0.0019*** (0.0007)	0.0072*** (0.0019)

续表

变量	替换核心解释变量			剔除试点省份			排除相关政策干扰		
	总收入	林业收入	非农收入	总收入	林业收入	非农收入	总收入	林业收入	非农收入
家庭劳动力数量	0.0109 *** (0.0016)	0.0014 (0.0009)	0.0041 * (0.0025)	0.0099 *** (0.0014)	0.0006 (0.0013)	0.0009 (0.0036)	0.0029 (0.0018)	0.0008 (0.0009)	0.0041 * (0.0025)
是否采伐木材	0.0381 *** (0.0091)	0.0736 *** (0.0041)	-0.0096 (0.0108)	0.0278 *** (0.0077)	0.0718 *** (0.0074)	-0.0374 * (0.0202)	0.0269 * (0.0143)	0.0729 *** (0.0041)	-0.0092 (0.0108)
是否非农就业	0.0803 *** (0.0032)	-0.0008 (0.0018)	0.5383 *** (0.0046)	0.0782 *** (0.0024)	-0.0005 (0.0023)	0.5119 *** (0.0063)	0.0838 *** (0.0032)	-0.0003 (0.0017)	0.5385 *** (0.0046)
林地面积	0.0001 ** (0.0000)	0.0001 *** (0.0000)	0.0000 (0.0000)	0.0000 (0.0000)	0.0001 *** (0.0000)	-0.0001 * (0.0001)	0.0002 *** (0.0000)	0.0001 *** (0.0000)	0.0000 (0.0000)
年度固定效应	控制	控制	控制	控制	控制	控制	控制	控制	控制
常数项	0.6991 *** (0.0168)	-0.0530 *** (0.0087)	0.1813 *** (0.0228)	0.7060 *** (0.0118)	-0.0275 ** (0.0114)	0.2211 *** (0.0310)	0.6709 *** (0.0158)	-0.0504 *** (0.0087)	0.1757 *** (0.0227)
观测值	13536	13536	13536	7752	7752	7752	13536	13536	13536
R^2	0.316	0.109	0.579	0.330	0.088	0.553	0.329	0.122	0.579

注：* 代表变量估计系数在 10% 统计水平上显著；** 代表在 5% 统计水平上显著；*** 代表在 1% 统计水平上显著。

8.3 平行趋势检验

由于较早推行林权改革的省、市、县或村可能是经过政府精心选择而不是随机确定的，这种可能的非随机性就无法满足双重差分模型的共同趋势假设前提条件。因此，在使用双重差分模型前，需要保证实验组与控制组在受到政策冲击之前应当具备同质性，即除了政策冲击这一方面不同外，实验组和控制组在其余各方面均应当具备相似趋势特征。第一，本部分借鉴朱文清和张莉琴（2019）的做法，首先，需要分析实验组农户在林权改革前的家庭收入水平是否与控制组农户存在显著性差异，若不存在显著性差异，表明实验组与控制组符合共同趋势假定，此时采用双重差分模型则是适合的。在此引入“实验组”这一变量，若农户截至 2017 年已经获得林权证则赋值为 1，否则为 0。试点推行林权改革政策时点是 2003 年，因此本部分考察 2003 年农户家庭收入特征则可以判别两组农户在改革前的趋势特征。表 8 - 3 结果显示［列（1）—列（3）］，林权改革之前，实验组和控制组农户家庭总收入、林业收入和非农收入具有共同趋势特征，这在一定程度上为林权改革的外生性提供了有力支撑（周黎安和陈烨，2005）。第二，本部分借鉴 Li et al.（2016）的做法，在基准回归模型基础上加入村庄特征变量与时间变量的交互项，通过控制不同村庄特征的时间趋势而排除可能由这些村庄特征时间趋势导致实验组和控制组存在的非平行趋势。结果显示［列（4）—列（6）］，林权改革对农户家庭总收入、林业收入和非农收入仍旧具有正向效应，且具备统计意义上的显著性。第三，本部分借鉴 Moser and Voena（2012）的做法，在基准回归模型基础上加入地区固定效应与时间变量的交互项。结果显示［列（7）—列（9）］，林权改革的增收效应依然具有较强稳健性。

表 8-3　　平行趋势检验

变量	(1)	(2)	(3)	(4)	(5)	(6)	(7)	(8)	(9)
	总收入	林业收入	非农收入	总收入	林业收入	非农收入	总收入	林业收入	非农收入
林权改革	0.0090 (0.0224)	0.0124 (0.0102)	0.0244 (0.0236)	0.0183 * (0.0101)	0.0388 *** (0.0040)	0.0337 *** (0.0105)	0.0111 ** (0.0048)	0.0136 *** (0.0048)	0.0267 ** (0.0112)
非农劳动力价格	0.0005 (0.0004)	-0.0001 (0.0003)	0.0005 (0.0004)	0.0011 *** (0.0002)	-0.0005 *** (0.0000)	0.0007 *** (0.0001)	0.0016 *** (0.0002)	-0.0013 *** (0.0003)	0.0015 *** (0.0005)
木材价格	0.0002 * (0.0001)	0.0007 *** (0.0002)	0.0000 (0.0001)	0.0001 *** (0.0000)	0.0001 *** (0.0000)	-0.0001 ** (0.0000)	0.0001 (0.0001)	0.0001 (0.0001)	-0.0015 ** (0.0007)
年龄	-0.0003 (0.0006)	-0.0001 (0.0003)	-0.0018 *** (0.0007)	-0.0006 *** (0.0002)	-0.0002 ** (0.0001)	-0.0024 *** (0.0002)	-0.0013 *** (0.0002)	-0.0009 *** (0.0002)	-0.0002 (0.0004)
性别	0.0156 (0.0337)	0.0206 ** (0.0101)	0.0677 * (0.0356)	0.0130 (0.0106)	0.0152 *** (0.0044)	0.0250 ** (0.0117)	0.0213 *** (0.0078)	0.0393 *** (0.0118)	0.1083 ** (0.0434)
受教育年限	0.0025 (0.0023)	0.0018 ** (0.0008)	0.0001 (0.0024)	0.0018 ** (0.0008)	0.0017 *** (0.0003)	0.0004 (0.0008)	0.0017 *** (0.0006)	0.0004 (0.0008)	0.0018 (0.0014)
健康状况	0.0378 (0.0260)	0.0083 (0.0080)	0.0358 (0.0275)	0.0029 (0.0079)	0.0104 *** (0.0031)	0.0560 *** (0.0083)	0.0145 ** (0.0063)	0.0183 ** (0.0081)	0.0507 *** (0.0152)
户主是否干部	0.0205 (0.0125)	0.0036 (0.0043)	0.0069 (0.0132)	0.0089 * (0.0047)	0.0117 *** (0.0018)	0.0087 * (0.0048)	0.0002 (0.0035)	0.0153 *** (0.0047)	0.0103 (0.0095)
家庭人口数量	0.0157 *** (0.0051)	0.0015 (0.0018)	0.0063 (0.0054)	0.0109 *** (0.0019)	0.0017 ** (0.0007)	0.0074 *** (0.0019)	0.0092 *** (0.0014)	0.0005 (0.0020)	0.0113 *** (0.0039)

续表

变量	(1)	(2)	(3)	(4)	(5)	(6)	(7)	(8)	(9)
	总收入	林业收入	非农收入	总收入	林业收入	非农收入	总收入	林业收入	非农收入
家庭劳动力数量	0.0040 (0.0064)	0.0017 (0.0021)	0.0043 (0.0068)	0.0125 *** (0.0025)	0.0014 (0.0009)	0.0045 * (0.0025)	0.0117 *** (0.0019)	0.0024 (0.0025)	0.0053 (0.0046)
是否采伐木材	0.0201 (0.0256)	0.0570 *** (0.0058)	-0.0506 * (0.0270)	0.0306 *** (0.0115)	0.0703 *** (0.0041)	-0.0064 (0.0108)	0.0302 ** (0.0126)	0.0888 *** (0.0156)	-0.0032 (0.0236)
是否非农就业	0.1994 *** (0.0114)	-0.0032 (0.0049)	0.7416 *** (0.0121)	0.0825 *** (0.0041)	-0.0014 (0.0017)	0.5385 *** (0.0046)	0.0752 *** (0.0035)	-0.0284 *** (0.0043)	0.5743 *** (0.0097)
林地面积	0.0002 ** (0.0001)	0.0002 *** (0.0000)	-0.0003 ** (0.0001)	0.0000 (0.0000)	0.0001 *** (0.0000)	0.0000 (0.0000)	0.0005 *** (0.0001)	0.0004 *** (0.0001)	-0.0000 (0.0001)
年度固定效应	—	—	—	控制	控制	控制	控制	控制	控制
村庄特征 × 时间变量	—	—	—	控制	控制	控制	—	—	—
地区特征 × 时间变量	—	—	—	—	—	—	控制	控制	控制
常数项	0.6194 *** (0.0712)	0.1484 ** (0.0602)	0.0990 (0.0752)	0.7049 *** (0.0242)	-0.0613 *** (0.0091)	0.1673 *** (0.0242)	0.7565 *** (0.0361)	-0.1498 *** (0.0305)	0.4981 *** (0.1801)
观测值	1128	1128	1128	13536	13536	13536	13536	13536	13536
R^2	0.238	0.243	0.767	0.346	0.139	0.580	0.396	0.135	0.611

注：* 代表变量估计系数在 10% 统计水平上显著；** 代表在 5% 统计水平上显著；*** 代表在 1% 统计水平上显著。

8.4　安慰剂检验

为进一步考察是否还受其他不可观测因素的干扰导致基准回归估计结果有偏，参考 Cai et al.（2016）的做法，通过随机产生林权改革政策推行时间来进行安慰剂检验。具体而言，首先，随机选取 2003—2017 年任意一年作为林权改革推行时间，并且进行随机抽样 500 次。其次，在控制市场特征、农户特征、资源特征以及时间固定效应之后，使用随机选取的林权改革变量替代基准回归模型中的林权改革变量进行 500 次双重差分估计。在此过程中，随机生成的实验组政策效果估计系数应当不显著拒绝零，否则说明基准回归模型设定存在潜在偏误。图 8－1 绘出了随机生成“伪实验组”林权改革估计系数的分布情况。结果显示，安慰剂检验下林权改革估计系数均值大多集中在 0 点附近，表明通过随机生成的“伪实验组”并没有产生明显的政策效果，且大多数林权改革估计系数所对应的 p 值都大于 0.1，拒绝安慰剂检验估计结果与真实估计结果不存在差异的原假设，而图 8－1 中竖线代表实际估计系数在安慰剂检验中的估计系数属于异常值。该结果表明林权改革的增收效应并没有因其他不可观测因素干扰而产生明显偏误，基准回归结果具有较强稳健性。

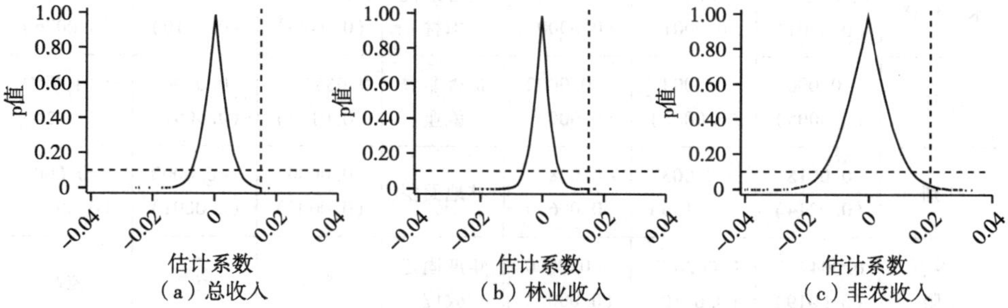

图 8－1　安慰剂检验

8.5　林权改革对不同收入农户的增收效应

前文已经验证了林权改革的增收效应，那么在我国农村社会经济发展不平衡的今天，这种增收效应是否能够缩小贫富差距尚待探究。在这部分，首先，考察林权改革增收效应是否在不同收入农户间存在显著性差异。以农户家庭总收入为例，表 8－4 报告了林权改革对不同收入农户家庭总收入的影响。结果显示，林权改革对不同收入农户家庭总收入均产生显著的增收效应，且这种促进效应随着农户家庭总收入水平上升呈现下降趋势，尤其是低收入农户表现出更强的增收效应，突出表现为“益富更益贫”特点。原因在于低收入农户对山林的依赖程度要高于高收入农户，因此林权改革的增收效应更为明显，间接说明林权改革能够在一定程度上缩小农村社会内部收入差距。其次，为保证估计结果的稳健性，本部分还进行了分位数回归，表 8－5 是对全样本采用分位数回归得到的估计结果，另外，表 8－5 的回归结果进一步对表 8－4 的研究结论提供了有力的证据支撑。

表 8－4　林权改革对不同收入农户家庭总收入的影响：分组回归

变量	低收入组	中收入组	高收入组	变量	低收入组	中收入组	高收入组
林权改革	0.0237* (0.0143)	0.0135* (0.0071)	0.0068* (0.0035)	家庭人口数量	0.0133** (0.0053)	0.0080*** (0.0027)	0.0012 (0.0014)
非农劳动力价格	0.0004 (0.0005)	-0.0001 (0.0003)	0.0000 (0.0001)	家庭劳动力数量	0.0053 (0.0068)	0.0010 (0.0035)	0.0036** (0.0018)
木材价格	0.0002*** (0.0001)	0.0000 (0.0001)	0.0000 (0.0000)	是否采伐木材	0.0347 (0.0443)	0.0230 (0.0210)	0.0103 (0.0076)
年龄	-0.0003 (0.0005)	0.0003 (0.0003)	-0.0002 (0.0002)	是否非农就业	0.0653*** (0.0114)	0.0004 (0.0057)	0.0107*** (0.0024)
性别	0.0018 (0.0214)	-0.0037 (0.0136)	0.0083 (0.0065)	林地面积	0.0000 (0.0003)	-0.0000 (0.0001)	-0.0000 (0.0001)
受教育年限	0.0047** (0.0019)	0.0020** (0.0010)	-0.0000 (0.0005)	年度固定效应	控制	控制	控制
健康状况	0.0216 (0.0174)	0.0220 (0.0144)	-0.0032 (0.0058)	常数项	0.7001*** (0.0500)	0.9859*** (0.0488)	0.9510*** (0.0173)
户主是否干部	0.0426*** (0.0111)	0.0053 (0.0051)	0.0026 (0.0026)	观测值	4512	4512	4512
				R^2	0.146	0.190	0.109

注：* 代表变量估计系数在 10% 统计水平上显著；** 代表在 5% 统计水平上显著；*** 代表在 1% 统计水平上显著。

表 8－5　　林权改革对不同收入农户家庭总收入的影响：分位数回归

变量	q10	q20	q30	q40	q50	q60	q70	q80	q90
林权改革	0.0202 *** (0.0023)	0.0168 *** (0.0020)	0.0165 *** (0.0020)	0.0146 *** (0.0020)	0.0140 *** (0.0016)	0.0140 *** (0.0019)	0.0138 *** (0.0019)	0.0128 *** (0.0019)	0.0126 *** (0.0022)
非农劳动力价格	0.0011 *** (0.0001)	0.0013 *** (0.0001)	0.0013 *** (0.0001)	0.0013 *** (0.0000)	0.0013 *** (0.0000)	0.0014 *** (0.0000)	0.0014 *** (0.0000)	0.0015 *** (0.0000)	0.0014 *** (0.0000)
木材价格	0.0001 *** (0.0000)	0.0001 *** (0.0000)	0.0001 *** (0.0000)	0.0001 *** (0.0000)	0.0001 *** (0.0000)	0.0001 *** (0.0000)	0.0001 *** (0.0000)	0.0001 *** (0.0000)	0.0001 *** (0.0000)
年龄	0.0001 (0.0001)	−0.0000 (0.0001)	−0.0001 (0.0001)	−0.0002 * (0.0001)	−0.0003 *** (0.0001)	−0.0004 *** (0.0001)	−0.0006 *** (0.0001)	−0.0006 *** (0.0001)	−0.0007 *** (0.0001)
性别	−0.0054 (0.0054)	0.0037 (0.0048)	0.0042 (0.0056)	0.0014 (0.0053)	0.0012 (0.0055)	0.0026 (0.0057)	0.0081 ** (0.0041)	0.0042 (0.0041)	0.0045 (0.0057)
受教育年限	0.0035 *** (0.0004)	0.0037 *** (0.0003)	0.0038 *** (0.0003)	0.0041 *** (0.0004)	0.0043 *** (0.0003)	0.0042 *** (0.0003)	0.0037 *** (0.0003)	0.0037 *** (0.0003)	0.0040 *** (0.0004)
健康状况	0.0056 (0.0047)	0.0010 (0.0043)	0.0028 (0.0046)	0.0047 (0.0040)	0.0067 * (0.0037)	0.0063 * (0.0034)	0.0063 * (0.0035)	0.0045 (0.0042)	0.0051 (0.0050)
户主是否干部	0.0005 (0.0026)	0.0009 (0.0024)	0.0007 (0.0026)	0.0024 (0.0022)	0.0049 ** (0.0023)	0.0049 ** (0.0020)	0.0040 ** (0.0020)	0.0027 (0.0020)	0.0035 (0.0022)
家庭人口数量	0.0080 *** (0.0010)	0.0088 *** (0.0009)	0.0081 *** (0.0009)	0.0102 *** (0.0010)	0.0103 *** (0.0008)	0.0102 *** (0.0007)	0.0097 *** (0.0008)	0.0096 *** (0.0010)	0.0102 *** (0.0011)

续表

变量	q10	q20	q30	q40	q50	q60	q70	q80	q90
家庭劳动力数量	0.0089 *** (0.0013)	0.0084 *** (0.0013)	0.0091 *** (0.0012)	0.0071 *** (0.0012)	0.0087 *** (0.0011)	0.0087 *** (0.0010)	0.0078 *** (0.0011)	0.0076 *** (0.0014)	0.0070 *** (0.0015)
是否采伐木材	0.0131 ** (0.0060)	0.0150 *** (0.0058)	0.0115 ** (0.0048)	0.0079 (0.0053)	0.0137 ** (0.0057)	0.0168 *** (0.0055)	0.0149 *** (0.0054)	0.0182 *** (0.0053)	0.0178 *** (0.0066)
是否非农就业	0.1377 *** (0.0034)	0.1109 *** (0.0028)	0.1053 *** (0.0027)	0.0920 *** (0.0023)	0.0803 *** (0.0023)	0.0727 *** (0.0022)	0.0626 *** (0.0024)	0.0584 *** (0.0025)	0.0519 *** (0.0030)
林地面积	0.0000 (0.0000)	0.0000 (0.0000)	0.0000 (0.0000)	0.0000 (0.0000)	0.0000 *** (0.0000)	0.0000 * (0.0000)	0.0000 (0.0000)	0.0000 (0.0000)	0.0000 (0.0000)
常数项	0.5593 *** (0.0125)	0.6218 *** (0.0100)	0.6461 *** (0.0108)	0.6925 *** (0.0107)	0.7188 *** (0.0094)	0.7557 *** (0.0086)	0.8118 *** (0.0086)	0.8179 *** (0.0100)	0.8387 *** (0.0135)
观测值	13536	13536	13536	13536	13536	13536	13536	13536	13536

注：* 代表变量估计系数在 10% 统计水平上显著；** 代表在 5% 统计水平上显著；*** 代表在 1% 统计水平上显著。

8.6　林权改革对农户家庭收入间接影响的经验性结果

理论上而言，林权改革主要从林业生产投资、非农劳动供给、林地流转和信贷可得性四个方面影响农户家庭收入，但还未作出严格论证。为此，本部分将进一步检验林权改革如何通过间接作用机制影响农户家庭收入。

8.6.1　中介效应分析

8.6.1.1　中介变量：林业生产投资

表 8-6 报告了林业生产投资在林权改革影响农户家庭收入中的中介效应回归结果。首先，第二步检验结果表明，林权改革能够显著激励农户增加林业资本和林业劳动力投资；其次，第三步检验结果表明，在基准回归模型中同时控制核心解释变量（林权改革）和中介变量（林业生产投资），林业生产投资对农户家庭林业收入和总收入均具有显著正向效应，且在加入中介变量后，林权改革对农户家庭林业收入和总收入的正向效应依然显著。表明林权改革能够有效激励农户通过增加林业资本和林业劳动力投资以提高林业产出，进而带来家庭收入水平的提升。结合表 8-1 已经验证的第一步检验结果，可见林业生产投资具有中介作用，与理论预期一致，假说 16 得到验证。

表 8-6　　林业生产投资中介效应检验

变量	林业资本	林业收入	总收入	林业劳动力	林业收入	总收入
林权改革	0.1509*** (0.0167)	0.0117*** (0.0017)	0.0155** (0.0071)	0.1827*** (0.0126)	0.0136*** (0.0045)	0.0170** (0.0071)
林业资本	—	0.0255*** (0.0009)	0.0233*** (0.0029)	—	—	—
林业劳动力	—	—	—	—	0.0376*** (0.0028)	0.0303*** (0.0037)

续表

变量	林业资本	林业收入	总收入	林业劳动力	林业收入	总收入
非农劳动力价格	-0.0074*** (0.0004)	-0.0002*** (0.0000)	0.0004 (0.0006)	-0.0020*** (0.0003)	-0.0001 (0.0001)	0.0005 (0.0006)
木材价格	0.0009*** (0.0001)	0.0000*** (0.0000)	0.0167*** (0.0060)	0.0001 (0.0001)	0.0000 (0.0000)	0.0118** (0.0060)
年龄	-0.0009 (0.0008)	-0.0002*** (0.0001)	-0.0008*** (0.0003)	-0.0019*** (0.0006)	-0.0000 (0.0002)	-0.0009*** (0.0003)
性别	0.1096*** (0.0414)	0.0138*** (0.0043)	0.0307* (0.0158)	0.1234*** (0.0314)	0.0237*** (0.0078)	0.0270* (0.0158)
受教育年限	0.0053** (0.0027)	0.0018*** (0.0003)	0.0027*** (0.0008)	0.0077*** (0.0021)	0.0004 (0.0006)	0.0028*** (0.0008)
健康状况	0.1637*** (0.0294)	0.0088*** (0.0031)	0.0058 (0.0091)	0.0646*** (0.0222)	0.0160** (0.0071)	0.0051 (0.0091)
户主是否干部	0.0581*** (0.0171)	0.0122*** (0.0018)	0.0125* (0.0065)	0.0348*** (0.0129)	0.0082** (0.0041)	0.0112* (0.0064)
家庭人口数量	0.0085 (0.0067)	0.0016** (0.0007)	0.0101*** (0.0019)	-0.0012 (0.0051)	0.0035** (0.0016)	0.0101*** (0.0019)
家庭劳动力数量	0.0236*** (0.0088)	0.0008 (0.0009)	0.0047* (0.0028)	0.0277*** (0.0066)	-0.0022 (0.0021)	0.0039 (0.0028)
是否采伐木材	0.3126*** (0.0384)	0.0654*** (0.0040)	0.1087** (0.0529)	0.1409*** (0.0291)	0.0822*** (0.0137)	0.1069** (0.0529)
是否非农就业	-0.0615*** (0.0163)	-0.0023 (0.0017)	0.0850*** (0.0053)	-0.0263** (0.0124)	-0.0059* (0.0036)	0.0836*** (0.0053)
林地面积	0.0010*** (0.0001)	0.0001*** (0.0000)	0.0001 (0.0002)	0.0011*** (0.0001)	0.0000 (0.0000)	0.0004** (0.0002)
年度固定效应	控制	控制	控制	控制	控制	控制
常数项	-1.1796*** (0.0809)	-0.0224*** (0.0085)	6.6899*** (2.0915)	-0.6493*** (0.0612)	-0.0721*** (0.0177)	5.0133** (2.0983)
观测值	13536	13536	13536	13536	13536	13536
R^2	0.083	0.159	0.432	0.104	0.166	0.433

注：*代表变量估计系数在10%统计水平上显著；**代表在5%统计水平上显著；***代表在1%统计水平上显著。

8.6.1.2 中介变量：非农劳动供给

表 8 - 7 报告了非农劳动供给在林权改革影响农户家庭收入中的中介效应回归结果。首先，第二步检验结果表明，林权改革能够显著激励农户增加非农劳动供给；第三步检验结果表明，在基准回归模型中同时控制核心解释变量（林权改革）和中介变量（非农劳动供给），林权改革对农户家庭非农收入和总收入的正向效应依旧保持显著，且非农劳动供给也在 1% 统计水平上显著正向影响农户家庭非农收入和总收入。结合表 8 - 1 已经验证的第一步检验结果，可见非农劳动供给具有中介作用。这表明，林权改革通过激励农户增加非农劳动供给实现了劳动力资源利用效率和非农收入的共同增长，进而提升总收入水平，与理论预期一致，假说 17 得到验证。

表 8 - 7　　非农劳动供给中介效应检验

变量	非农劳动供给	非农收入	总收入
林权改革	0.1313** (0.0584)	0.0203*** (0.0046)	0.0118** (0.0047)
非农劳动供给	—	0.0567*** (0.0030)	0.0210*** (0.0023)
非农劳动力价格	0.0053 (0.0047)	0.0006*** (0.0001)	0.0013*** (0.0002)
木材价格	-0.1466*** (0.0490)	0.0000 (0.0000)	-0.0001*** (0.0000)
年龄	-0.0277*** (0.0022)	-0.0024*** (0.0002)	-0.0014*** (0.0002)
性别	0.0626 (0.1296)	0.0136 (0.0115)	0.0265*** (0.0077)
受教育年限	0.0052 (0.0064)	0.0015** (0.0008)	0.0011** (0.0006)
健康状况	0.3388*** (0.0741)	0.0441*** (0.0082)	0.0092 (0.0063)

续表

变量	非农劳动供给	非农收入	总收入
户主是否干部	0.1088** (0.0522)	0.0088* (0.0047)	0.0034 (0.0034)
家庭人口数量	0.0387** (0.0159)	0.0038** (0.0019)	0.0078*** (0.0014)
家庭劳动力数量	0.1730*** (0.0228)	0.0116*** (0.0025)	0.0096*** (0.0019)
是否采伐木材	-0.2598 (0.4375)	-0.0017 (0.0106)	0.0277** (0.0125)
是否非农就业	14.5250*** (0.0435)	0.2920*** (0.0434)	0.2323*** (0.0343)
林地面积	-0.0025* (0.0014)	0.0000 (0.0000)	0.0006*** (0.0001)
年度固定效应	控制	控制	控制
常数项	51.4795*** (17.1362)	0.7300*** (0.0364)	0.9488*** (0.0290)
观测值	13536	13536	13536
R^2	0.290	0.591	0.404

注：* 代表变量估计系数在10%统计水平上显著；** 代表在5%统计水平上显著；*** 代表在1%统计水平上显著。

8.6.1.3 中介变量：林地流转

表8-8报告了林地流转在林权改革影响农户家庭收入中的中介效应回归结果。第二步检验结果表明，林权改革能够显著提高流转林地（转入林地和转出林地）的概率，进而影响农户林地经营规模；第三步检验结果表明，林地经营规模的扩大和缩小分别对农户家庭林业收入和非农收入具有显著正向效应，且在加入中介变量后，林权改革对农户家庭林业收入和非农收入的影响依然正向显著。结合表8-1已经验证的第一步检验结果，可见林地流转（转入林地和转出林地）具有中介作用，表明林权改革不仅通过激励农户扩大

林地经营规模以接近或达到规模效应，进而增加林业收入，还通过鼓励农户转出林地以解放土地对劳动力资源的束缚，使其可以获得更多非农就业机会，进而增加非农收入。因此，林权改革通过林地流转可以改善林地要素市场的配置效率，从而实现流转双方的利益“共赢”，与理论预期一致，假说 18 得到验证。

表 8－8　　林地流转中介效应检验

变量	林地转入	林业收入	总收入	林地转出	非农收入	总收入
林权改革	0.0389*** (0.0046)	0.0153*** (0.0027)	0.0105*** (0.0035)	0.0164*** (0.0055)	0.0165* (0.0092)	0.0112*** (0.0035)
林地转入	—	0.0146*** (0.0053)	0.0162*** (0.0061)	—	—	—
林地转出	—	—	—	—	0.0327** (0.0152)	0.0128** (0.0057)
非农劳动力价格	-0.0041*** (0.0009)	-0.0005*** (0.0000)	0.0005*** (0.0001)	0.0066*** (0.0011)	0.0009** (0.0004)	0.0005*** (0.0001)
木材价格	0.0013*** (0.0002)	0.0001*** (0.0000)	0.0000 (0.0000)	-0.0013*** (0.0003)	0.0000 (0.0001)	0.0000* (0.0000)
年龄	-0.0146*** (0.0021)	-0.0003*** (0.0001)	-0.0002 (0.0002)	-0.0094*** (0.0026)	-0.0026*** (0.0004)	-0.0003 (0.0002)
性别	0.7925*** (0.2025)	0.0144*** (0.0055)	0.0082 (0.0085)	0.0000 (0.0000)	0.0076 (0.0226)	0.0069 (0.0085)
受教育年限	0.0238*** (0.0068)	0.0007* (0.0004)	0.0025*** (0.0005)	0.0251*** (0.0085)	-0.0001 (0.0013)	0.0026*** (0.0005)
健康状况	0.0856 (0.0759)	0.0119*** (0.0041)	0.0092* (0.0054)	0.1093 (0.0895)	0.0416*** (0.0144)	0.0090* (0.0054)
户主是否干部	0.0322 (0.0408)	0.0109*** (0.0023)	0.0057* (0.0033)	0.2207*** (0.0504)	0.0015 (0.0087)	0.0042 (0.0033)
家庭人口数量	-0.0183 (0.0169)	0.0009 (0.0009)	0.0092*** (0.0012)	0.0287 (0.0213)	0.0056* (0.0032)	0.0091*** (0.0012)

续表

变量	林地转入	林业收入	总收入	林地转出	非农收入	总收入
家庭劳动力数量	0.0063 (0.0216)	0.0025 ** (0.0012)	0.0069 *** (0.0015)	-0.0026 (0.0273)	0.0065 (0.0041)	0.0069 *** (0.0015)
是否采伐木材	0.0969 (0.0879)	0.0640 *** (0.0060)	0.0146 *** (0.0055)	-0.3095 *** (0.0965)	-0.0456 *** (0.0147)	0.0148 *** (0.0055)
是否非农就业	0.0193 (0.0417)	-0.0101 *** (0.0023)	0.0973 *** (0.0032)	0.0140 (0.0537)	0.5026 *** (0.0085)	0.0965 *** (0.0032)
林地面积	0.0022 *** (0.0002)	0.0000 (0.0000)	0.0000 ** (0.0000)	0.0003 (0.0003)	-0.0001 (0.0001)	0.0001 ** (0.0000)
年度固定效应	控制	控制	控制	控制	控制	控制
常数项	-0.2726 *** (0.0270)	-0.0580 *** (0.0117)	0.7563 *** (0.0174)	-0.2474 *** (0.0235)	0.2270 *** (0.0460)	0.7572 *** (0.0174)
观测值	13536	13536	13536	13536	13536	13536
R^2	0.084	0.112	0.358	0.057	0.543	0.357

注：* 代表变量估计系数在10%统计水平上显著；** 代表在5%统计水平上显著；*** 代表在1%统计水平上显著。

8.6.1.4 中介变量：信贷可得性

表8-9报告了信贷可得性在林权改革影响农户家庭收入中的中介效应回归结果。第二步检验结果表明，林权改革对信贷可得性具有显著正向效应，以此满足农户对生产经营性资金的多种需求；第三步检验结果表明，信贷可得性对农户家庭林业收入和非农收入具有显著正向效应，且在加入中介变量后，林权改革对农户家庭林业收入和非农收入依然具有显著正向效应。结合表8-1已经验证的第一步检验结果，可见信贷可得性具有中介作用，表明林权改革通过提升信贷可得性不仅能够缓解农户在林业生产中所面临的信贷约束，提高其林业投资水平和投资能力，从而增加林业收入，还可以缓解农户在非农部门受到的生产性资本不足的约束，进而增加非农收入，与理论预期一致，假说19得到验证。

表 8－9 信贷可得性中介效应检验

变量	信贷可得性	林业收入	非农收入	总收入
林权改革	0.0297 * (0.0164)	0.0155 *** (0.0018)	0.0196 ** (0.0089)	0.0183 *** (0.0040)
信贷可得性	—	0.0138 ** (0.0062)	0.0315 ** (0.0160)	0.0161 ** (0.0064)
非农劳动力价格	－0.0171 *** (0.0024)	－0.0003 *** (0.0000)	0.0011 *** (0.0003)	0.0014 *** (0.0001)
木材价格	0.0007 (0.0007)	0.0001 *** (0.0000)	0.0000 (0.0001)	0.0001 *** (0.0000)
年龄	－0.0052 (0.0057)	－0.0002 *** (0.0001)	－0.0008 ** (0.0004)	－0.0007 *** (0.0002)
性别	0.0000 (0.0000)	0.0165 *** (0.0045)	0.0486 ** (0.0231)	0.0121 (0.0090)
受教育年限	0.0418 ** (0.0186)	0.0017 *** (0.0003)	－0.0007 (0.0012)	0.0019 *** (0.0006)
健康状况	0.1724 (0.1833)	0.0130 *** (0.0032)	0.0225 * (0.0123)	0.0005 (0.0062)
户主是否干部	0.1749 (0.1155)	0.0136 *** (0.0018)	0.0019 (0.0074)	0.0070 * (0.0038)
家庭人口数量	0.0005 (0.0488)	0.0019 ** (0.0007)	0.0130 *** (0.0030)	0.0115 *** (0.0014)
家庭劳动力数量	0.0300 (0.0618)	0.0014 (0.0009)	0.0070 * (0.0036)	0.0087 *** (0.0020)
是否采伐木材	0.6060 *** (0.1603)	0.0732 *** (0.0041)	－0.0325 *** (0.0125)	0.0177 * (0.0105)
是否非农就业	－0.0381 (0.1188)	0.0008 (0.0018)	0.5589 *** (0.0079)	0.0834 *** (0.0033)
林地面积	0.0029 *** (0.0003)	0.0001 *** (0.0000)	－0.0000 (0.0000)	－0.0000 (0.0000)

续表

变量	信贷可得性	林业收入	非农收入	总收入
年度固定效应	控制	控制	控制	控制
常数项	-0.3994*** (0.0617)	-0.0521*** (0.0087)	0.1540*** (0.0542)	0.7139*** (0.0183)
观测值	13536	13536	13536	13536
R^2	0.242	0.109	0.603	0.339

注：* 代表变量估计系数在10%统计水平上显著；** 代表在5%统计水平上显著；*** 代表在1%统计水平上显著。

8.6.2 调节效应分析

鉴于林权改革对农户家庭收入具有显著影响，有必要进一步探究林权改革政策效应得以发挥的边界条件。对于采取不同生计策略的农户而言，林权改革对其家庭收入可能存在异质性影响，这里主要关注生计策略与林权改革交叉项的估计结果。为了尽可能减少甚至消除样本数据的多重共线性和自相关性的干扰，在进行调节效应检验前，对核心解释变量（林权改革）和调节变量（生计策略）采取中心化的方式进行处理，所得系数均为中心化系数。表8-10结果显示，林权改革和生计策略的去中心化交叉项估计系数在1%统计水平上对农户家庭总收入具有显著正向效应，说明生计策略非农化程度越高，林权改革对农户家庭总收入的正向效应越大。

分收入结构来看，林权改革和生计策略的去中心化交叉项估计系数在10%统计水平上对农户家庭林业收入具有显著负向效应，而在1%统计水平上对其非农收入具有显著正向效应。由此可以判别，随着生计策略非农化程度的加深，林权改革对农户家庭林业收入的正向效应呈现逐渐减弱态势，而对其非农收入的正向效应则呈现逐渐增强态势，说明生计策略在林权改革影响农户家庭林业收入和非农收入中具有异质性调节作用，与理论预期一致，假说20得到验证。

表 8-10　　调节效应检验（一）

变量	总收入	林业收入	非农收入
林权改革	0.0126* (0.0069)	0.0226*** (0.0049)	0.0041*** (0.0014)
生计策略	0.0105*** (0.0009)	-0.0033*** (0.0007)	0.0767*** (0.0002)
林权改革×生计策略	0.0187*** (0.0014)	-0.0016* (0.0009)	0.0034*** (0.0003)
非农劳动力价格	0.0017*** (0.0002)	0.0001 (0.0002)	0.0012*** (0.0000)
木材价格	0.0000 (0.0001)	0.0000 (0.0000)	-0.0000** (0.0000)
年龄	-0.0010*** (0.0003)	-0.0002 (0.0002)	-0.0005*** (0.0001)
性别	0.0368** (0.0162)	0.0308*** (0.0098)	0.0114*** (0.0034)
受教育年限	0.0031*** (0.0009)	0.0005 (0.0007)	0.0032*** (0.0002)
健康状况	0.0237** (0.0100)	0.0246*** (0.0073)	0.0072*** (0.0024)
户主是否干部	0.0159** (0.0065)	0.0167*** (0.0043)	0.0040*** (0.0014)
家庭人口数量	0.0063*** (0.0024)	0.0040** (0.0018)	0.0088*** (0.0006)
家庭劳动力数量	0.0188*** (0.0031)	-0.0020 (0.0023)	0.0077*** (0.0007)
是否采伐木材	0.0241 (0.0151)	0.0844*** (0.0104)	-0.0054* (0.0031)
是否非农就业	0.0565*** (0.0073)	-0.0036 (0.0050)	0.0893*** (0.0018)

续表

变量	总收入	林业收入	非农收入
林地面积	0.0001** (0.0000)	0.0001 (0.0000)	-0.0000*** (0.0000)
年度固定效应	控制	控制	控制
常数项	0.7303*** (0.0322)	-0.1164*** (0.0215)	0.5808*** (0.0068)
观测值	13536	13536	13536
R^2	0.358	0.145	0.964

注：* 代表变量估计系数在10%统计水平上显著；** 代表在5%统计水平上显著；*** 代表在1%统计水平上显著。

此外，为了更加直观了解生计策略差异的影响，本部分进一步考察林权改革与生计策略的交互效应，以生计策略非农化程度的高低为标准，将生计策略分为纯农户、兼业户和非农户进行分组回归，进一步探讨不同生计策略下林权改革影响农户家庭总收入的差异性。表8－11结果显示，林权改革影响农户家庭总收入的估计系数由0.0042升至0.0813，表明林权改革的正向影响随着农户生计策略非农化程度的提高而变大，尤其在生计策略选择非农化程度较高的样本农户中，例如非农户，林权改革对其家庭总收入的正向效应更大。

表8－11　调节效应稳健性检验（二）

变量	非农就业		
	纯农户	兼业户	非农户
林权改革	0.0042** (0.0020)	0.0052** (0.0025)	0.0813** (0.0330)
非农劳动力价格	0.0012*** (0.0000)	0.0012*** (0.0000)	0.0019 (0.0021)
木材价格	-0.0000 (0.0000)	0.0000 (0.0000)	0.0034*** (0.0007)
年龄	-0.0006*** (0.0001)	-0.0000 (0.0001)	-0.0018 (0.0014)

续表

变量	非农就业		
	纯农户	兼业户	非农户
性别	0.0082 (0.0057)	0.0065 (0.0050)	0.1082 (0.0854)
受教育年限	0.0038 *** (0.0003)	0.0034 *** (0.0004)	-0.0008 (0.0052)
健康状况	0.0065 * (0.0036)	0.0047 (0.0040)	0.0087 (0.0529)
户主是否干部	0.0055 *** (0.0020)	0.0033 (0.0025)	0.0991 ** (0.0391)
家庭人口数量	0.0085 *** (0.0008)	0.0104 *** (0.0010)	0.0029 (0.0148)
家庭劳动力数量	0.0096 *** (0.0011)	0.0079 *** (0.0012)	0.0222 (0.0190)
是否采伐木材	0.0215 *** (0.0039)	0.0228 * (0.0131)	-0.0004 (0.1114)
是否非农就业	0.0780 *** (0.0024)	0.1074 *** (0.0044)	0.1191 *** (0.0341)
林地面积	0.0000 ** (0.0000)	0.0000 ** (0.0000)	0.0001 (0.0001)
年度固定效应	控制	控制	控制
常数项	0.7519 *** (0.0101)	0.7247 *** (0.0118)	-0.6302 *** (0.2283)
观测值	3512	6172	3852
R^2	0.415	0.431	0.446

注：* 代表变量估计系数在 10% 统计水平上显著；** 代表在 5% 统计水平上显著；*** 代表在 1% 统计水平上显著。

分收入结构来看，表 8-12 结果显示，林权改革对农户家庭林业收入影响的估计系数由 0.0433 降至 0.0129，表明林权改革的正向影响随着农户生计策略非农化程度的提高而变小，尤其在生计策略非农化程度较高的样本中，例如非农户，林权改革对其林业收入并未产生显著的政策效应；林权改革影响农户家庭非农收入的估计系数由0.0054增至0.0327，表明林权改革的正向影响随着农户生计策略非农化程度的提高而变大，尤其在生计策略选择非农化程度较低的样本中，例如纯农户，林权改革对其非农收入并未产生显著影响。因此，由于林业生产和非农就业两种就业类型特征的差异，促使生计策略在林权改革影响农户家庭林业收入和非农收入过程中表现出不确定的调节效应，分组回归结果进一步佐证了上述观点。

表8-12　　调节效应稳健性检验（三）

变量	纯农户		兼业户		非农户	
	林业收入	非农收入	林业收入	非农收入	林业收入	非农收入
林权改革	0.0433*** (0.0129)	0.0054 (0.0034)	0.0305*** (0.0033)	0.0069*** (0.0022)	0.0129 (0.0081)	0.0327*** (0.0113)
非农劳动力价格	-0.0026*** (0.0004)	0.0012*** (0.0001)	-0.0004*** (0.0001)	0.0014*** (0.0001)	-0.0005*** (0.0001)	0.0004 (0.0003)
木材价格	0.0000 (0.0000)	0.0000 (0.0000)	0.0001*** (0.0000)	0.0000 (0.0000)	0.0001*** (0.0000)	-0.0000 (0.0001)
年龄	-0.0003 (0.0005)	-0.0001 (0.0001)	0.0001 (0.0002)	-0.0005*** (0.0001)	-0.0005*** (0.0001)	-0.0034*** (0.0005)
性别	0.0350 (0.0215)	-0.0081 (0.0051)	0.0045 (0.0066)	0.0192*** (0.0064)	0.0035 (0.0075)	0.1143*** (0.0308)
受教育年限	0.0031* (0.0017)	0.0036*** (0.0004)	0.0011** (0.0005)	0.0039*** (0.0004)	0.0023*** (0.0004)	-0.0011 (0.0019)
健康状况	0.0469*** (0.0173)	0.0030 (0.0041)	0.0081 (0.0053)	0.0117*** (0.0041)	0.0022 (0.0048)	-0.0014 (0.0212)
户主是否干部	0.0346*** (0.0085)	0.0033 (0.0026)	0.0108*** (0.0034)	0.0011 (0.0023)	0.0146*** (0.0026)	0.0442*** (0.0118)
家庭人口数量	0.0068 (0.0041)	0.0102*** (0.0010)	0.0034*** (0.0013)	0.0093*** (0.0009)	0.0023** (0.0011)	0.0122*** (0.0046)

续表

变量	纯农户		兼业户		非农户	
	林业收入	非农收入	林业收入	非农收入	林业收入	非农收入
家庭劳动力数量	-0.0060 (0.0054)	0.0078 *** (0.0013)	0.0009 (0.0016)	0.0104 *** (0.0012)	0.0009 (0.0014)	0.0207 *** (0.0061)
是否采伐木材	0.0620 ** (0.0296)	0.0216 (0.0134)	0.0791 *** (0.0174)	-0.0105 ** (0.0044)	0.0619 *** (0.0052)	-0.0545 ** (0.0238)
是否非农就业	0.0180 (0.0130)	0.1068 *** (0.0045)	-0.0312 *** (0.0059)	0.1006 *** (0.0027)	-0.0163 *** (0.0031)	0.5085 *** (0.0127)
林地面积	0.0003 ** (0.0001)	-0.0000 ** (0.0000)	0.0001 *** (0.0000)	-0.0000 ** (0.0000)	0.0001 *** (0.0000)	-0.0001 (0.0001)
年度固定效应	控制	控制	控制	控制	控制	控制
常数项	-0.2540 *** (0.0476)	0.7183 *** (0.0121)	-0.1075 *** (0.0157)	0.6645 *** (0.0114)	-0.0278 ** (0.0133)	-0.1686 *** (0.0559)
观测值	3512	3512	6172	6172	3852	3852
R^2	0.298	0.423	0.133	0.423	0.132	0.431

注：* 代表变量估计系数在 10% 统计水平上显著；** 代表在 5% 统计水平上显著；*** 代表在 1% 统计水平上显著。

8.7　异质性分析

8.7.1　经济发展水平差异视角下林权改革对农户家庭收入的影响

表 8-13 报告了经济发展水平差异下林权改革对农户家庭收入影响的分组回归结果。结果显示，相比于东部地区，林权改革对中西部地区农户的增收效应更强。究其原因，地区经济发展水平使得农户对山林依赖程度和所面临的经济环境市场化程度存在明显差异，由此形成异质性的林地需求属性和劳动力行为决策偏好，进而影响林权改革对农户家庭收入的实际作用效果。

具体来说，东部地区经济发展水平更高，并且就近非农就业机会更多，虽然强化林地产权稳定性能够大大降低失地风险，但是稳定的产权制度安排对诱导其非农就业的激励效应相对有限，并且较低山林依赖程度大幅弱化了林地对东部地区农户的经济保障功能，使林权改革的增收效应相对有限。而中西部地区经济发展水平较低，意味着林地对农户具有更强的经济收益功能和物质保障功能，并且就近非农就业机会较少，为进一步扩大家庭收入约束边界，提升林地产权稳定性对其非农就业具有更大的激励效应。因此，林权改革对中西部地区农户家庭增收效应更加明显。

表 8-13　林权改革对农户家庭收入的影响：基于经济发展水平差异视角

变量	东部地区			中西部地区		
	总收入	林业收入	非农收入	总收入	林业收入	非农收入
林权改革	0.0134* (0.0073)	0.0138*** (0.0027)	0.0064 (0.0072)	0.0291*** (0.0100)	0.0183*** (0.0027)	0.0205*** (0.0068)
非农劳动力价格	0.0003 (0.0006)	-0.0001 (0.0001)	0.0011*** (0.0003)	0.0001 (0.0003)	-0.0011*** (0.0001)	0.0017*** (0.0002)
木材价格	0.0160*** (0.0062)	0.0000 (0.0000)	0.0001 (0.0000)	0.0003*** (0.0000)	0.0001*** (0.0000)	-0.0003*** (0.0000)
年龄	-0.0011*** (0.0003)	-0.0003** (0.0001)	-0.0030*** (0.0003)	-0.0005 (0.0003)	-0.0001 (0.0001)	-0.0017*** (0.0003)
性别	0.0221 (0.0162)	0.0119** (0.0050)	0.0377*** (0.0135)	0.0039 (0.0141)	0.0346*** (0.0088)	0.0311 (0.0220)
受教育年限	0.0017** (0.0008)	0.0030*** (0.0004)	0.0014 (0.0010)	-0.0000 (0.0012)	0.0002 (0.0005)	0.0022* (0.0011)
健康状况	0.0012 (0.0093)	0.0218*** (0.0041)	0.0501*** (0.0109)	0.0348*** (0.0121)	0.0038 (0.0049)	0.0625*** (0.0123)
户主是否干部	0.0031 (0.0065)	0.0105*** (0.0023)	0.0029 (0.0062)	0.0216*** (0.0064)	0.0154*** (0.0030)	0.0103 (0.0075)
家庭人口数量	0.0094*** (0.0020)	0.0013 (0.0009)	0.0024 (0.0024)	0.0192*** (0.0032)	0.0003 (0.0012)	0.0105*** (0.0031)
家庭劳动力数量	0.0040 (0.0029)	0.0020* (0.0012)	0.0002 (0.0031)	0.0036 (0.0041)	0.0060*** (0.0015)	0.0090** (0.0039)

续表

变量	东部地区			中西部地区		
	总收入	林业收入	非农收入	总收入	林业收入	非农收入
是否采伐木材	0.1009* (0.0544)	0.0660*** (0.0047)	-0.0168 (0.0124)	0.0490** (0.0224)	0.0764*** (0.0086)	0.0054 (0.0216)
是否非农就业	0.0865*** (0.0054)	-0.0052** (0.0023)	0.4773*** (0.0061)	0.0873*** (0.0059)	-0.0075*** (0.0027)	0.6071*** (0.0068)
林地面积	0.0008*** (0.0002)	0.0001*** (0.0000)	-0.0001 (0.0000)	0.0002 (0.0001)	0.0001*** (0.0000)	0.0001 (0.0000)
年度固定效应	控制	控制	控制	控制	控制	控制
常数项	6.4538*** (2.1506)	-0.0261** (0.0108)	0.2079*** (0.0289)	0.6205*** (0.0334)	-0.1408*** (0.0153)	-0.0109 (0.0384)
观测值	5856	5856	5856	7680	7680	7680
R^2	0.399	0.107	0.518	0.402	0.156	0.661

注：*代表变量估计系数在 10% 统计水平上显著；** 代表在 5% 统计水平上显著；*** 代表在 1% 统计水平上显著。

8.7.2　森林资源禀赋差异视角下林权改革对农户家庭收入的影响

由于不同区域森林资源禀赋具有明显差异，可能造成各地区政府对林权改革政策的响应程度和实施积极性存在明显差异，进而对农户家庭收入产生不同的政策效果。表 8－14 报告了森林资源禀赋差异下林权改革对农户家庭收入影响的分组回归结果。结果显示，在考虑森林资源禀赋差异的情况下，相比于北方地区，林权改革对集体林资源禀赋更高的南方地区农户的增收效应更强。分收入来源来看，林权改革对南方地区农户家庭林业收入的正向效应更大，但对其非农收入的正向效应要弱于北方地区。究其原因，在森林资源更加丰富的南方地区，农户对山林的依赖程度往往较之北方地区要更高，且在林权改革政策激励作用下，森林资源更加丰富的南方地区农户家庭更加倾向于增加林业投资以获取更为可观的林地经济收益。因此，林权改革对其林业收入的促增效应更加明显。相对应地，由于森林资源禀赋劣势，林权改革对少林的北方地区农户家庭的劳动力非农就业转移具有更大的激励作用。

表 8－14　林权改革对农户家庭收入的影响：基于森林资源禀赋差异视角

变量	北方地区			南方地区		
	总收入	林业收入	非农收入	总收入	林业收入	非农收入
林权改革	0.0189*** (0.0045)	0.0020 (0.0034)	0.0237*** (0.0090)	0.0291*** (0.0100)	0.0186*** (0.0022)	0.0119** (0.0058)
非农劳动力价格	0.0008*** (0.0001)	－0.0007*** (0.0002)	0.0000 (0.0004)	0.0001 (0.0003)	－0.0004*** (0.0000)	0.0011*** (0.0001)
木材价格	0.0000** (0.0000)	0.0000 (0.0000)	－0.0003*** (0.0000)	0.0003*** (0.0000)	0.0001*** (0.0000)	0.0000 (0.0000)
年龄	－0.0011*** (0.0002)	－0.0011*** (0.0002)	－0.0033*** (0.0005)	－0.0005 (0.0003)	－0.0003*** (0.0001)	－0.0022*** (0.0003)
性别	0.0231*** (0.0077)	0.0297*** (0.0090)	0.0207 (0.0241)	0.0039 (0.0141)	0.0153*** (0.0049)	0.0222* (0.0130)
受教育年限	0.0007 (0.0007)	0.0022*** (0.0006)	0.0001 (0.0015)	－0.0000 (0.0012)	0.0003 (0.0003)	0.0005 (0.0009)
健康状况	0.0014 (0.0070)	0.0085 (0.0061)	0.0950*** (0.0164)	0.0348*** (0.0121)	0.0122*** (0.0035)	0.0316*** (0.0094)
户主是否干部	0.0069* (0.0036)	0.0074** (0.0037)	0.0099 (0.0101)	0.0216*** (0.0064)	0.0095*** (0.0020)	0.0030 (0.0054)
家庭人口数量	0.0130*** (0.0016)	0.0039*** (0.0014)	0.0088** (0.0039)	0.0192*** (0.0032)	0.0020** (0.0008)	0.0053** (0.0021)
家庭劳动力数量	0.0121*** (0.0022)	0.0087*** (0.0020)	0.0152*** (0.0053)	0.0036 (0.0041)	0.0019* (0.0010)	0.0008 (0.0027)
是否采伐木材	0.0384*** (0.0117)	0.1041*** (0.0156)	－0.0090 (0.0418)	0.0490** (0.0224)	0.0629*** (0.0041)	－0.0134 (0.0108)
是否非农就业	0.0799*** (0.0036)	－0.0156*** (0.0031)	0.5819*** (0.0084)	0.0873*** (0.0059)	－0.0021 (0.0021)	0.5064*** (0.0055)
林地面积	0.0003*** (0.0001)	0.0001*** (0.0000)	0.0001 (0.0001)	0.0002 (0.0001)	0.0001*** (0.0000)	－0.0001 (0.0000)
年度固定效应	控制	控制	控制	控制	控制	控制

续表

变量	北方地区			南方地区		
	总收入	林业收入	非农收入	总收入	林业收入	非农收入
常数项	0.7260*** (0.0195)	-0.0730*** (0.0183)	0.0874* (0.0492)	0.6205*** (0.0334)	-0.0490*** (0.0098)	0.1978*** (0.0261)
观测值	4416	4416	4416	9120	9120	9120
R^2	0.405	0.116	0.619	0.402	0.108	0.551

注：* 代表变量估计系数在 10% 统计水平上显著；** 代表在 5% 统计水平上显著；*** 代表在 1% 统计水平上显著。

8.7.3　人力资本禀赋差异视角下林权改革对农户家庭收入的影响

人力资本禀赋差异通过生产要素配置效应对农户劳动生产率和劳动报酬率产生显著影响（李实，1999；黄斌和徐彩群，2013），因此，不同人力资本禀赋农户对林权改革政策的响应程度必然存在明显差异，进而影响其家庭收入。本部分主要从人力资本质量和数量两方面考察不同人力资本禀赋下林权改革增收效应的异质性。为此，将劳动力数量和受教育年限分别作为人力资本数量和质量的表征变量。劳动力数量和受教育年限按低于和高于平均值的标准分为人力资本低、高数量两组和人力资本低、高质量两组，并以此进行分组回归。表 8 – 15 报告了人力资本禀赋差异下林权改革对农户家庭收入影响的分组回归结果。结果显示，在考虑人力资本禀赋差异的情况下，林权改革的增收效应仍然存在，但是林权改革对更高人力资本禀赋农户家庭的增收效应更为明显。究其原因，其一，随着人力资本的提高，农户会更加理性地按照更有效的劳动力分工和更精准的市场化需求进行林业生产经营，实现在更低成本要素组合中完成林业生产要素的配置和交换，使林权改革对更高人力资本禀赋农户家庭具有更大的要素激励作用，进而促进农户家庭整体劳动生产效率和林业收入的提高。其二，具有更高人力资本禀赋的农户家庭在教育水平、相关专业技术或技能、新思想新观念接受能力等方面更为突出，促使其在非农就业中“干中学”的能力也会不断增强。因此，林权改革对具有更高人力资本禀赋农户将更多家庭劳动力配置于非农部门会产生更加明显的激励效应，进而实现非农收入的增加。

表 8－15　林权改革对农户家庭收入的影响：基于人力资本禀赋差异视角

变量	人力资本质量						人力资本数量					
	低人力资本质量组			高人力资本质量组			低人力资本数量组			高人力资本数量组		
	总收入	林业收入	非农收入	总收入	林业收入	非农收入	总收入	林业收入	非农收入	总收入	林业收入	非农收入
林权改革	0.0164 *** (0.0049)	0.0108 *** (0.0026)	0.0166 *** (0.0063)	0.0307 ** (0.0128)	0.0201 *** (0.0025)	0.0254 *** (0.0068)	0.0146 ** (0.0058)	0.0147 *** (0.0026)	0.0171 *** (0.0061)	0.0214 *** (0.0075)	0.0151 *** (0.0025)	0.0303 *** (0.0069)
非农劳动力价格	0.0011 *** (0.0002)	-0.0003 *** (0.0001)	0.0010 *** (0.0001)	0.0005 (0.0005)	-0.0003 *** (0.0001)	0.0007 *** (0.0002)	0.0003 (0.0003)	-0.0005 *** (0.0001)	0.0011 *** (0.0001)	0.0020 *** (0.0003)	-0.0002 *** (0.0001)	0.0006 *** (0.0002)
木材价格	0.0000 (0.0000)	0.0001 *** (0.0000)	0.0000 (0.0000)	0.0003 *** (0.0001)	0.0001 *** (0.0000)	0.0000 (0.0000)	0.0001 *** (0.0000)	0.0001 *** (0.0000)	0.0000 (0.0000)	0.0000 (0.0002)	0.0001 *** (0.0000)	-0.0001 ** (0.0000)
年龄	-0.0016 *** (0.0002)	-0.0001 (0.0001)	-0.0025 *** (0.0003)	-0.0004 (0.0005)	-0.0003 *** (0.0001)	-0.0024 *** (0.0003)	-0.0007 *** (0.0002)	-0.0003 ** (0.0001)	-0.0010 *** (0.0003)	-0.0001 (0.0003)	-0.0001 (0.0001)	-0.0028 *** (0.0003)
性别	0.0232 *** (0.0075)	0.0029 (0.0079)	-0.0004 (0.0192)	0.0577 (0.0426)	0.0230 *** (0.0054)	0.0296 ** (0.0148)	0.0153 (0.0124)	0.0281 *** (0.0061)	0.0255 * (0.0143)	0.0409 *** (0.0119)	0.0056 (0.0066)	0.0276 (0.0183)
受教育年限	0.0023 *** (0.0008)	0.0022 *** (0.0007)	0.0023 (0.0017)	0.0055 ** (0.0026)	-0.0010 (0.0006)	0.0002 (0.0017)	0.0007 (0.0008)	0.0021 *** (0.0004)	0.0011 (0.0010)	0.0024 ** (0.0010)	0.0013 *** (0.0004)	0.0006 (0.0011)
健康状况	0.0176 ** (0.0072)	0.0247 *** (0.0056)	0.0778 *** (0.0137)	0.0969 *** (0.0225)	0.0061 (0.0039)	0.0416 *** (0.0107)	0.0183 ** (0.0082)	0.0027 (0.0060)	0.0362 ** (0.0141)	0.0318 ** (0.0145)	0.0144 *** (0.0043)	0.0072 (0.0119)
户主是否干部	0.0019 (0.0039)	0.0149 *** (0.0024)	0.0210 *** (0.0059)	0.0222 *** (0.0085)	0.0121 *** (0.0029)	0.0171 ** (0.0079)	0.0071 (0.0053)	0.0109 *** (0.0025)	0.0130 ** (0.0059)	0.0009 (0.0048)	0.0165 *** (0.0027)	0.0037 (0.0075)
家庭人口数量	0.0118 *** (0.0017)	0.0033 *** (0.0010)	0.0063 ** (0.0025)	0.0166 *** (0.0049)	0.0001 (0.0010)	0.0101 *** (0.0028)	0.0136 *** (0.0019)	0.0030 *** (0.0011)	0.0147 *** (0.0026)	0.0045 (0.0028)	0.0010 (0.0010)	0.0106 *** (0.0028)

续表

变量	人力资本质量						人力资本数量					
	低人力资本质量组			高人力资本质量组			低人力资本数量组			高人力资本数量组		
	总收入	林业收入	非农收入	总收入	林业收入	非农收入	总收入	林业收入	非农收入	总收入	林业收入	非农收入
家庭劳动力数量	0.0150 *** (0.0023)	0.0008 (0.0013)	0.0023 (0.0032)	0.0015 (0.0060)	0.0039 *** (0.0014)	0.0041 (0.0037)	0.0047 (0.0030)	0.0015 (0.0017)	0.0026 (0.0040)	0.0136 *** (0.0041)	0.0065 ** (0.0025)	0.0704 *** (0.0071)
是否采伐木材	0.0348 *** (0.0127)	0.0790 *** (0.0059)	-0.0153 (0.0143)	0.0522 * (0.0281)	0.0664 *** (0.0058)	-0.0026 (0.0159)	0.0116 (0.0242)	0.0716 *** (0.0056)	-0.0343 *** (0.0132)	0.0134 (0.0146)	0.0756 *** (0.0061)	0.0205 (0.0169)
是否非农就业	0.0724 *** (0.0039)	-0.0034 (0.0026)	0.6050 *** (0.0064)	0.0905 *** (0.0085)	-0.0037 (0.0024)	0.4841 *** (0.0065)	0.0888 *** (0.0045)	-0.0031 (0.0027)	0.5988 *** (0.0063)	0.0723 *** (0.0059)	0.0037 (0.0024)	0.5115 *** (0.0066)
林地面积	0.0002 * (0.0001)	0.0001 *** (0.0000)	0.0000 (0.0000)	0.0003 (0.0002)	0.0001 *** (0.0000)	-0.0000 (0.0000)	0.0004 *** (0.0001)	0.0001 *** (0.0000)	0.0000 (0.0000)	0.0002 (0.0002)	0.0001 *** (0.0000)	0.0000 (0.0000)
年度固定效应	控制	控制	控制	控制	控制	控制	控制	控制	控制	控制	控制	控制
常数项	0.7568 *** (0.0215)	-0.0510 *** (0.0149)	0.0993 *** (0.0361)	0.5261 *** (0.0675)	-0.0514 *** (0.0116)	0.1999 *** (0.0317)	0.7599 *** (0.0261)	-0.0392 *** (0.0133)	0.1279 *** (0.0312)	0.7350 *** (0.0648)	-0.0543 *** (0.0124)	0.2027 *** (0.0343)
观测值	6588	6588	6588	6948	6948	6948	7247	7247	7247	6289	6289	6289
R^2	0.430	0.095	0.631	0.402	0.130	0.540	0.372	0.111	0.632	0.404	0.115	0.546

注：* 代表变量估计系数在 10% 统计水平上显著；** 代表在 5% 统计水平上显著；*** 代表在 1% 统计水平上显著。

8.7.4 代际差异视角下林权改革对农户家庭收入的影响

借鉴何可和张俊飚（2014）的做法，本部分以1980年出生为界，若户主是1980年以前出生，则视为第一代农户，若出生在1980年之后，则视为新生代农户。表8－16报告了代际差异视角下林权改革对农户家庭收入影响的分组回归结果。结果显示，在考虑代际差异的情况下，相比于第一代农户，林权改革对新生代农户家庭的增收效应更强，但是林权改革对第一代农户林业收入的促增效应更为明显，而对其非农收入的促增效应要弱于新生代农户。究其原因，不同年龄层级农户面对林地产权制度安排表现出不同的林地价值观，进而产生差异性的禀赋效应和行为决策。第一代农户年龄相对较大，大多具备熟练的林业生产技能、根深蒂固的"以地养老"思想观念，由于处于生命周期阶段的末端，劳动能力逐渐弱化，导致其在非农就业市场往往容易受到歧视和排挤，进而形成通过增加林业生产投资以提高林业收入的就业和生存格局。而新生代农户处于生命周期阶段的前期，其在教育程度、劳动能力、新技能培训和新观念接受能力等方面要更优，更加适合具有更多非农就业机会的城市生活，造成其思想观念不再局限于安土重迁的束缚，对林地的情感依赖相对淡薄。因此，林权改革激励新生代农户将更多劳动力配置到非农部门，进而增加非农收入。

表8－16　林权改革对农户家庭收入的影响：基于代际差异视角

变量	新生代农户			第一代农户		
	总收入	林业收入	非农收入	总收入	林业收入	非农收入
林权改革	0.0274*** (0.0104)	0.0156*** (0.0020)	0.0252*** (0.0055)	0.0133** (0.0064)	0.0166*** (0.0039)	0.0176** (0.0083)
非农劳动力价格	0.0000 (0.0004)	-0.0004*** (0.0000)	0.0006*** (0.0001)	0.0005* (0.0003)	-0.0003*** (0.0001)	0.0015*** (0.0002)
木材价格	0.0004*** (0.0000)	0.0001*** (0.0000)	-0.0001* (0.0000)	0.0002*** (0.0000)	0.0001*** (0.0000)	-0.0000 (0.0000)
年龄	-0.0019*** (0.0004)	-0.0004*** (0.0001)	-0.0023*** (0.0003)	-0.0014*** (0.0002)	0.0003 (0.0004)	-0.0019** (0.0008)

续表

变量	新生代农户			第一代农户		
	总收入	林业收入	非农收入	总收入	林业收入	非农收入
性别	0.0004 (0.0136)	0.0183*** (0.0047)	0.0266** (0.0125)	0.0203 (0.0125)	0.0028 (0.0157)	0.0328 (0.0338)
受教育年限	0.0001 (0.0012)	0.0015*** (0.0003)	0.0005 (0.0009)	0.0011 (0.0007)	0.0026*** (0.0007)	0.0002 (0.0014)
健康状况	0.0202 (0.0126)	0.0104*** (0.0034)	0.0551*** (0.0091)	0.0086 (0.0091)	0.0250** (0.0121)	0.0493* (0.0261)
户主是否干部	0.0255*** (0.0068)	0.0106*** (0.0021)	0.0123** (0.0057)	0.0069 (0.0051)	0.0228*** (0.0038)	0.0030 (0.0081)
家庭人口数量	0.0195*** (0.0034)	0.0010 (0.0008)	0.0091*** (0.0022)	0.0116*** (0.0018)	0.0052*** (0.0016)	0.0139*** (0.0035)
家庭劳动力数量	0.0008 (0.0043)	0.0022* (0.0011)	0.0029 (0.0030)	0.0016 (0.0026)	0.0018 (0.0020)	0.0018 (0.0043)
是否采伐木材	0.0308 (0.0276)	0.0681*** (0.0050)	-0.0055 (0.0135)	0.0279 (0.0203)	0.0837*** (0.0073)	-0.0114 (0.0157)
是否非农就业	0.0857*** (0.0062)	-0.0009 (0.0020)	0.4899*** (0.0054)	0.0739*** (0.0047)	-0.0073** (0.0037)	0.7132*** (0.0080)
林地面积	0.0002 (0.0002)	0.0001*** (0.0000)	-0.0000 (0.0000)	0.0006*** (0.0002)	0.0000 (0.0000)	0.0001 (0.0001)
年度固定效应	控制	控制	控制	控制	控制	控制
常数项	0.7124*** (0.0397)	-0.0483*** (0.0112)	0.1940*** (0.0299)	0.7581*** (0.0257)	-0.0483* (0.0252)	-0.0250 (0.0542)
观测值	974	974	974	12562	12562	12562
R^2	0.435	0.085	0.343	0.343	0.076	0.346

注：* 代表变量估计系数在 10% 统计水平上显著；** 代表在 5% 统计水平上显著；*** 代表在 1% 统计水平上显著。

8.7.5 生产结构差异视角下林权改革对农户家庭收入的影响

值得注意的是，生产结构的差异意味着农户家庭生产要素配置结构和获取的经济回报具有明显差异，因而林权改革对农户家庭林业收入的不同组成部分和非农收入的不同组成部分是否也具有显著激励效应，尚需后续进一步检验。表 8－17 报告了生产结构差异视角下林权改革对农户家庭收入影响的估计结果。具体而言，一方面，非农收入增长主要得益于非农务工收入和非农创业收入的“双增长”。结果显示，林权改革对农户非农务工和非农创业收入均产生明显的增收效果，说明在林权改革激励作用下，农户有意愿将更多劳动力配置到非农部门，形成农户家庭增加非农收入的内在驱动力。另一方面，由于不同林业生产结构的生长周期不同，决定了相应的林业要素配置结构也存在一定差异，这就造成农户家庭林业劳动生产率和经济回报率具有显著差别，使得林权改革的林业增收效应呈现异质性。以商品林为例，农户的林业收入结构大致可以分为竹林、经济林和用材林收入，其中竹林和经济林生长周期较短、集约化经营程度较高以及投资回收期较短，而用材林经营特征是生长周期长、集约化经营程度较低和投资回收期较长。一般而言，缺乏保护的林地产权会增加农户投资林业的风险，此时农户从事林业生产往往容易出现短视行为，使其更倾向于投资生长周期较短的林产品。结果显示，林权改革对农户家庭竹林和经济林收入具有显著正向效应，而对用材林收入并未产生显著激励效应。由此可以看出，虽然林权改革强化了林地产权稳定性，但农户林业生产结构在林权改革后仍然更多地只是从经济效益出发而偏好于经营周期较短的竹林和经济林，而对超长生长周期的用材林没有表现出强烈的经营热情。由此需要注意的一个问题是，占林地总面积 50% 以上的用材林在保持水土、调节气候、固碳释氧等生态效益中具有重要作用，尤其是在现阶段我国经济发展向“双碳”目标过渡的背景下，森林生态效益在其中发挥着举足轻重的作用。然而，虽然林权改革对森林经济效益发挥的确具有显著正向效应，但对森林生态效益的发挥并未产生最大化作用效果。基于效用最大化原则，未来农户林业生产结构调整依旧更多地只是从经济效益考虑，超长生长周期的用材林大幅降低了农户经营积极性。因此，如何平衡国家的生态需求和农户经济效益是林权改革需要解决的一个重要问题。

表 8-17　　林权改革对农户家庭收入的影响：基于生产结构差异视角

变量	非农收入结构		林业收入结构		
	非农务工收入	非农创业收入	竹林收入	经济林收入	用材林收入
林权改革	0.0126 ** (0.0050)	0.0090 ** (0.0038)	0.0111 *** (0.0013)	0.0131 *** (0.0049)	0.0118 (0.0083)
非农劳动力价格	0.0001 (0.0002)	0.0008 *** (0.0002)	-0.0010 *** (0.0000)	-0.0009 *** (0.0003)	-0.0007 *** (0.0003)
木材价格	0.0000 (0.0000)	-0.0001 *** (0.0000)	0.0000 (0.0000)	0.0000 (0.0000)	0.0001 (0.0001)
年龄	-0.0004 ** (0.0002)	-0.0001 (0.0002)	0.0001 (0.0001)	-0.0002 (0.0002)	-0.0006 (0.0004)
性别	0.0103 (0.0085)	0.0152 (0.0098)	0.0012 (0.0033)	0.0076 (0.0090)	0.0143 (0.0203)
受教育年限	0.0018 *** (0.0006)	0.0016 *** (0.0006)	0.0012 *** (0.0002)	0.0001 (0.0006)	0.0006 (0.0014)
健康状况	0.0081 (0.0060)	0.0109 (0.0068)	0.0066 *** (0.0023)	0.0037 (0.0056)	0.0178 (0.0162)
户主是否干部	0.0168 *** (0.0035)	0.0575 *** (0.0039)	0.0117 *** (0.0014)	0.0093 ** (0.0037)	0.0057 (0.0100)
家庭人口数量	0.0017 (0.0013)	0.0012 (0.0017)	0.0023 *** (0.0005)	0.0036 *** (0.0013)	0.0028 (0.0035)
家庭劳动力数量	0.0063 *** (0.0017)	0.0033 (0.0021)	0.0002 (0.0007)	0.0038 ** (0.0017)	0.0077 * (0.0043)
是否采伐木材	-0.0135 ** (0.0054)	-0.0185 (0.0130)	0.0450 *** (0.0030)	0.0100 (0.0069)	1.9402 *** (0.0319)
是否非农就业	0.1511 *** (0.0036)	0.0701 *** (0.0034)	-0.0034 *** (0.0013)	-0.0168 *** (0.0033)	-0.0056 (0.0086)
林地面积	-0.0001 *** (0.0000)	-0.0000 (0.0001)	0.0001 *** (0.0000)	0.0001 *** (0.0000)	0.0001 * (0.0001)
年度固定效应	控制	控制	控制	控制	控制
常数项	-0.1005 *** (0.0202)	-0.2010 *** (0.0215)	-0.1437 *** (0.0064)	-0.0638 *** (0.0178)	-1.2060 *** (0.0440)
观测值	13536	13536	13536	13536	13536
R^2	0.498	0.294	0.149	0.071	0.589

注：* 代表变量估计系数在 10% 统计水平上显著；** 代表在 5% 统计水平上显著；*** 代表在 1% 统计水平上显著。

8.8 林权改革对农户家庭收入的动态影响

林权改革对农户家庭收入结构的影响是否具有年份差异？回答此问题需要进一步从长期来看林权改革对农户家庭收入及其结构的动态影响（见表8-18）。本部分使用间接估计方法对此进行论证。间接估计方法基本思路是：如果林权改革使得农户家庭收入连续两年具有显著正向效应，那么政策的激励效果就可以是肯定的；反之，如果只在政策当年具有显著正向效应，而政策在次年的激励效应不再显著存在，则说明激励效应并不具有可持续性。结果显示，林权改革对农户家庭总收入具有显著正向效应，且具备良好的可持续性。分收入来源来看，林权改革对农户两年后林业收入和前4年非农收入均具有显著正向效应，林业收入影响系数在林权改革推行后逐年波动递增，增收效果在政策推行的第10年最为明显，系数为0.031，而非农收入增收效果在政策推行的第2年最为明显，系数为0.0555，随后逐年递减。该结果表明，林权改革对农户林业收入和非农收入的影响表现出较好的可持续性。其中，林权改革林业增收效应的可持续性周期较长，这主要由于农户种植偏好于生长周期和经济回报期较短的林产品，由此可以获得源源不断的林业收益，因而林权改革林业增收效应的可持续性较长。然而，林权改革非农增收效应的可持续性周期较短，可能的原因是，在林权改革实施的初期或中短时期内，林地产权安全与否会在一定程度上左右农户非农就业的信心和收益预期是否稳定，因此林权改革在此时期内对农户非农就业具有显著促进作用，而当林权改革实施进入更长时期后，农户对林地产权长期安全性的稳定预期使林权改革的政策效应随之降低，加之因非农就业不稳定往往容易造成其非农收入的剧烈波动，因此林权改革非农增收效应的可持续性周期较短。

表 8－18　　　　林权改革对农户家庭收入的动态影响

变量	总收入	林业收入	非农收入	变量	总收入	林业收入	非农收入
林权改革	0.0241** (0.0105)	0.0092** (0.0037)	0.0009* (0.0005)	木材价格	0.0001* (0.0000)	0.0002*** (0.0000)	0.0000 (0.0001)
林权改革第 1 年	0.0413*** (0.0113)	0.0015 (0.0063)	0.0389* (0.0208)	年龄	－0.0004* (0.0002)	－0.0001 (0.0001)	－0.0024*** (0.0005)
林权改革第 2 年	0.0316*** (0.0110)	0.0173*** (0.0061)	0.0555*** (0.0186)	性别	0.0063 (0.0147)	0.0073 (0.0082)	0.0174 (0.0180)
林权改革第 3 年	0.0297*** (0.0104)	0.0143** (0.0058)	0.0483*** (0.0185)	受教育年限	0.0035*** (0.0008)	0.0007 (0.0005)	0.0001 (0.0016)
林权改革第 4 年	0.0195* (0.0105)	0.0284*** (0.0059)	0.0483** (0.0188)	健康状况	0.0017 (0.0084)	0.0019 (0.0047)	0.0050 (0.0159)
林权改革第 5 年	0.0171* (0.0097)	0.0243*** (0.0059)	0.0157 (0.0185)	户主是否干部	0.0001 (0.0050)	0.0151*** (0.0028)	0.0016 (0.0081)
林权改革第 6 年	0.0219** (0.0109)	0.0143** (0.0061)	0.0241 (0.0187)	家庭人口数量	0.0098*** (0.0020)	0.0036*** (0.0011)	0.0057 (0.0035)
林权改革第 7 年	0.0251** (0.0111)	0.0106* (0.0062)	0.0274 (0.0191)	家庭劳动力数量	0.0010 (0.0026)	0.0045*** (0.0014)	0.0063 (0.0045)
林权改革第 8 年	0.0158** (0.0078)	0.0230*** (0.0062)	0.0241 (0.0215)	是否采伐木材	0.0414*** (0.0086)	0.0820*** (0.0048)	－0.0229 (0.0140)
林权改革第 9 年	0.0260** (0.0121)	0.0270*** (0.0068)	0.0073 (0.0212)	是否非农就业	0.1543*** (0.0051)	－0.0076*** (0.0029)	0.5054*** (0.0090)
林权改革第 10 年	0.0164* (0.0094)	0.0310*** (0.0084)	0.0149 (0.0238)	林地面积	0.0001*** (0.0000)	0.0001*** (0.0000)	－0.0000 (0.0001)
林权改革第 11 年	0.0148* (0.0084)	0.0369* (0.0214)	0.0159 (0.0291)	年度固定效应	控制	控制	控制
林权改革第 12 年	0.0139* (0.0077)	0.0397* (0.0221)	0.0113 (0.0296)	常数项	0.6146*** (0.0297)	－0.1004*** (0.0166)	0.2366*** (0.0495)
非农劳动力价格	0.0011*** (0.0001)	－0.0010*** (0.0001)	0.0013*** (0.0005)	观测值	13536	13536	13536
				R^2	0.319	0.240	0.576

注：* 代表变量估计系数在 10% 统计水平上显著；** 代表在 5% 统计水平上显著；*** 代表在 1% 统计水平上显著。

8.9 本章结论

本章利用全国9省（区）18县（市、区）农户调查数据，采用双重差分模型、中介效应模型和调节效应模型揭示林权改革对农户家庭收入的影响及其作用机制。研究发现：第一，林权改革显著促进农户家庭总收入、林业收入和非农收入的增加，通过稳健性检验、平衡趋势检验、安慰剂检验等一系列方法验证了实证结果的可靠性，且林权改革增收效应具有良好的可持续性，但林权改革对不同收入农户家庭总收入的影响存在明显差异，突出表现为“益富更益贫”特点。第二，异质性分析表明，经济发展水平、森林资源禀赋、代际程度、人力资本禀赋和生产结构差异下林权改革的增收效应表现出明显的情景依赖性。第三，机制分析表明，林权改革通过增加林业生产投资、强化非农劳动供给、鼓励林地流转和提高信贷可得性四种中介途径促进农户家庭林业收入、非农收入和总收入的增加。第四，生计策略在林权改革发挥增收效应过程中具有不确定的调节作用，生计策略非农化程度越低，林权改革对农户家庭林业收入的正向效应越强，而对其非农收入的正向效应越弱。

第9章

林权改革对农户家庭消费的影响

为了准确评估林权改革对农户家庭生计的影响，收入和消费是衡量农户家庭生计状况的重要指标，第 8 章已经分析了林权改革对农户家庭收入的影响，研究结论表明林权改革具有显著增收效应。但林权改革引起农户家庭收入预期的改变和收入水平的波动是否被用于家庭消费？且具体作用于家庭消费的哪些方面？其作用机制是什么？农户家庭生计状况是否真正得到显著改善？对这些问题的回答是研究林权改革政策效应的延伸，需要加以重点关注。因此，延续第 8 章建立的林权改革对农户家庭收入影响的理论框架和实证模型，本章在农户消费理论基础上，构建林权改革影响农户家庭消费的理论框架，实证检验林权改革对农户家庭消费的影响及其内在作用机制，以期准确刻画林权改革对农户家庭生计的影响。

9.1　林权改革对农户家庭消费直接影响的经验性结果

本部分采用逐步回归的方式对式（3－80）进行回归估计，即首先只对林权改革进行回归，然后加入市场特征、农户特征和资源特征变量，进一步检验回归结果的稳健性。表 9－1 报告了林权改革影响农户家庭消费的基准回归结果。结果显示，林权改革对农户家庭总消费具有显著正向效应，影响系数为 0.022，且在 1% 统计水平上显著，与理论预期一致，假说 21 得到验证。分消费类型来看，林权改革对农户家庭食品消费的影响相对较大，影响系数为 0.0569，且在 1% 统计水平上显著；林权改革对农户家庭其他消费的影响相对较小，影响系数为 0.0272，但也在 1% 统计水平上显著，进一步佐证林权改革对农户家庭消费具有显著正向效应的研究结论，且这一结果在引入更多控制变量后依然稳健。此外，在控制变量方面，非农劳动力价格和木材价格对农户家庭总消费具有显著正向效应，农户性别、受教育年限、健康状况、户主是否干部、家庭人口数量、是否采伐木材、是否参与非农就业和林地面积等家庭特征和资源特征变量均对农户家庭总消费具有显著正向效应，年龄对农户家庭总消费具有显著负向效应。

表 9-1　林权改革对农户家庭消费的直接影响

变量	总消费		食品消费		其他消费	
林权改革	0.0127*** (0.0039)	0.0220*** (0.0065)	0.0664** (0.0335)	0.0569*** (0.0180)	0.0107*** (0.0038)	0.0272*** (0.0091)
非农劳动力价格	—	0.0003 (0.0006)	—	0.0015** (0.0007)	—	0.0053*** (0.0008)
木材价格	—	0.0552*** (0.0092)	—	0.0264*** (0.0077)	—	0.0008*** (0.0002)
年龄	—	-0.0015*** (0.0003)	—	-0.0029*** (0.0009)	—	-0.0013*** (0.0004)
性别	—	0.0290** (0.0142)	—	0.0317 (0.0418)	—	0.0123 (0.0202)
受教育年限	—	0.0025*** (0.0007)	—	0.0127*** (0.0031)	—	0.0018* (0.0010)
健康状况	—	0.0144* (0.0087)	—	0.0379 (0.0336)	—	0.0209* (0.0116)
户主是否干部	—	0.0107* (0.0059)	—	0.0501*** (0.0175)	—	0.0154* (0.0082)
家庭人口数量	—	0.0154*** (0.0018)	—	0.0223*** (0.0074)	—	0.0124*** (0.0025)
家庭劳动力数量	—	0.0021 (0.0025)	—	0.0009 (0.0095)	—	0.0055 (0.0036)
是否采伐木材	—	0.0764* (0.0435)	—	0.0263 (0.0561)	—	0.1147* (0.0677)
是否非农就业	—	0.0507*** (0.0048)	—	0.0901*** (0.0180)	—	0.0286*** (0.0067)
林地面积	—	0.0008*** (0.0001)	—	0.0003 (0.0003)	—	0.0001 (0.0002)

续表

变量	总消费		食品消费		其他消费	
年度固定效应	控制	控制	控制	控制	控制	控制
常数项	0.8033 *** (0.0052)	0.8421 *** (0.0238)	0.4251 *** (0.0389)	0.6507 *** (0.0817)	0.7126 *** (0.0052)	0.7614 *** (0.0334)
观测值	13536	13536	13536	13536	13536	13536
R^2	0.075	0.490	0.121	0.175	0.036	0.182

注：* 代表变量估计系数在10%统计水平上显著；** 代表在5%统计水平上显著；*** 代表在1%统计水平上显著。

9.2 稳健性检验

为进一步保证基准回归估计结果的稳健性，本部分对其进行一系列稳健性检验。第一，林权改革从试点实施到形成稳定的产权制度安排，强化了农户事实上的产权安全感知和生产经营收入预期，进而提升农户家庭消费水平，但在农户层面选择林权改革变量可能会存在实施林权改革时所产生的自选择问题，而以所在县域林地确权比例作为林权改革的表征变量，则能够有效缓解自选择倾向。表9－2结果显示，林权改革对农户家庭总消费、食品消费和其他消费依然具有显著正向效应。第二，较早作为试点推进林权改革的省份相比于其他省份更具代表性，可能导致试点省份的农户家庭收入水平与其他省份有所差异，进而影响农户家庭消费边界。因此，在剔除试点政策的福建省、浙江省、江西省、辽宁省四省后，林权改革变量估计系数依然对农户家庭总消费、食品消费和其他消费具有显著正向效应。第三，在推进林权改革过程中，影响农户家庭收入的相关林业政策同时交叉运行，例如采伐限额管理制度、森林保险制度、林业补贴政策和参加林业专业合作组织，可能导致林权改革对农户家庭创收能力的估计偏高，进而造成林权改革对农户家庭消费的政策净效应估计有偏。因此，在控制上述政策对林权改革政策效应可能产生的干扰下，结果显示，林权改革对农户家庭总消费、食品消费和其他消费的政策效应依然显著存在。

表 9－2　稳健性检验

变量	替换核心解释变量		剔除试点省份		排除相关政策干扰				
	总消费	食品消费	其他消费	总消费	食品消费	其他消费	总消费	食品消费	其他消费
林权改革	0.0458** (0.0196)	0.0703** (0.0317)	0.0658*** (0.0199)	0.0052* (0.0031)	0.0614*** (0.0119)	0.0170*** (0.0039)	0.0211*** (0.0065)	0.0442** (0.0183)	0.0275*** (0.0092)
非农劳动力价格	0.0003 (0.0004)	0.0011* (0.0007)	0.0046*** (0.0008)	0.0010*** (0.0001)	0.0005*** (0.0001)	0.0037*** (0.0004)	0.0003 (0.0006)	0.0020*** (0.0008)	0.0053*** (0.0008)
木材价格	0.0003*** (0.0001)	0.0001 (0.0003)	0.0011*** (0.0002)	0.0000*** (0.0000)	0.0000 (0.0000)	0.0003*** (0.0001)	0.0560*** (0.0092)	0.0250*** (0.0077)	0.0010*** (0.0002)
年龄	-0.0008*** (0.0002)	-0.0019** (0.0010)	0.0020*** (0.0005)	-0.0004** (0.0002)	-0.0008 (0.0006)	-0.0002 (0.0002)	-0.0015*** (0.0003)	-0.0027*** (0.0009)	-0.0012*** (0.0004)
性别	0.0129 (0.0105)	0.0392 (0.0472)	-0.0082 (0.0210)	0.0063 (0.0073)	0.0178 (0.0272)	0.0098 (0.0089)	0.0277* (0.0143)	0.0287 (0.0417)	0.0164 (0.0202)
受教育年限	0.0046*** (0.0007)	-0.0029 (0.0034)	0.0009 (0.0017)	0.0037*** (0.0005)	0.0072*** (0.0020)	0.0016** (0.0007)	0.0023*** (0.0007)	0.0112*** (0.0031)	0.0019* (0.0010)
健康状况	0.0020 (0.0071)	0.1273*** (0.0380)	0.0236 (0.0168)	0.0280*** (0.0061)	0.0312 (0.0224)	0.0198*** (0.0073)	0.0134 (0.0088)	0.0472 (0.0335)	0.0251** (0.0117)
户主是否干部	0.0049 (0.0045)	-0.0042 (0.0240)	0.0096 (0.0090)	0.0117*** (0.0033)	0.0487*** (0.0127)	0.0100** (0.0041)	0.0107* (0.0059)	0.0482*** (0.0174)	0.0153* (0.0082)
家庭人口数量	0.0190*** (0.0015)	0.0203** (0.0084)	0.0154*** (0.0038)	0.0166*** (0.0013)	0.0320*** (0.0049)	0.0137*** (0.0016)	0.0150*** (0.0018)	0.0240*** (0.0074)	0.0125*** (0.0025)

续表

变量	替换核心解释变量		剔除试点省份		排除相关政策干扰				
	总消费	食品消费	其他消费	总消费	食品消费	其他消费	总消费	食品消费	其他消费
家庭劳动力数量	0.0030 (0.0021)	0.0010 (0.0111)	-0.0035 (0.0045)	0.0047*** (0.0017)	0.0036 (0.0067)	0.0021 (0.0022)	0.0014 (0.0026)	0.0002 (0.0095)	0.0064* (0.0037)
是否采伐木材	0.0006 (0.0079)	0.2035** (0.0855)	0.0322*** (0.0117)	0.0179* (0.0099)	0.0668* (0.0380)	0.0320*** (0.0124)	0.0768* (0.0434)	-0.0325 (0.0562)	0.1154* (0.0675)
是否非农就业	0.0157*** (0.0039)	0.1022*** (0.0197)	0.0060 (0.0105)	0.0223*** (0.0031)	0.0521*** (0.0118)	0.0176*** (0.0038)	0.0508*** (0.0048)	0.0917*** (0.0180)	0.0284*** (0.0067)
林地面积	0.0001*** (0.0000)	0.0004*** (0.0001)	0.0001** (0.0000)	0.0000 (0.0000)	0.0007*** (0.0001)	0.0001* (0.0000)	0.0008*** (0.0001)	-0.0002 (0.0003)	0.0001 (0.0002)
年度固定效应	控制	控制	控制	控制	控制	控制	控制	控制	控制
常数项	0.7968*** (0.0181)	0.3723*** (0.0928)	0.5948*** (0.0451)	0.7531*** (0.0145)	0.6077*** (0.0549)	0.6783*** (0.0179)	0.8428*** (0.0239)	0.6423*** (0.0814)	0.7647*** (0.0334)
观测值	13536	13536	13536	7752	7752	7752	13536	13536	13536
R^2	0.428	0.151	0.067	0.176	0.190	0.065	0.493	0.183	0.190

注：* 代表变量估计系数在10%统计水平上显著；** 代表在5%统计水平上显著；*** 代表在1%统计水平上显著。

9.3 平行趋势检验

由于较早推行林权改革的省、市、县或村可能不是基于随机性原则进行选择，这种可能的非随机性就无法满足双重差分模型的共同趋势假设前提条件。因此，在使用双重差分模型前，需要保证实验组与控制组在受到政策冲击之前应具有同质性，即实验组和控制组除政策冲击不同外，其余各方面均应具有相似趋势特征。第一，本部分借鉴朱文清和张莉琴（2019）的做法，若农户截至2017年已经领取林权证则赋值为1，否则为0。试点推行林权改革政策时点是2003年，因此本部分考察2003年实验组农户家庭消费水平是否与控制组农户存在显著性差异，若不存在显著性差异，表明实验组与控制组符合共同趋势假定。表9－3结果显示［列（1）—列（3）］，林权改革之前，实验组和控制组农户家庭总消费、食品消费和其他消费具有明显共同趋势特征。第二，本部分借鉴Li et al.（2016）的做法，在基准回归模型基础上加入村庄特征变量与时间变量的交互项，通过控制不同村庄特征的时间趋势而排除可能由这些村庄特征时间趋势导致实验组和控制组存在的非平行趋势。结果显示［列（4）—列（6）］，林权改革对农户家庭总消费、食品消费和其他消费依然具有显著正向效应。第三，本部分借鉴Moser and Voena（2012）的做法，在基准回归模型基础上加入地区固定效应与时间变量的交互项。结果显示［列（7）—列（9）］，林权改革的政策效应依然稳健。

9.4 安慰剂检验

为进一步考察是否还受其他不可观测因素的干扰导致基准回归估计结果有偏，参考Cai et al.（2016）的做法，通过随机产生林权改革推行时间来进行安慰剂检验。具体而言，随机选取2003—2017年任意一年作为林权改革推行时间，并且进行随机抽样500次。接下来，使用随机选取的林权改革变量

表 9-3　　平行趋势检验

变量	(1)	(2)	(3)	(4)	(5)	(6)	(7)	(8)	(9)
	总消费	食品消费	其他消费	总消费	食品消费	其他消费	总消费	食品消费	其他消费
林权改革	0.0265 (0.0449)	0.0257 (0.0431)	0.0149 (0.0401)	0.0529** (0.0246)	0.0860* (0.0457)	0.0339** (0.0160)	0.0220*** (0.0065)	0.0476** (0.0218)	0.0272*** (0.0091)
非农劳动力价格	0.0020*** (0.0007)	0.0024*** (0.0006)	0.0012* (0.0007)	0.0006 (0.0005)	0.0007** (0.0003)	0.0061*** (0.0009)	0.0003 (0.0006)	0.0015** (0.0007)	0.0213*** (0.0014)
木材价格	0.0002 (0.0003)	0.0002 (0.0002)	0.0002 (0.0002)	0.0001* (0.0001)	0.0001 (0.0000)	0.0009*** (0.0002)	0.0001 (0.0017)	0.0001 (0.0007)	0.0056*** (0.0006)
年龄	-0.0004 (0.0013)	-0.0003 (0.0012)	-0.0001 (0.0011)	-0.0013** (0.0006)	-0.0002 (0.0009)	-0.0002 (0.0003)	-0.0015*** (0.0003)	-0.0042*** (0.0010)	-0.0013*** (0.0004)
性别	0.0606 (0.0690)	0.0549 (0.0662)	0.0598 (0.0615)	0.0001 (0.0289)	0.0353 (0.0395)	0.0111 (0.0153)	0.0290** (0.0142)	0.0914 (0.0723)	0.0123 (0.0202)
受教育年限	0.0082* (0.0047)	0.0042 (0.0045)	0.0092** (0.0042)	0.0045** (0.0019)	0.0136*** (0.0031)	0.0019** (0.0008)	0.0025*** (0.0007)	-0.0014 (0.0035)	0.0018* (0.0010)
健康状况	0.1093** (0.0532)	0.0884* (0.0511)	0.1032** (0.0474)	0.0251 (0.0211)	0.0304 (0.0323)	-0.0053 (0.0091)	0.0144* (0.0087)	0.0379 (0.0393)	0.0209* (0.0116)
户主是否干部	0.0479* (0.0256)	0.0409* (0.0246)	0.0434* (0.0228)	0.0056 (0.0120)	0.0141 (0.0172)	0.0136** (0.0062)	0.0107* (0.0059)	0.0791*** (0.0251)	0.0154* (0.0082)
家庭人口数量	0.0216** (0.0105)	0.0148 (0.0101)	0.0226** (0.0094)	0.0092* (0.0053)	0.0463*** (0.0071)	0.0149*** (0.0020)	0.0154*** (0.0018)	0.0065 (0.0094)	0.0124*** (0.0025)

续表

变量	(1)	(2)	(3)	(4)	(5)	(6)	(7)	(8)	(9)
	总消费	食品消费	其他消费	总消费	食品消费	其他消费	总消费	食品消费	其他消费
家庭劳动力数量	0.0124 (0.0131)	0.0106 (0.0125)	0.0079 (0.0116)	0.0017 (0.0069)	-0.0059 (0.0097)	0.0022 (0.0028)	0.0021 (0.0025)	0.0044 (0.0117)	0.0055 (0.0036)
是否采伐木材	0.0529 (0.0522)	0.0486 (0.0501)	0.0580 (0.0465)	-0.0513 (0.0437)	0.1156*** (0.0445)	0.0240 (0.0156)	0.0764* (0.0435)	0.1027 (0.0888)	0.1147* (0.0677)
是否非农就业	0.2211*** (0.0232)	0.2176*** (0.0223)	0.1839*** (0.0207)	0.0775*** (0.0103)	0.0223 (0.0177)	0.0255*** (0.0052)	0.0507*** (0.0048)	0.1790*** (0.0213)	0.0286*** (0.0067)
林地面积	0.0004** (0.0002)	0.0005*** (0.0002)	0.0004** (0.0002)	0.0001** (0.0001)	0.0007*** (0.0002)	0.0001** (0.0000)	0.0008*** (0.0001)	0.0004*** (0.0001)	0.0001 (0.0002)
年度固定效应	—	—	—	控制	控制	控制	控制	控制	控制
村庄特征×时间变量	—	—	—	控制	控制	控制	—	—	—
地区特征×时间变量	—	—	—	—	—	—	控制	控制	控制
常数项	0.6237*** (0.1251)	0.5756*** (0.1201)	0.5407*** (0.1115)	0.6313*** (0.0561)	0.5942*** (0.0859)	0.7077*** (0.0285)	0.9811*** (0.0337)	0.5732*** (0.1117)	0.8049*** (0.0371)
观测值	1128	1128	1128	13536	13536	13536	13536	13536	13536
R^2	0.095	0.096	0.091	0.180	0.204	0.096	0.490	0.235	0.182

注：*代表变量估计系数在10%统计水平上显著；**代表在5%统计水平上显著；***代表在1%统计水平上显著。

替代基准回归模型中的林权改革变量进行 500 次双重差分估计。在此过程中，随机生成的实验组政策效果估计系数应当不显著拒绝零，否则，则说明基准回归模型设定存在潜在偏误。图 9－1 绘出随机生成"伪实验组"林权改革估计系数的分布情况。结果显示，安慰剂检验下林权改革对农户家庭总消费、食品消费和其他消费的估计系数均值大多集中在 0 点附近，说明没有产生明显的政策效果，且多数林权改革估计系数所对应的 p 值都大于 0.1，拒绝安慰剂检验估计结果与真实估计结果不存在差异的原假设，而图 9－1 中竖线分别代表林权改革对农户家庭总消费、食品消费和其他消费的实际估计系数（0.022、0.0569、0.0272），相比于安慰剂检验中的估计系数，它们均属于异常值。该结果表明林权改革的政策效应并没有因其他不可观测因素干扰而产生明显偏误。

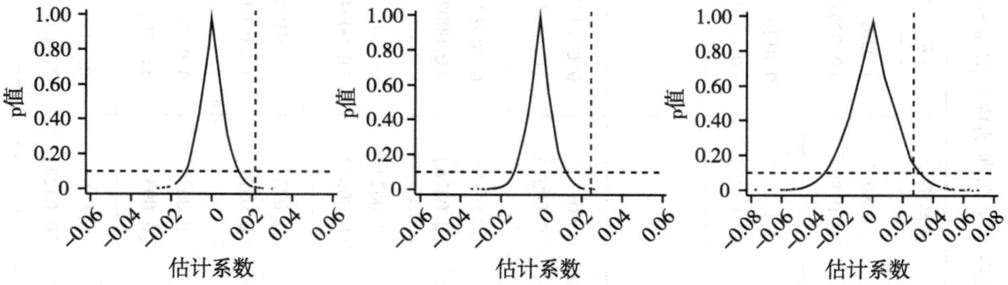

（a）总消费　（b）食品消费　（c）其他消费

图 9－1　安慰剂检验

9.5　林权改革对农户家庭消费间接影响的经验性结果

9.5.1　中介效应分析

表 9－4 报告了林业收入和非农收入在林权改革影响农户家庭消费中的中介效应回归结果。结果显示，林权改革在 1% 统计水平上对农户家庭林业收入和非农收入具有显著正向效应，林业收入和非农收入对农户家庭总消费、食品消费和其他消费也具有显著正向效应，且在加入中介变量后，林权改革对

表 9－4　林权改革影响农户家庭消费的中介效应检验

变量	林业收入	非农收入	总消费	食品消费	其他消费	总消费	食品消费	其他消费
林权改革	0.0155*** (0.0018)	0.0217*** (0.0047)	0.0238*** (0.0065)	0.0380** (0.0182)	0.0307*** (0.0091)	0.0161*** (0.0042)	0.0474* (0.0245)	0.0120* (0.0071)
林业收入	—	—	0.0539** (0.0245)	0.1520* (0.0899)	0.0140*** (0.0034)	—	—	—
非农收入	—	—	—	—	—	0.0196*** (0.0060)	0.0221* (0.0129)	0.1406*** (0.0493)
非农劳动力价格	－0.0003*** (0.0000)	0.0008*** (0.0001)	0.0002 (0.0006)	0.0017** (0.0007)	0.0018*** (0.0006)	0.0001 (0.0002)	0.0000 (0.0003)	0.0112*** (0.0013)
木材价格	0.0001*** (0.0000)	－0.0000* (0.0000)	0.0535*** (0.0092)	0.0251*** (0.0076)	0.0005*** (0.0002)	0.0001** (0.0000)	0.0000 (0.0001)	0.0026*** (0.0003)
年龄	－0.0002*** (0.0001)	－0.0024*** (0.0002)	－0.0014*** (0.0003)	－0.0022** (0.0009)	－0.0010*** (0.0004)	－0.0013*** (0.0001)	－0.0001 (0.0003)	－0.0042*** (0.0012)
性别	0.0166*** (0.0045)	0.0247** (0.0116)	0.0325** (0.0143)	0.0921 (0.0571)	0.0195 (0.0201)	0.0117 (0.0088)	0.0212 (0.0161)	0.1710*** (0.0606)
受教育年限	0.0017*** (0.0003)	0.0003 (0.0008)	0.0029*** (0.0007)	0.0032 (0.0030)	0.0029*** (0.0010)	0.0032*** (0.0005)	0.0026** (0.0011)	0.0009 (0.0039)
健康状况	0.0130*** (0.0032)	0.0563*** (0.0082)	0.0127 (0.0087)	0.0264 (0.0327)	0.0258** (0.0116)	0.0095* (0.0056)	0.0319** (0.0131)	0.0754* (0.0406)

续表

变量	林业收入	非农收入	总消费	食品消费	其他消费	总消费	食品消费	其他消费
户主是否干部	0.0137*** (0.0018)	0.0092* (0.0048)	0.0132** (0.0060)	0.0396* (0.0210)	0.0221*** (0.0083)	0.0069* (0.0036)	0.0170** (0.0085)	0.0155 (0.0233)
家庭人口数量	0.0018** (0.0007)	0.0072*** (0.0019)	0.0159*** (0.0018)	0.0135* (0.0076)	0.0136*** (0.0025)	0.0177*** (0.0012)	0.0186*** (0.0027)	0.0139 (0.0091)
家庭劳动力数量	0.0014 (0.0009)	0.0041* (0.0025)	-0.0024 (0.0025)	0.0005 (0.0099)	0.0051 (0.0036)	0.0019 (0.0016)	0.0013 (0.0037)	0.0001 (0.0110)
是否采伐木材	0.0734*** (0.0041)	-0.0077 (0.0108)	0.0833* (0.0435)	0.0086 (0.0533)	0.1325** (0.0674)	0.0110 (0.0083)	0.0268 (0.0340)	0.0238 (0.0346)
是否非农就业	-0.0008 (0.0018)	0.5388*** (0.0046)	0.0504*** (0.0048)	0.1179*** (0.0182)	0.0274*** (0.0067)	0.0245*** (0.0040)	0.0178* (0.0095)	-0.0027 (0.0357)
林地面积	0.0001*** (0.0000)	0.0000 (0.0000)	0.0007*** (0.0002)	0.0000 (0.0001)	0.0001 (0.0002)	0.0001*** (0.0000)	0.0001 (0.0001)	0.0002 (0.0001)
年度固定效应	控制	控制	控制	控制	控制	控制	控制	控制
常数项	-0.0525*** (0.0087)	0.1771*** (0.0227)	0.8414*** (0.0238)	0.7395*** (0.0909)	0.7598*** (0.0331)	0.8048*** (0.0150)	0.6191*** (0.0318)	0.9661*** (0.1107)
观测值	13536	13536	13536	13536	13536	13536	13536	13536
R^2	0.109	0.579	0.493	0.203	0.194	0.435	0.073	0.311

注：* 代表变量估计系数在10%统计水平上显著；** 代表在5%统计水平上显著；*** 代表在1%统计水平上显著。

农户家庭总消费、食品消费和其他消费仍然具有显著正向效应，可见林业收入和非农收入具有中介作用，与理论预期一致，假说22和假说23得到验证。从影响路径来看，林权改革对农户家庭总消费的影响主要受到林业收入增长带动，受非农收入变化的影响较小。分消费类型来看，林权改革对农户家庭食品消费的影响主要源于林业收入，而对农户家庭其他消费的影响则来自非农收入。

为了进一步探究林权改革对农户家庭消费的影响，采用中介效应模型对林权改革如何间接影响农户家庭消费结构的具体作用机制进行计量分析。需要指出的是，本部分将从农户家庭不同层次消费和不同来源消费两方面来界定农户家庭消费结构，其中不同层次消费是将农户家庭食品消费进一步划分为食品基本性需求消费和食品非基本性需求消费，将农户家庭其他消费划分为其他基本性需求消费和其他非基本性需求消费，此时农户家庭总消费则由农户家庭食品基本性需求消费、食品非基本性需求消费、其他基本性需求消费和其他非基本性需求消费四部分构成；不同来源消费是将农户家庭总消费划分为自给性消费和购买性消费。

为了识别中介作用机制，首先估计林权改革对农户家庭消费结构（不同层次消费和不同来源消费）的影响。表9-5结果显示，林权改革对农户家庭食品基本性需求消费、食品非基本性需求消费、其他基本性需求消费、其他非基本性需求消费等不同层次消费和自给性消费、购买性消费等不同来源消费均至少在10%统计水平上具有显著正向效应。

表9-5　林权改革对农户家庭不同层次消费和不同来源消费的影响

变量	食品基本性需求消费	食品非基本性需求消费	其他基本性需求消费	其他非基本性需求消费	自给性消费	购买性消费
林权改革	0.0747*** (0.0231)	0.0586*** (0.0154)	0.0245** (0.0102)	0.0189** (0.0074)	0.0402* (0.0223)	0.0268** (0.0135)
非农劳动力价格	0.0039** (0.0019)	0.0005 (0.0013)	0.0002 (0.0010)	0.0001 (0.0004)	-0.0027* (0.0014)	0.0021*** (0.0007)
木材价格	0.0295 (0.0194)	0.0158 (0.0130)	0.0016*** (0.0004)	0.0003*** (0.0001)	0.0041*** (0.0005)	0.0001** (0.0001)

续表

变量	食品基本性需求消费	食品非基本性需求消费	其他基本性需求消费	其他非基本性需求消费	自给性消费	购买性消费
年龄	0.0005 (0.0009)	-0.0022 *** (0.0006)	-0.0033 *** (0.0006)	-0.0012 *** (0.0004)	0.0006 (0.0009)	-0.0013 ** (0.0005)
性别	0.0830 (0.0513)	0.0379 (0.0342)	0.0543 (0.0471)	0.0366 (0.0258)	0.0191 (0.0587)	0.0302 (0.0231)
受教育年限	-0.0010 (0.0025)	0.0050 *** (0.0017)	0.0082 *** (0.0019)	0.0046 *** (0.0012)	-0.0023 (0.0032)	0.0053 *** (0.0016)
健康状况	0.1444 *** (0.0295)	0.0811 *** (0.0197)	0.0247 (0.0231)	0.0438 *** (0.0142)	0.0339 (0.0356)	0.0143 (0.0175)
户主是否干部	0.0039 (0.0207)	0.0223 (0.0138)	0.0254 * (0.0130)	-0.0145 (0.0090)	-0.0194 (0.0231)	0.0001 (0.0096)
家庭人口数量	0.0191 *** (0.0063)	0.0157 *** (0.0042)	0.0113 ** (0.0048)	0.0154 *** (0.0031)	0.0028 (0.0088)	0.0110 *** (0.0037)
家庭劳动力数量	0.0043 (0.0092)	0.0145 ** (0.0061)	0.0036 (0.0057)	0.0011 (0.0040)	0.0022 (0.0115)	0.0067 (0.0047)
是否采伐木材	0.0416 (0.1720)	0.8670 *** (0.1148)	0.0130 (0.0451)	0.0872 ** (0.0383)	0.1653 * (0.0923)	0.0186 (0.0144)
是否非农就业	0.0403 ** (0.0171)	0.0450 *** (0.0114)	0.1095 *** (0.0122)	0.0673 *** (0.0079)	-0.1593 *** (0.0185)	0.0542 *** (0.0098)
林地面积	-0.0003 (0.0006)	0.0006 (0.0004)	0.0004 *** (0.0001)	0.0005 *** (0.0001)	0.0001 (0.0001)	0.0001 ** (0.0001)
年度固定效应	控制	控制	控制	控制	控制	控制
常数项	0.2668 *** (0.0847)	0.7627 *** (0.0565)	0.8332 *** (0.0608)	0.6613 *** (0.0386)	0.0969 (0.0958)	0.8176 *** (0.0453)
观测值	13536	13536	13536	13536	13536	13536
R^2	0.099	0.207	0.251	0.193	0.217	0.100

注：* 代表变量估计系数在10%统计水平上显著；** 代表在5%统计水平上显著；*** 代表在1%统计水平上显著。

由表9-4可知，林权改革对农户家庭林业收入和非农收入具有显著正向效应，以此进一步分析林权改革引致的林业收入和非农收入的变化对农户家庭不同层次消费和不同来源消费的影响。

表9－6报告了林业收入和非农收入在林权改革影响农户家庭不同层次消费中的中介效应。结果显示，在加入中介变量后，林业收入在林权改革影响农户家庭食品基本性需求消费、其他基本性需求消费中具有中介效应，而林业收入在林权改革影响农户家庭食品非基本性需求消费和其他非基本性需求消费中的中介效应并不成立。非农收入在林权改革影响农户家庭食品非基本性需求消费、其他非基本性需求消费中具有中介效应，而非农收入在林权改革影响农户家庭食品基本性需求消费和其他基本性需求消费中的中介效应并不成立。从影响路径来看，林权改革对农户家庭食品基本性需求消费和其他基本性需求消费主要受林业收入增长的带动，而对农户家庭食品非基本性需求消费和其他非基本性需求消费并无显著带动效应；相反，林权改革对农户家庭食品非基本性需求消费和其他非基本性需求消费的影响主要源自非农收入的增长，而对农户家庭食品基本性需求消费和其他基本性需求消费并无显著带动效应。由此可见，林权改革引起林业收入的增长对农户家庭消费的影响主要体现为满足基本性需求消费，而林权改革引起非农收入的增长对农户家庭消费的影响主要体现为刺激非基本性需求消费。

接下来，表9－7报告了林业收入和非农收入在林权改革影响农户家庭不同来源消费中的中介效应。结果显示，在加入中介变量后，林业收入在林权改革影响农户家庭自给性消费、购买性消费均具有中介效应；非农收入在林权改革影响农户家庭购买性消费中具有中介效应，而对农户家庭自给性消费的中介效应并不成立。从影响路径来看，一方面，林业生产活动是农户家庭自给性消费的主要供应来源，林业收入对农户家庭自给性消费具有显著正向效应，影响系数为0.0543，虽然林业收入对农户家庭购买性消费也具有显著正向效应，影响系数为0.0262，但是林业收入对农户家庭自给性消费的影响程度要大于购买性消费；另一方面，非农生产活动是农户家庭购买性消费的主要资金来源，非农收入对农户家庭自给性消费的影响为负且不显著，但却显著增加农户家庭购买性消费，影响系数为0.144，高于林业收入对农户家庭购买性消费的影响程度。由此可见，林业收入的边际消费倾向在于自给性消费，而非农收入的边际消费倾向在于购买性消费。

表 9-6　林权改革影响农户家庭不同层次消费的中介效应检验

变量	食品基本性需求消费	食品非基本性需求消费	其他基本性需求消费	其他非基本性需求消费	食品基本性需求消费	食品非基本性需求消费	其他基本性需求消费	其他非基本性需求消费
林权改革	0.0785*** (0.0232)	0.0289 (0.0211)	0.0173** (0.0085)	0.0113 (0.0146)	0.0373 (0.0285)	0.0591*** (0.0154)	0.0167 (0.0140)	0.0271** (0.0121)
林业收入	0.1546* (0.0870)	0.0278 (0.0619)	0.0730* (0.0419)	0.0536 (0.0575)	—	—	—	—
非农收入	—	—	—	—	0.0444 (0.0306)	0.0407** (0.0207)	0.0234 (0.0150)	0.1815*** (0.0252)
非农劳动力价格	0.0042** (0.0019)	0.0014** (0.0007)	0.0013*** (0.0004)	0.0005 (0.0006)	0.0005 (0.0010)	0.0005 (0.0012)	0.0007 (0.0005)	0.0004 (0.0007)
木材价格	0.0280 (0.0194)	0.0002*** (0.0001)	0.0000 (0.0000)	0.0003*** (0.0001)	0.0001 (0.0001)	0.0138 (0.0130)	0.0004*** (0.0001)	0.0003* (0.0002)
年龄	0.0007 (0.0009)	-0.0015** (0.0007)	0.0002 (0.0004)	-0.0044*** (0.0006)	-0.0022** (0.0010)	-0.0023*** (0.0006)	0.0005 (0.0005)	-0.0033*** (0.0006)
性别	0.0751 (0.0515)	0.0186 (0.0299)	0.0541*** (0.0183)	0.0319 (0.0261)	0.0209 (0.0405)	0.0312 (0.0344)	0.0127 (0.0195)	0.0338 (0.0428)
受教育年限	0.0002 (0.0026)	0.0001 (0.0025)	0.0065*** (0.0013)	0.0029 (0.0019)	-0.0024 (0.0033)	0.0050*** (0.0017)	0.0017 (0.0016)	0.0014 (0.0021)
健康状况	0.1389*** (0.0296)	0.0153 (0.0256)	-0.0183 (0.0153)	0.0717*** (0.0211)	0.0643* (0.0347)	0.0739*** (0.0200)	0.0346** (0.0168)	0.0089 (0.0236)

续表

变量	食品基本性需求消费	食品非基本性需求消费	其他基本性需求消费	其他非基本性需求消费	食品基本性需求消费	食品非基本性需求消费	其他基本性需求消费	其他非基本性需求消费
户主是否干部	0.0113 (0.0211)	-0.0048 (0.0136)	0.0141 (0.0086)	0.0004 (0.0107)	0.0016 (0.0183)	0.0204 (0.0138)	0.0154* (0.0090)	0.0080 (0.0146)
家庭人口数量	0.0203*** (0.0063)	0.0099 (0.0068)	0.0185*** (0.0032)	0.0260*** (0.0043)	0.0156* (0.0092)	0.0159*** (0.0042)	0.0199*** (0.0044)	0.0031 (0.0055)
家庭劳动力数量	0.0039 (0.0092)	0.0168* (0.0087)	-0.0057 (0.0040)	0.0106* (0.0060)	0.0354*** (0.0118)	0.0143** (0.0061)	0.0023 (0.0057)	0.0076 (0.0069)
是否采伐木材	0.0220 (0.1722)	0.0164 (0.0473)	0.0077 (0.0154)	0.0037 (0.0390)	-0.0223 (0.0637)	0.8555*** (0.1148)	0.1412*** (0.0305)	0.0559 (0.0548)
是否非农就业	0.0390** (0.0171)	0.0333*** (0.0125)	0.0508*** (0.0082)	0.1049*** (0.0111)	-0.0114 (0.0250)	0.0259* (0.0150)	0.0041 (0.0122)	0.0611*** (0.0196)
林地面积	0.0006 (0.0006)	0.0001 (0.0003)	0.0001* (0.0001)	0.0012*** (0.0004)	0.0004 (0.0004)	0.0006 (0.0004)	-0.0003 (0.0002)	0.0002** (0.0001)
年度固定效应	控制	控制	控制	控制	控制	控制	控制	控制
常数项	0.2651*** (0.0847)	0.6505*** (0.0673)	0.5584*** (0.0365)	0.7066*** (0.0511)	0.5253*** (0.0912)	0.7379*** (0.0579)	0.5712*** (0.0440)	0.5480*** (0.0645)
观测值	13536	13536	13536	13536	13536	13536	13536	13536
R^2	0.102	0.076	0.089	0.220	0.085	0.210	0.155	0.224

注：*代表变量估计系数在10%统计水平上显著；**代表在5%统计水平上显著；***代表在1%统计水平上显著。

表 9－7　　林权改革影响农户家庭不同来源消费的中介效应检验

变量	自给性消费	购买性消费	自给性消费	购买性消费
林权改革	0.0512** (0.0202)	0.0356* (0.0195)	0.0262 (0.0325)	0.0213** (0.0096)
林业收入	0.0543*** (0.0068)	0.0262*** (0.0077)	—	—
非农收入	—	—	-0.0292 (0.0317)	0.1440*** (0.0182)
非农劳动力价格	-0.0026 (0.0017)	0.0004 (0.0003)	-0.0008 (0.0010)	0.0008** (0.0004)
木材价格	0.0396** (0.0177)	0.0002* (0.0001)	0.0000 (0.0002)	0.0002*** (0.0001)
年龄	-0.0023*** (0.0008)	-0.0013** (0.0006)	-0.0034*** (0.0008)	-0.0009** (0.0005)
性别	0.1153*** (0.0444)	0.0090 (0.0525)	0.0659** (0.0304)	-0.0151 (0.0244)
受教育年限	-0.0029 (0.0023)	0.0008 (0.0022)	0.0014 (0.0025)	0.0013 (0.0016)
健康状况	0.1730*** (0.0266)	0.0109 (0.0229)	0.0096 (0.0258)	0.0477** (0.0186)
户主是否干部	0.0198 (0.0187)	0.0029 (0.0142)	0.0191 (0.0135)	0.0067 (0.0117)
家庭人口数量	0.0134** (0.0057)	0.0016 (0.0059)	0.0138** (0.0057)	0.0173*** (0.0039)
家庭劳动力数量	0.0038 (0.0082)	0.0136* (0.0074)	0.0047 (0.0066)	0.0103* (0.0053)
是否采伐木材	0.0525 (0.1481)	0.0755** (0.0379)	0.0202 (0.0173)	0.1156** (0.0492)
是否非农就业	-0.0324** (0.0150)	0.2046*** (0.0138)	-0.0116 (0.0232)	0.0123 (0.0138)
林地面积	0.0002 (0.0005)	0.0002*** (0.0001)	0.0002*** (0.0001)	0.0002*** (0.0001)
年度固定效应	控制	控制	控制	控制
常数项	0.2204*** (0.0745)	0.5403*** (0.0746)	0.3828*** (0.0669)	0.5311*** (0.0455)
观测值	13536	13536	13536	13536
R^2	0.130	0.212	0.053	0.133

注：* 代表变量估计系数在 10% 统计水平上显著；** 代表在 5% 统计水平上显著；*** 代表在 1% 统计水平上显著。

9.5.2 调节效应分析

鉴于林权改革对农户家庭消费具有显著影响，有必要进一步探究林权改革政策效应得以发挥的边界条件。对于采取不同生计策略的农户而言，林权改革对其家庭消费可能存在异质性影响，这里主要关注生计策略与林权改革交叉项的估计结果。为了尽可能减少甚至消除样本数据的多重共线性和自相关性的干扰，在进行调节效应检验前，对核心解释变量（林权改革）和调节变量（生计策略）采取中心化的方式进行处理，所得系数均为中心化系数。表9-8结果显示，林权改革和生计策略的去中心化交叉项估计系数在1%统计水平上对农户家庭总消费具有显著正向效应，说明生计策略非农化程度越高，林权改革对农户家庭总消费的正向效应越大，与理论预期一致，假说24得到验证。

分消费类型来看，林权改革和生计策略的去中心化交叉项估计系数在1%统计水平上对农户家庭食品消费具有显著负向效应，而在1%统计水平上对其其他消费具有显著正向效应。由此可以判别，随着生计策略非农化程度的加深，林权改革对农户家庭食品消费的正向效应呈现逐渐减弱态势，而对其其他消费的正向效应则呈现逐渐增强态势，说明生计策略在林权改革影响农户家庭食品消费和其他消费中具有异质性调节作用。

表9-8　林权改革影响农户家庭消费的调节效应检验（一）

变量	总消费	食品消费	其他消费
林权改革	0.0158** (0.0074)	0.0497** (0.0221)	0.0297*** (0.0129)
生计策略	0.0105*** (0.0014)	0.0160*** (0.0017)	0.0187*** (0.0027)
林权改革×生计策略	0.0102*** (0.0022)	-0.0180*** (0.0027)	0.0299*** (0.0042)
非农劳动力价格	0.0007*** (0.0001)	0.0003*** (0.0001)	0.0034*** (0.0004)
木材价格	0.0000* (0.0000)	0.0000 (0.0000)	0.0009*** (0.0002)

续表

变量	总消费	食品消费	其他消费
年龄	-0.0012*** (0.0004)	-0.0002 (0.0005)	-0.0008 (0.0008)
性别	0.0026 (0.0227)	0.0209 (0.0267)	0.0321 (0.0554)
受教育年限	0.0047*** (0.0014)	0.0017 (0.0015)	0.0034 (0.0027)
健康状况	0.0124 (0.0144)	0.0246 (0.0150)	0.0022 (0.0277)
户主是否干部	0.0053 (0.0078)	0.0104 (0.0088)	0.0300* (0.0174)
家庭人口数量	0.0155*** (0.0035)	0.0139*** (0.0037)	0.0129* (0.0068)
家庭劳动力数量	0.0139*** (0.0044)	0.0120*** (0.0045)	0.0080 (0.0088)
是否采伐木材	0.0045 (0.0210)	0.0547*** (0.0134)	0.0172 (0.0406)
是否非农就业	0.0399*** (0.0117)	0.0183 (0.0141)	0.0727*** (0.0227)
林地面积	0.0002*** (0.0000)	0.0001*** (0.0000)	0.0001 (0.0001)
年度固定效应	控制	控制	控制
常数项	0.8308*** (0.0404)	0.6938*** (0.0467)	0.6777*** (0.0858)
观测值	13536	13536	13536
R^2	0.161	0.128	0.119

注：* 代表变量估计系数在 10% 统计水平上显著；** 代表在 5% 统计水平上显著；*** 代表在 1% 统计水平上显著。

此外，为更加直观了解生计策略差异的影响，本部分进一步考察林权改革与生计策略的交互效应，以生计策略非农化程度的高低为标准，将生计策略分为纯农户、兼业户和非农户进行分组回归，进一步探讨不同生计策略下林权改革影响农户家庭总消费的差异性。表 9-9 结果显示，林权改革至少在 10% 统计水平上对纯农户、兼业户和非农户家庭总消费均具有显著正向效应，且林权改革影响农户家庭总消费的估计系数由 0.0099 增至 0.0144，表明林权改革的正向影响随着农户生计策略非农化程度的提高而变大，尤其在生计策略非农化程度较高的样本农户中，例如非农户，林权改革对其家庭总消费的正向效应更大。由此可以看出，随着生计策略非农化程度的提升，林权改革对农户家庭总收入提升效应的逐渐强化将进一步扩大总收入对农户家庭总消费的约束边界。

表9-9　林权改革影响农户家庭消费的调节效应稳健性检验（二）

变量	非农就业		
	纯农户	兼业户	非农户
林权改革	0.0099*** (0.0018)	0.0101* (0.0058)	0.0144*** (0.0052)
非农劳动力价格	0.0014*** (0.0001)	0.0010*** (0.0000)	0.0005* (0.0003)
木材价格	0.0001** (0.0000)	0.0000* (0.0000)	0.0001*** (0.0000)
年龄	-0.0009*** (0.0001)	0.0003 (0.0003)	-0.0010*** (0.0002)
性别	0.0090* (0.0055)	0.0132 (0.0114)	0.0084 (0.0113)
受教育年限	0.0024*** (0.0003)	0.0028*** (0.0009)	0.0039*** (0.0006)
健康状况	0.0013 (0.0036)	0.0095 (0.0095)	0.0012 (0.0071)
户主是否干部	0.0109*** (0.0019)	0.0230*** (0.0057)	0.0006 (0.0043)
家庭人口数量	0.0119*** (0.0008)	0.0120*** (0.0023)	0.0188*** (0.0014)
家庭劳动力数量	0.0018* (0.0010)	0.0015 (0.0028)	0.0030 (0.0020)

续表

变量	非农就业		
	纯农户	兼业户	非农户
是否采伐木材	0.0011 (0.0037)	0.0070 (0.0312)	-0.0036 (0.0084)
是否非农就业	0.0347*** (0.0023)	0.0641*** (0.0104)	0.0236*** (0.0035)
林地面积	0.0001*** (0.0000)	0.0001** (0.0000)	0.0001*** (0.0000)
年度固定效应	控制	控制	控制
常数项	0.8305*** (0.0093)	0.7334*** (0.0260)	0.8032*** (0.0185)
观测值	3512	6172	3852
R^2	0.383	0.117	0.409

注：*代表变量估计系数在10%统计水平上显著；**代表在5%统计水平上显著；***代表在1%统计水平上显著。

分消费类型来看，表9-10结果显示，林权改革至少在10%统计水平上对纯农户和兼业户家庭食品消费均具有显著正向效应，而对非农户并未产生显著影响，林权改革对农户家庭食品消费影响的估计系数由0.0294降至0.0034，表明林权改革的正向影响随着农户生计策略非农化程度的提高而变小，尤其在生计策略非农化程度较低的样本农户中，例如纯农户，林权改革对其家庭食品消费的正向效应更大，说明随着生计策略非农化程度的提升，林权改革对农户林业增收效应的逐渐减弱进一步传导至农户家庭消费，促使受约束的林业收入增长强化农户家庭食品消费的能力逐渐弱化。林权改革在10%统计水平上对兼业户和非农户家庭其他消费具有显著正向效应，而对纯农户家庭其他消费并无显著影响，林权改革对农户家庭其他消费影响的估计系数由0.0045增至0.0666，表明林权改革的正向影响随着农户生计策略非农化程度的提高而变大，尤其在生计策略非农化程度较高的样本农户中，例如非农户，林权改革对其其他消费的正向效应更大，说明随着生计策略非农化程度的提升，林权改革对农户非农增收效应的逐渐强化将进一步扩大非农收入对农户家庭其他消费的约束边界。因此，由于林业生产和非农就业两种就业类型特征的差异，促使生计策略在林权改革影响农户家庭林业收入和非农收入过程中表现出不确定的调节效应，进而造成林权改革对农户家庭食品消费和其他消费的影响在不同生计策略农户中也存在明显差异，分组回归结果进一步佐证了上述观点。

表 9－10　林权改革影响农户家庭消费的调节效应稳健性检验（三）

变量	纯农户		兼业户		非农户	
	食品消费	其他消费	食品消费	其他消费	食品消费	其他消费
林权改革	0.0294** (0.0128)	0.0045 (0.0211)	0.0128* (0.0078)	0.0487* (0.0289)	0.0034 (0.0023)	0.0666* (0.0393)
非农劳动力价格	0.0018* (0.0010)	0.0052*** (0.0004)	0.0013*** (0.0002)	0.0037*** (0.0004)	0.0003*** (0.0000)	0.0075*** (0.0018)
木材价格	0.0226* (0.0121)	0.0002 (0.0001)	0.0000 (0.0000)	0.0010*** (0.0002)	0.0000 (0.0000)	0.0016*** (0.0003)
年龄	-0.0001 (0.0006)	-0.0007 (0.0010)	-0.0006 (0.0004)	-0.0008 (0.0008)	-0.0004*** (0.0001)	0.0008 (0.0013)
性别	0.0007 (0.0508)	0.0085 (0.0414)	0.0228 (0.0152)	0.0809 (0.0833)	0.0034 (0.0048)	0.1314 (0.0819)
受教育年限	0.0057*** (0.0014)	0.0067** (0.0033)	0.0005 (0.0012)	0.0054* (0.0028)	0.0001 (0.0003)	0.0060 (0.0045)
健康状况	0.0217 (0.0227)	0.0596* (0.0339)	0.0109 (0.0125)	0.0406 (0.0294)	-0.0013 (0.0031)	0.2009*** (0.0490)
户主是否干部	0.0235* (0.0119)	0.0949*** (0.0212)	0.0279*** (0.0078)	0.0126 (0.0177)	0.0089*** (0.0017)	0.0350 (0.0317)
家庭人口数量	0.0129*** (0.0034)	0.0169** (0.0083)	0.0181*** (0.0031)	0.0194*** (0.0074)	0.0096*** (0.0007)	0.0522*** (0.0104)
家庭劳动力数量	0.0008 (0.0054)	0.0062 (0.0103)	0.0032 (0.0038)	0.0144 (0.0093)	0.0034*** (0.0009)	0.0099 (0.0144)

续表

变量	纯农户		兼业户		非农户	
	食品消费	其他消费	食品消费	其他消费	食品消费	其他消费
是否采伐木材	0.1480** (0.0700)	0.0024 (0.1105)	0.0181 (0.0407)	0.0173 (0.0453)	0.0113*** (0.0033)	0.2104*** (0.0631)
是否非农就业	0.0514*** (0.0115)	0.1244*** (0.0371)	0.0684*** (0.0137)	0.2523*** (0.0201)	0.0241*** (0.0020)	0.0827*** (0.0255)
林地面积	0.0001 (0.0004)	0.0003*** (0.0001)	-0.0000 (0.0000)	0.0003*** (0.0001)	0.0001*** (0.0000)	0.0009*** (0.0002)
年度固定效应	控制	控制	控制	控制	控制	控制
常数项	0.6450*** (0.0722)	0.5440*** (0.0951)	0.6133*** (0.0350)	0.5326*** (0.1075)	0.7292*** (0.0082)	0.8147*** (0.1362)
观测值	3512	3512	6172	6172	3852	3852
R^2	0.291	0.168	0.041	0.113	0.283	0.365

注：*代表变量估计系数在10%统计水平上显著；**代表在5%统计水平上显著；***代表在1%统计水平上显著。

为探究林权改革政策效应得以发挥的边界条件，采用调节效应模型对生计策略在林权改革影响农户不同层次消费和不同来源消费的作用机制进行计量分析。为尽可能减少甚至消除样本数据的多重共线性和自相关性的干扰，在进行调节效应检验前，对林权改革和生计策略采取中心化的方式进行处理，所得系数均为中心化系数。表9-11结果显示，生计策略在林权改革影响农户家庭消费结构中具有显著异质性调节效应。具体而言，林权改革和生计策略的去中心化交叉项估计系数在1%统计水平上对农户家庭食品基本性需求消费、其他基本性需求消费、自给性消费均具有显著负向效应，说明生计策略非农化程度越高，林权改革对农户家庭食品基本性需求消费、其他基本性需求消费、自给性消费的正向效应越小；林权改革和生计策略的去中心化交叉项估计系数至少在5%统计水平上对农户家庭食品非基本性需求消费、其他非基本性需求消费、购买性消费具有显著正向效应，说明生计策略非农化程度越高，林权改革对农户家庭食品非基本性需求消费、其他非基本性需求消费、购买性消费的正向效应越大。

表 9－11 林权改革影响农户家庭不同层次消费和不同来源消费的调节效应检验（一）

变量	食品基本性需求消费	食品非基本性需求消费	其他基本性需求消费	其他非基本性需求消费	自给性消费	购买性消费
林权改革	0.0745*** (0.0231)	0.0580*** (0.0154)	0.0318** (0.0131)	0.0299*** (0.0076)	0.0236** (0.0095)	0.0159** (0.0069)
生计策略	-0.0115*** (0.0019)	0.0004** (0.0002)	-0.0182*** (0.0021)	0.0002*** (0.0001)	-0.0057*** (0.0014)	0.0185*** (0.0020)
林权改革×生计策略	-0.0190*** (0.0027)	0.0064** (0.0026)	-0.0081*** (0.0029)	0.0068*** (0.0014)	-0.0188*** (0.0021)	0.0094*** (0.0027)
非农劳动力价格	0.0025*** (0.0006)	0.0008 (0.0013)	0.0013*** (0.0003)	0.0000 (0.0003)	-0.0023*** (0.0004)	0.0008*** (0.0003)
木材价格	0.0000 (0.0001)	0.0157 (0.0130)	0.0005** (0.0002)	0.0001** (0.0001)	0.0001 (0.0001)	0.0005** (0.0002)
年龄	-0.0016*** (0.0005)	-0.0021*** (0.0006)	-0.0005 (0.0006)	-0.0011*** (0.0003)	-0.0011** (0.0004)	0.0000 (0.0006)
性别	0.0274 (0.0429)	0.0374 (0.0343)	0.0861** (0.0341)	0.0340** (0.0132)	0.0460* (0.0267)	-0.0208 (0.0324)
受教育年限	0.0049*** (0.0018)	0.0047*** (0.0017)	0.0091*** (0.0021)	0.0055*** (0.0010)	0.0037** (0.0015)	0.0073*** (0.0019)
健康状况	0.0491** (0.0191)	0.0757*** (0.0200)	0.0473** (0.0222)	0.0284*** (0.0109)	0.0899*** (0.0165)	0.0423** (0.0211)
户主是否干部	0.0038 (0.0119)	0.0199 (0.0138)	0.0416*** (0.0134)	0.0108* (0.0056)	-0.0020 (0.0108)	0.0295** (0.0127)
家庭人口数量	0.0019 (0.0048)	0.0172*** (0.0042)	0.0212*** (0.0052)	0.0203*** (0.0023)	0.0151*** (0.0037)	0.0142*** (0.0050)
家庭劳动力数量	0.0031 (0.0059)	0.0133** (0.0061)	0.0207*** (0.0064)	0.0011 (0.0032)	0.0011 (0.0051)	0.0212*** (0.0061)
是否采伐木材	0.0219 (0.0330)	0.8552*** (0.1147)	0.0118 (0.0356)	0.0627*** (0.0207)	0.0343 (0.0289)	0.0057 (0.0338)
是否非农就业	0.0399** (0.0164)	0.0416*** (0.0139)	0.0564*** (0.0179)	0.0290*** (0.0075)	-0.0504*** (0.0117)	0.0386** (0.0170)
林地面积	0.0002*** (0.0001)	0.0007* (0.0004)	0.0003*** (0.0001)	0.0005** (0.0002)	0.0001* (0.0001)	0.0003*** (0.0001)

续表

变量	食品基本性需求消费	食品非基本性需求消费	其他基本性需求消费	其他非基本性需求消费	自给性消费	购买性消费
年度固定效应	控制	控制	控制	控制	控制	控制
常数项	0.5659*** (0.0621)	0.7960*** (0.0569)	0.4341*** (0.0620)	0.6662*** (0.0265)	0.2989*** (0.0449)	0.6494*** (0.0588)
观测值	13536	13536	13536	13536	13536	13536
R^2	0.102	0.212	0.165	0.240	0.128	0.148

注：* 代表变量估计系数在 10% 统计水平上显著；** 代表在 5% 统计水平上显著；*** 代表在 1% 统计水平上显著。

此外，为了更加直观了解生计策略差异的影响，本部分进一步考察林权改革与生计策略的交互效应，以生计策略非农化程度的高低为标准将生计策略分为纯农户、兼业户和非农户进行分组回归，以此考察不同生计策略下林权改革影响农户不同层次消费和不同来源消费的差异性。表 9 - 12 报告了生计策略在林权改革影响农户不同层次消费中的调节效应。结果显示，林权改革至少在 10% 统计水平上对纯农户和兼业户食品基本性和其他基本性需求消费均具有显著正向效应，而对非农户并未产生显著影响，林权改革对农户家庭食品基本性和其他基本性需求消费影响的估计系数分别由 0.0394、0.0214 降至 0.0127、0.0012，表明林权改革的正向影响随着农户生计策略非农化程度的提高而变小，尤其在生计策略非农化程度较低的样本农户中，例如纯农户，林权改革对其食品基本性和其他基本性需求消费的正向效应更大；林权改革至少在 10% 统计水平上对兼业户和非农户家庭食品非基本性和其他非基本性需求消费具有显著正向效应，而对纯农户家庭食品非基本性和其他非基本性需求消费并无显著影响，林权改革对农户家庭食品非基本性和其他非基本性需求消费影响的估计系数分别由 0.0039、0.0008 增至 0.0252、0.0272，表明林权改革的正向影响随着农户生计策略非农化程度的提高而变大，尤其在生计策略非农化程度较高的样本农户中，例如非农户，林权改革对其食品非基本性和其他非基本性需求消费的正向效应更大。分组回归结果进一步佐证上述林权改革影响农户家庭不同层次消费的调节效应检验结果。

表 9-12　　林权改革影响农户家庭不同层次消费和不同来源消费的调节效应稳健性检验（二）

变量	纯农户				兼业户				非农户			
	食品基本性需求消费	食品非基本性需求消费	其他基本性需求消费	其他非基本性需求消费	食品基本性需求消费	食品非基本性需求消费	其他基本性需求消费	其他非基本性需求消费	食品基本性需求消费	食品非基本性需求消费	其他基本性需求消费	其他非基本性需求消费
林权改革	0.0394*** (0.0124)	0.0039 (0.0027)	0.0214** (0.0097)	0.0008 (0.0106)	0.0249* (0.0143)	0.0181** (0.0085)	0.0129* (0.0070)	0.0117* (0.0062)	0.0127 (0.0136)	0.0252*** (0.0071)	0.0012 (0.0040)	0.0272*** (0.0089)
非农劳动力价格	0.0017*** (0.0005)	0.0006*** (0.0001)	0.0000 (0.0007)	0.0015*** (0.0002)	0.0021*** (0.0005)	0.0014*** (0.0002)	0.0013*** (0.0001)	0.0000 (0.0005)	0.0010*** (0.0003)	0.0003 (0.0003)	0.0012*** (0.0001)	0.0002 (0.0007)
木材价格	0.0000 (0.0001)	0.0000 (0.0000)	0.0003** (0.0001)	0.0001** (0.0000)	0.0001 (0.0001)	0.0000 (0.0000)	0.0000 (0.0000)	0.0003*** (0.0001)	0.0002*** (0.0001)	0.0002*** (0.0001)	0.0001 (0.0000)	0.0000 (0.0001)
年龄	-0.0008* (0.0005)	-0.0005*** (0.0001)	-0.0016*** (0.0006)	-0.0025*** (0.0005)	-0.0011** (0.0005)	-0.0007* (0.0004)	0.0005 (0.0003)	-0.0023*** (0.0003)	-0.0008 (0.0007)	-0.0011*** (0.0003)	-0.0004* (0.0002)	-0.0029*** (0.0005)
性别	-0.0026 (0.0192)	0.0005 (0.0079)	0.0096 (0.0465)	0.0516 (0.0347)	0.0045 (0.0221)	0.0306* (0.0166)	0.0057 (0.0136)	0.0072 (0.0182)	0.0192 (0.0267)	0.0050 (0.0110)	0.0252** (0.0117)	0.0352 (0.0270)
受教育年限	0.0032** (0.0015)	0.0003 (0.0005)	0.0068*** (0.0017)	0.0005 (0.0018)	-0.0015 (0.0018)	0.0015 (0.0013)	0.0015 (0.0011)	0.0042*** (0.0010)	0.0045** (0.0021)	0.0022** (0.0009)	0.0014** (0.0007)	0.0070*** (0.0016)
健康状况	0.0102 (0.0171)	-0.0078 (0.0051)	0.0629*** (0.0219)	0.0095 (0.0213)	0.0358* (0.0205)	0.0038 (0.0136)	-0.0067 (0.0114)	0.0055 (0.0120)	0.0543** (0.0219)	0.0149 (0.0102)	0.0164** (0.0078)	0.0092 (0.0179)
户主是否干部	0.0138 (0.0086)	0.0107*** (0.0028)	0.0345*** (0.0125)	0.0074 (0.0125)	0.0050 (0.0099)	0.0318*** (0.0085)	0.0205*** (0.0069)	0.0158** (0.0064)	0.0363*** (0.0137)	-0.0041 (0.0049)	0.0140*** (0.0042)	0.0207* (0.0109)
家庭人口数量	0.0167*** (0.0037)	0.0072*** (0.0011)	0.0131*** (0.0043)	0.0086* (0.0050)	0.0163*** (0.0042)	0.0191*** (0.0034)	0.0136*** (0.0028)	0.0100*** (0.0026)	0.0184*** (0.0054)	0.0100*** (0.0021)	0.0093*** (0.0017)	0.0150*** (0.0042)

续表

变量	纯农户				兼业户				非农户			
	食品基本性需求消费	食品非基本性需求消费	其他基本性需求消费	其他非基本性需求消费	食品基本性需求消费	食品非基本性需求消费	其他基本性需求消费	其他非基本性需求消费	食品基本性需求消费	食品非基本性需求消费	其他基本性需求消费	其他非基本性需求消费
家庭劳动力数量	0. 0017 (0. 0051)	0. 0064 *** (0. 0015)	0. 0008 (0. 0054)	0. 0041 (0. 0062)	-0. 0020 (0. 0060)	0. 0019 (0. 0041)	0. 0002 (0. 0034)	-0. 0000 (0. 0034)	0. 0061 (0. 0066)	0. 0156 *** (0. 0030)	0. 0018 (0. 0022)	0. 0044 (0. 0050)
是否采伐木材	0. 0055 (0. 0307)	0. 0048 (0. 0055)	0. 0718 (0. 0439)	0. 0958 ** (0. 0455)	0. 0116 (0. 0327)	0. 0259 (0. 0444)	0. 0318 (0. 0375)	0. 0303 ** (0. 0125)	0. 0925 (0. 0712)	0. 0084 (0. 0163)	0. 0186 ** (0. 0082)	0. 0136 (0. 0424)
是否非农就业	0. 0163 * (0. 0094)	0. 0285 *** (0. 0033)	0. 0718 *** (0. 0103)	0. 1072 *** (0. 0104)	0. 0214 ** (0. 0102)	0. 0767 *** (0. 0149)	0. 0452 *** (0. 0125)	0. 1050 *** (0. 0077)	0. 1263 *** (0. 0239)	0. 0133 *** (0. 0051)	0. 0285 *** (0. 0050)	0. 1030 *** (0. 0107)
林地面积	-0. 0001 (0. 0003)	0. 0001 *** (0. 0000)	0. 0004 *** (0. 0001)	0. 0002 ** (0. 0001)	-0. 0002 (0. 0004)	-0. 0000 (0. 0001)	0. 0001 (0. 0000)	0. 0002 *** (0. 0000)	0. 0001 (0. 0001)	0. 0005 *** (0. 0002)	0. 0001 *** (0. 0000)	0. 0004 *** (0. 0001)
年度固定效应	控制	控制	控制	控制	控制	控制	控制	控制	控制	控制	控制	控制
常数项	0. 5606 *** (0. 0429)	0. 6466 *** (0. 0401)	0. 6546 *** (0. 0600)	0. 6576 *** (0. 0562)	0. 7018 *** (0. 0476)	0. 5517 *** (0. 0382)	0. 5787 *** (0. 0314)	0. 7084 *** (0. 0309)	0. 4160 *** (0. 0613)	0. 6973 *** (0. 0238)	0. 6708 *** (0. 0201)	0. 7830 *** (0. 0461)
观测值	3512	3512	3512	3512	6172	6172	6172	6172	3852	3852	3852	3852
R^2	0. 054	0. 032	0. 177	0. 158	0. 025	0. 047	0. 105	0. 147	0. 043	0. 202	0. 120	0. 259

注：* 代表变量估计系数在 10% 统计水平上显著；** 代表在 5% 统计水平上显著；*** 代表在 1% 统计水平上显著。

表9－13报告了生计策略在林权改革影响农户家庭不同来源消费中的调节效应。结果显示，林权改革至少在5%统计水平上对纯农户和兼业户家庭自给性消费具有显著正向效应，而对非农户并未产生显著影响，林权改革对农户家庭自给性消费影响的估计系数由0.0234降至0.0073，表明林权改革的正向影响随着农户生计策略非农化程度的提高而变小，尤其在生计策略非农化程度较低的样本农户中，例如纯农户，林权改革对其自给性消费的正向效应更大；林权改革至少在10%统计水平上对兼业户和非农户家庭购买性消费具有显著正向效应，林权改革对农户家庭购买性消费影响的估计系数由0.013增至0.0344，表明林权改革的正向影响随着农户生计策略非农化程度的提高而变大，尤其在生计策略非农化程度较高的样本农户中，例如非农户，林权改革对其购买性消费的正向效应更大。分组回归结果进一步佐证了上述林权改革影响农户家庭不同来源消费的调节效应检验结果。

表9－13　林权改革影响农户家庭不同层次消费和不同来源消费的调节效应稳健性检验（三）

变量	纯农户		兼业户		非农户	
	自给性消费	购买性消费	自给性消费	购买性消费	自给性消费	购买性消费
林权改革	0.0234** (0.0107)	0.0130 (0.0275)	0.0132*** (0.0038)	0.0158* (0.0082)	0.0073 (0.0108)	0.0344*** (0.0121)
非农劳动力价格	-0.0007*** (0.0001)	0.0011 (0.0008)	-0.0005** (0.0002)	0.0002 (0.0006)	-0.0017*** (0.0005)	0.0021*** (0.0005)
木材价格	0.0000** (0.0000)	0.0005*** (0.0001)	0.0001 (0.0001)	0.0002** (0.0001)	0.0001 (0.0001)	0.0000 (0.0000)
年龄	-0.0013** (0.0005)	-0.0009 (0.0009)	-0.0003 (0.0002)	-0.0019*** (0.0004)	0.0003 (0.0005)	-0.0015*** (0.0004)
性别	0.0061 (0.0254)	-0.0672 (0.0432)	0.0188* (0.0112)	0.0488** (0.0231)	0.0012 (0.0211)	0.0329 (0.0226)

续表

变量	纯农户		兼业户		非农户	
	自给性消费	购买性消费	自给性消费	购买性消费	自给性消费	购买性消费
受教育年限	0.0079 *** (0.0018)	0.0025 (0.0034)	0.0010 (0.0006)	0.0045 *** (0.0012)	0.0036 ** (0.0017)	0.0046 *** (0.0015)
健康状况	0.0498 ** (0.0195)	0.0222 (0.0354)	0.0122 * (0.0072)	-0.0061 (0.0145)	0.0469 *** (0.0175)	0.0097 (0.0146)
户主是否干部	0.0166 (0.0104)	0.0343 * (0.0178)	0.0149 *** (0.0039)	0.0023 (0.0089)	0.0314 *** (0.0108)	0.0152 (0.0097)
家庭人口数量	0.0034 (0.0044)	0.0227 *** (0.0084)	0.0149 *** (0.0016)	0.0199 *** (0.0032)	0.0100 ** (0.0043)	0.0271 *** (0.0033)
家庭劳动力数量	0.0085 (0.0057)	0.0043 (0.0110)	0.0034 (0.0021)	0.0022 (0.0045)	0.0102 * (0.0053)	0.0053 (0.0045)
是否采伐木材	0.0194 (0.0333)	0.2527 *** (0.0593)	0.0363 *** (0.0078)	0.0103 (0.0360)	0.0595 (0.0580)	0.0104 (0.0184)
是否非农就业	-0.0403 *** (0.0101)	0.0152 (0.0285)	-0.0293 *** (0.0047)	0.0612 *** (0.0080)	-0.0949 *** (0.0190)	0.0326 *** (0.0088)
林地面积	0.0000 (0.0001)	0.0000 (0.0003)	-0.0000 (0.0000)	0.0005 * (0.0003)	0.0002 *** (0.0001)	0.0001 ** (0.0001)
年度固定效应	控制	控制	控制	控制	控制	控制
常数项	0.5481 *** (0.0480)	0.8195 *** (0.0924)	0.5977 *** (0.0191)	0.8490 *** (0.0395)	0.4212 *** (0.0485)	0.7888 *** (0.0394)
观测值	3512	3512	6172	6172	3852	3852
R^2	0.074	0.114	0.084	0.257	0.058	0.194

注：* 代表变量估计系数在 10% 统计水平上显著；** 代表在 5% 统计水平上显著；*** 代表在 1% 统计水平上显著。

9.6 异质性分析

9.6.1 经济发展水平差异视角下林权改革对农户家庭消费的影响

表9－14报告了经济发展水平差异下林权改革对农户家庭消费影响的分组回归结果。结果显示，相比于东部地区，林权改革对中西部地区农户家庭消费的影响更为显著。究其原因，东部地区经济发展水平更高，无论是城市还是乡镇，其经济环境市场化程度都要更高，农户的生产活动呈现明显的多元化特征。因此，林权改革对其从事林业生产或者非农活动的激励作用相对有限。而中西部地区经济发展水平相对较低，农户对林地的经济保障功能具有较高的依赖程度，并且为了提高家庭消费水平和消费能力，他们更需要在保证“零”失地风险前提下从事远距离的非农就业活动以扩大家庭消费约束边界。因此，林权改革对中西部地区农户家庭消费的影响更加显著。

表9－14 林权改革对农户家庭消费的影响：基于经济发展水平差异视角

变量	中西部地区			东部地区		
	总消费	食品消费	其他消费	总消费	食品消费	其他消费
林权改革	0.0178*** (0.0034)	0.1364*** (0.0298)	0.0162*** (0.0040)	0.0114 (0.0075)	0.0247 (0.0203)	0.0190 (0.0128)
非农劳动力价格	0.0003 (0.0002)	0.0017 (0.0013)	0.0008** (0.0004)	0.0009*** (0.0001)	0.0003* (0.0002)	0.0165** (0.0071)
木材价格	0.0000 (0.0000)	0.0035*** (0.0004)	0.0001* (0.0001)	0.0000 (0.0000)	0.0000 (0.0000)	0.0002 (0.0005)
年龄	－0.0005*** (0.0002)	－0.0020 (0.0013)	0.0002 (0.0002)	－0.0009** (0.0004)	－0.0008 (0.0008)	－0.0022*** (0.0007)
性别	0.0061 (0.0071)	0.0109 (0.0560)	0.0056 (0.0081)	0.0106 (0.0247)	0.0274 (0.0535)	0.0922** (0.0420)

续表

变量	中西部地区			东部地区		
	总消费	食品消费	其他消费	总消费	食品消费	其他消费
受教育年限	0.0036*** (0.0005)	0.0034 (0.0046)	0.0014** (0.0006)	0.0009 (0.0013)	0.0082*** (0.0029)	0.0048** (0.0022)
健康状况	0.0186*** (0.0060)	0.2240*** (0.0536)	0.0168** (0.0066)	0.0196 (0.0138)	0.0278 (0.0322)	0.0048 (0.0236)
户主是否干部	0.0072** (0.0032)	0.0356 (0.0328)	0.0110*** (0.0037)	0.0180** (0.0081)	0.0343 (0.0209)	0.0135 (0.0141)
家庭人口数量	0.0152*** (0.0012)	0.0346*** (0.0110)	0.0145*** (0.0014)	0.0137*** (0.0035)	-0.0001 (0.0080)	0.0082 (0.0060)
家庭劳动力数量	0.0023 (0.0016)	0.0001 (0.0144)	0.0001 (0.0019)	0.0109** (0.0043)	-0.0043 (0.0105)	0.0040 (0.0074)
是否采伐木材	0.0191*** (0.0064)	0.0556 (0.1067)	0.0274*** (0.0075)	0.0157 (0.0238)	0.1604* (0.0840)	0.0759* (0.0413)
是否非农就业	0.0270*** (0.0031)	0.0382 (0.0274)	0.0146*** (0.0037)	0.1071*** (0.0075)	0.1357*** (0.0168)	0.1560*** (0.0129)
林地面积	0.0001*** (0.0000)	0.0000 (0.0002)	0.0000 (0.0000)	0.0002*** (0.0000)	0.0002* (0.0001)	0.0003*** (0.0001)
年度固定效应	控制	控制	控制	控制	控制	控制
常数项	0.7659*** (0.0142)	0.4219*** (0.1207)	0.6660*** (0.0163)	0.6556*** (0.0391)	0.3633*** (0.0867)	0.7203*** (0.0674)
观测值	7680	7680	7680	5856	5856	5856
R^2	0.180	0.203	0.067	0.148	0.208	0.106

注：*代表变量估计系数在10%统计水平上显著；**代表在5%统计水平上显著；***代表在1%统计水平上显著。

9.6.2 森林资源禀赋差异视角下林权改革对农户家庭消费的影响

表9-15报告了森林资源禀赋差异下林权改革对农户家庭消费影响的分组回归结果。结果显示，相比于北方地区，林权改革对南方地区农户家庭总消费的影响更为显著。分消费类型来看，林权改革对南方地区农户家庭食品

消费和其他消费具有显著正向效应，但相比于其他消费，林权改革对其食品消费的影响相对较大。然而，林权改革对北方地区农户家庭食品消费并无显著影响，但对其他消费具有显著正向效应。究其原因，由表 9－14 研究结论可知，即相比于北方地区，林权改革对南方地区农户家庭林业收入的正向效应更大，但对其非农收入的正向效应要弱于北方地区。因此，由于林业收入相比于非农收入具有明显的弱质性，形成林权改革对不同森林资源禀赋地区农户家庭消费结构的影响呈现明显异质性。

表 9－15　林权改革对农户家庭消费的影响：基于森林资源禀赋差异视角

变量	南方地区			北方地区		
	总消费	食品消费	其他消费	总消费	食品消费	其他消费
林权改革	0.0220*** (0.0065)	0.0712*** (0.0208)	0.0216* (0.0122)	0.0068 (0.0044)	0.0020 (0.0042)	0.0272*** (0.0091)
非农劳动力价格	0.0003 (0.0006)	0.0015** (0.0007)	0.0157*** (0.0011)	0.0006*** (0.0001)	0.0002** (0.0001)	0.0039*** (0.0002)
木材价格	0.0552*** (0.0092)	0.0264*** (0.0077)	0.0017*** (0.0003)	0.0001*** (0.0000)	0.0000 (0.0000)	0.0007*** (0.0001)
年龄	-0.0015*** (0.0003)	-0.0046*** (0.0011)	-0.0008 (0.0006)	-0.0005** (0.0002)	0.0002 (0.0002)	-0.0013*** (0.0004)
性别	0.0290** (0.0142)	0.0861 (0.0736)	0.0016 (0.0282)	0.0039 (0.0105)	0.0082 (0.0098)	0.0123 (0.0202)
受教育年限	0.0025*** (0.0007)	-0.0019 (0.0036)	0.0047** (0.0019)	0.0041*** (0.0007)	0.0013** (0.0007)	0.0018* (0.0010)
健康状况	0.0144* (0.0087)	0.0264 (0.0400)	0.0397* (0.0204)	0.0118 (0.0076)	0.0207*** (0.0071)	0.0209* (0.0116)
户主是否干部	0.0107* (0.0059)	0.0903*** (0.0254)	0.0305*** (0.0117)	0.0127*** (0.0042)	0.0120*** (0.0040)	0.0154* (0.0082)
家庭人口数量	0.0154*** (0.0018)	0.0026 (0.0095)	0.0162*** (0.0046)	0.0139*** (0.0017)	0.0138*** (0.0016)	0.0124*** (0.0025)
家庭劳动力数量	-0.0021 (0.0025)	0.0027 (0.0119)	0.0037 (0.0059)	0.0076*** (0.0021)	0.0054*** (0.0020)	0.0055 (0.0036)

续表

变量	南方地区			北方地区		
	总消费	食品消费	其他消费	总消费	食品消费	其他消费
是否采伐木材	0.0764* (0.0435)	0.1449 (0.0902)	0.0163 (0.0235)	0.0148* (0.0085)	0.0267*** (0.0081)	0.1147* (0.0677)
是否非农就业	0.0507*** (0.0048)	0.1778*** (0.0217)	0.0890*** (0.0118)	0.0595*** (0.0043)	0.0370*** (0.0041)	0.0286*** (0.0067)
林地面积	0.0008*** (0.0001)	0.0004*** (0.0001)	-0.0001* (0.0001)	0.0002*** (0.0000)	0.0001** (0.0000)	0.0001 (0.0002)
年度固定效应	控制	控制	控制	控制	控制	控制
常数项	0.8421*** (0.0238)	0.7475*** (0.1116)	0.6194*** (0.0531)	0.7459*** (0.0193)	0.6540*** (0.0184)	0.7614*** (0.0334)
观测值	9120	9120	9120	4416	4416	4416
R^2	0.490	0.199	0.147	0.127	0.063	0.182

注：* 代表变量估计系数在 10% 统计水平上显著；** 代表在 5% 统计水平上显著；*** 代表在 1% 统计水平上显著。

9.6.3　人力资本禀赋差异视角下林权改革对农户家庭消费的影响

表 9-16 报告了人力资本禀赋差异下林权改革对农户家庭消费影响的分组回归结果。本部分将劳动力数量和受教育年限分别作为人力资本数量和质量的表征变量，以此考察人力资本禀赋。劳动力数量和受教育年限按低于和高于平均值的标准分为人力资本低、高数量两组和人力资本低、高质量两组，并以此进行分组回归。结果显示，相比于低人力资本禀赋农户家庭，林权改革对高人力资本禀赋农户家庭消费的影响更为显著。究其原因，由表 9-15 研究结论可知，无论是林业生产，还是非农就业，林权改革对高人力资本禀赋农户家庭的增收效应更为明显。因此，由于不同人力资本禀赋收入约束边界的差异，形成农户家庭消费水平和消费能力呈现明显异质性。

表 9-16　林权改革对农户家庭消费的影响：基于人力资本禀赋差异视角

变量	人力资本低数量组			人力资本高数量组			人力资本低质量组			人力资本高质量组		
	总消费	食品消费	其他消费	总消费	食品消费	其他消费	总消费	食品消费	其他消费	总消费	食品消费	其他消费
林权改革	0.0037 (0.0056)	0.0175 (0.0241)	0.0064 (0.0613)	0.0062* (0.0033)	0.0370*** (0.0142)	0.0232* (0.0133)	0.0178 (0.0203)	0.0245 (0.0284)	0.0149 (0.0138)	0.0304* (0.0156)	0.0639*** (0.0204)	0.0158*** (0.0052)
非农劳动力价格	0.0001 (0.0005)	0.0001 (0.0002)	0.0027*** (0.0003)	0.0003 (0.0034)	0.0014 (0.0009)	0.0113*** (0.0010)	0.0007*** (0.0001)	0.0009** (0.0004)	0.0029*** (0.0003)	0.0003 (0.0002)	0.0071 (0.0065)	0.0350*** (0.0050)
木材价格	0.0004*** (0.0001)	0.0000 (0.0000)	0.0000 (0.0001)	0.0007*** (0.0003)	0.0003* (0.0002)	0.0018*** (0.0002)	0.0000 (0.0000)	0.0001 (0.0001)	0.0000 (0.0001)	0.0001*** (0.0000)	0.0009* (0.0005)	0.0988* (0.0544)
年龄	-0.0000 (0.0003)	-0.0036*** (0.0012)	-0.0012 (0.0024)	-0.0012*** (0.0002)	-0.0007 (0.0006)	-0.0007 (0.0007)	-0.0005 (0.0006)	-0.0034*** (0.0007)	-0.0014** (0.0007)	0.0005 (0.0007)	-0.0040*** (0.0011)	-0.0007*** (0.0003)
性别	0.0024 (0.0156)	0.0441 (0.0465)	0.1689 (0.1325)	0.0564*** (0.0134)	0.0024 (0.0432)	0.0699** (0.0315)	0.0247 (0.0177)	0.0151 (0.0287)	0.0072 (0.0299)	0.0121 (0.0336)	-0.0826 (0.0578)	0.0061 (0.0111)
受教育年限	0.0024** (0.0009)	0.0016 (0.0039)	0.0082 (0.0070)	0.0026*** (0.0006)	0.0034* (0.0020)	0.0036* (0.0022)	0.0054* (0.0028)	0.0073* (0.0041)	0.0041 (0.0034)	0.0081** (0.0039)	0.0141*** (0.0037)	0.0022** (0.0009)
健康状况	0.0210** (0.0099)	0.0983** (0.0439)	0.1329* (0.0740)	0.0032 (0.0079)	0.0190 (0.0207)	0.0636** (0.0311)	0.0164 (0.0175)	0.0321 (0.0202)	-0.0160 (0.0218)	0.0077 (0.0384)	0.0654 (0.0457)	0.0196** (0.0100)
户主是否干部	0.0127** (0.0061)	0.0109 (0.0336)	0.1000 (0.0612)	0.0172*** (0.0040)	0.0106 (0.0120)	0.0573*** (0.0130)	0.0222* (0.0116)	0.0453*** (0.0133)	0.0128 (0.0161)	0.0338** (0.0139)	0.0661*** (0.0210)	-0.0050 (0.0046)
家庭人口数量	0.0194*** (0.0023)	0.0430*** (0.0096)	0.0905*** (0.0174)	0.0090*** (0.0014)	0.0150*** (0.0055)	0.0085 (0.0058)	0.0207*** (0.0049)	0.0132** (0.0052)	0.0199*** (0.0056)	0.0254*** (0.0054)	0.0048 (0.0084)	0.0076*** (0.0021)

续表

变量	人力资本低数量组			人力资本高数量组			人力资本低质量组			人力资本高质量组		
	总消费	食品消费	其他消费	总消费	食品消费	其他消费	总消费	食品消费	其他消费	总消费	食品消费	其他消费
家庭劳动力数量	0.0069 (0.0059)	0.0331 (0.0284)	0.0146 (0.0429)	-0.0030 (0.0018)	0.0189*** (0.0066)	0.0180** (0.0089)	0.0014 (0.0066)	0.0016 (0.0061)	0.0006 (0.0076)	0.0153** (0.0069)	0.0070 (0.0106)	0.0128*** (0.0029)
是否采伐木材	0.0140 (0.0134)	0.1003 (0.0895)	-0.0467 (0.3532)	0.0068 (0.0170)	0.0104 (0.0291)	0.0054 (0.0291)	0.0257 (0.0445)	0.0334** (0.0157)	0.0071 (0.0323)	0.0720 (0.0648)	-0.0091 (0.0608)	0.0312** (0.0146)
是否非农就业	0.0547*** (0.0053)	0.0318 (0.0225)	0.1114** (0.0471)	0.0460*** (0.0037)	0.1173*** (0.0124)	0.1128*** (0.0139)	0.0126 (0.0095)	-0.0157 (0.0133)	0.0854*** (0.0132)	-0.0018 (0.0133)	0.1140*** (0.0215)	0.0064 (0.0047)
林地面积	0.0002*** (0.0000)	0.0002 (0.0002)	0.0059** (0.0025)	0.0004*** (0.0000)	0.0002*** (0.0001)	0.0002*** (0.0001)	0.0002 (0.0002)	0.0002*** (0.0001)	0.0003*** (0.0001)	-0.0000 (0.0001)	0.0003 (0.0003)	0.0001 (0.0001)
年度固定效应	控制	控制	控制	控制	控制	控制	控制	控制	控制	控制	控制	控制
常数项	0.6132*** (0.0271)	0.2560** (0.1036)	0.7075*** (0.2138)	0.9132*** (0.0193)	0.5724*** (0.0648)	0.8519*** (0.0649)	0.7626*** (0.0522)	0.5505*** (0.0612)	0.7153*** (0.0608)	0.6274*** (0.0769)	0.7985*** (0.1029)	0.7417*** (0.0230)
观测值	7247	7247	7247	6289	6289	6289	6588	6588	6588	6948	6948	6948
R^2	0.144	0.102	0.468	0.411	0.130	0.129	0.192	0.144	0.165	0.100	0.184	0.115

注：* 代表变量估计系数在 10% 统计水平上显著；** 代表在 5% 统计水平上显著；*** 代表在 1% 统计水平上显著。

9.6.4 代际差异视角下林权改革对农户家庭消费的影响

借鉴何可和张俊飚（2014）的做法，本部分以1980年出生为界，若户主是1980年以前出生，则视为第一代农户，若出生在1980年之后，则视为新生代农户。表9-17报告了代际差异视角下林权改革对农户家庭消费影响的分组回归结果。结果显示，相比于第一代农户，林权改革对新生代农户家总消费的影响更为显著。分消费类型来看，林权改革对第一代农户家庭食品消费具有显著正向效应，但对其他消费并无显著影响。然而，林权改革对新生代农户家庭食品消费并无显著影响，但对其他消费具有显著正向效应。究其原因，由表8-16研究结论可知，即林权改革对第一代农户林业收入的促增效应更为明显，但对非农收入的促增效应要弱于新生代农户，加之不同层级农户的林地价值观、社会经历以及就业和生存格局的能力和偏好呈现明显异质性，造成两代农户在收入来源构成和消费观念等方面具有明显差异，进而形成林权改革对两代农户行为决策和消费偏好的影响表现出异质性的作用效果。

表9-17　林权改革对农户家庭消费的影响：基于代际差异视角

变量	第一代农户			新生代农户		
	总消费	食品消费	其他消费	总消费	食品消费	其他消费
林权改革	0.0184** (0.0074)	0.0313*** (0.0107)	0.0040 (0.0356)	0.0477* (0.0283)	0.0139 (0.0091)	0.0456* (0.0251)
非农劳动力价格	0.0001 (0.0007)	0.0010 (0.0009)	0.0239*** (0.0015)	0.0003 (0.0057)	0.0007** (0.0004)	0.0092*** (0.0013)
木材价格	0.0553*** (0.0097)	0.0230** (0.0092)	0.0023*** (0.0004)	0.0009** (0.0005)	0.0013*** (0.0002)	0.0057*** (0.0008)
年龄	-0.0022*** (0.0004)	-0.0022*** (0.0005)	0.0004 (0.0016)	-0.0050** (0.0022)	-0.0006 (0.0008)	-0.0047*** (0.0014)
性别	0.0421*** (0.0152)	0.0290 (0.0223)	0.0955* (0.0496)	0.0603 (0.1628)	0.0157 (0.0135)	0.1486 (0.1232)
受教育年限	0.0024*** (0.0008)	0.0020* (0.0011)	0.0191*** (0.0047)	0.0027 (0.0040)	0.0006 (0.0011)	0.0041 (0.0047)

续表

变量	第一代农户			新生代农户		
	总消费	食品消费	其他消费	总消费	食品消费	其他消费
健康状况	0.0102 (0.0092)	0.0241* (0.0127)	0.0320 (0.0439)	0.0903 (0.0889)	0.0533 (0.0433)	0.0080 (0.0572)
户主是否干部	0.0089 (0.0061)	0.0137 (0.0089)	0.0403* (0.0236)	0.0625** (0.0314)	-0.0077 (0.0059)	0.0956*** (0.0317)
家庭人口数量	0.0158*** (0.0020)	0.0134*** (0.0029)	0.0390*** (0.0102)	0.0290*** (0.0088)	0.0126*** (0.0032)	0.0007 (0.0120)
家庭劳动力数量	0.0050* (0.0030)	0.0023 (0.0043)	0.0105 (0.0146)	0.0228** (0.0115)	0.0102*** (0.0035)	0.0000 (0.0143)
是否采伐木材	0.0782* (0.0439)	-0.1142 (0.0713)	0.0349 (0.0794)	0.1675 (0.1334)	0.0242 (0.0154)	0.0408 (0.1133)
是否非农就业	0.0553*** (0.0052)	0.0275*** (0.0076)	0.0596** (0.0257)	0.0139 (0.0233)	0.0098 (0.0064)	0.1821*** (0.0282)
林地面积	0.0008*** (0.0002)	0.0001 (0.0003)	0.0016* (0.0009)	0.0004 (0.0003)	0.0003 (0.0002)	0.0005** (0.0002)
年度固定效应	控制	控制	控制	控制	控制	控制
常数项	0.9036*** (0.0311)	0.8361*** (0.0445)	0.3341*** (0.1289)	0.6690*** (0.2065)	0.7935*** (0.0482)	0.8687*** (0.1556)
观测值	12562	12562	12562	974	974	974
R^2	0.523	0.191	0.138	0.107	0.277	0.248

注：* 代表变量估计系数在 10% 统计水平上显著；** 代表在 5% 统计水平上显著；*** 代表在 1% 统计水平上显著。

9.7　林权改革对农户家庭消费的动态影响

由于林权改革对农户家庭林业收入和非农收入的正向效应表现出较好的可持续性，那么这种增收效应是否会传导至农户家庭消费，进而促使农户家庭消费具有良好的可持续性效果，回答此问题需要进一步从长期来看林权改革对农户家庭消费的动态影响。本部分借鉴表 8 - 18 的间接估计方法研究思路，表9－18结果显示，林权改革对前9年农户家庭总消费具有正向效应，且至少在5%统计水平上显著，同时呈现波动式上升态势，说明林权改革对农户家庭总消费的影响具有较好的可持续性；分消费类型来看，林权改革从第2年开始对农户家庭食品消费具有显著正向效应，随着政策推移呈现逐年波动递增态势，促增效应在政策推行的第9年最为显著，但林权改革仅对前5年农户家庭其他消费具有显著正向效应，随后逐年递减且不再显著。该经验结果表明林权改革对农户家庭食品消费和其他消费的影响表现出较好的可持续性，且与林权改革影响农户家庭林业收入和非农收入的分布特征基本上一致，说明无论是家庭增收还是家庭消费，林权改革对农户家庭生计的提升作用具有较好的可传导性和可持续性。同时，我们也发现，林权改革对农户家庭总消费的影响主要源于食品消费的贡献，而其他消费的贡献相对较小，间接说明林权改革对农户家庭消费的促增效应仍然停留在基本性需求消费层面，缺乏以改善性消费和享受性消费为主的其他消费，存在明显的质量不足问题。

表9－18　　林权改革对农户家庭消费的动态影响

变量	总消费	食品消费	其他消费	变量	总消费	食品消费	其他消费
林权改革	0.0932*** (0.0177)	0.0337** (0.0141)	0.0061** (0.0025)	木材价格	0.0000 (0.0001)	0.0001 (0.0002)	0.0956** (0.0411)
林权改革第1年	0.0247** (0.0124)	0.0138 (0.0200)	0.0393* (0.0207)	年龄	－0.0008 (0.0005)	－0.0001 (0.0004)	－0.0049*** (0.0018)
林权改革第2年	0.0722*** (0.0256)	0.0350* (0.0206)	0.0592* (0.0315)	性别	0.0320 (0.0310)	0.0439* (0.0244)	0.1153 (0.0982)
林权改革第3年	0.0851*** (0.0260)	0.0296* (0.0163)	0.0042** (0.0019)	受教育年限	0.0058*** (0.0017)	0.0034** (0.0015)	0.0048 (0.0048)
林权改革第4年	0.1028*** (0.0267)	0.0390* (0.0215)	0.0684** (0.0342)	健康状况	0.0264 (0.0174)	0.0406** (0.0163)	0.1573*** (0.0565)
林权改革第5年	0.0937*** (0.0271)	0.0471** (0.0220)	0.1984*** (0.0765)	户主是否干部	0.0203** (0.0101)	0.0198** (0.0100)	0.1352*** (0.0400)
林权改革第6年	0.0973*** (0.0275)	0.0551** (0.0231)	0.0882 (0.0775)	家庭人口数量	0.0176*** (0.0047)	0.0223*** (0.0039)	0.0529*** (0.0120)

续表

变量	总消费	食品消费	其他消费	变量	总消费	食品消费	其他消费
林权改革第 7 年	0.1099 *** (0.0284)	0.0843 *** (0.0255)	0.0465 (0.1023)	家庭劳动力数量	0.0194 *** (0.0057)	0.0158 *** (0.0048)	0.0155 (0.0176)
林权改革第 8 年	0.1180 *** (0.0293)	0.1127 *** (0.0259)	0.0070 (0.1752)	是否采伐木材	0.0099 (0.0265)	0.0129 (0.0259)	0.0246 (0.3286)
林权改革第 9 年	0.1114 *** (0.0353)	0.1145 *** (0.0314)	-0.0644 (0.1746)	是否非农就业	0.1008 *** (0.0098)	0.0944 *** (0.0096)	0.1278 *** (0.0328)
林权改革第 10 年	0.1133 (0.1046)	0.0712 (0.0870)	-0.0571 (0.0474)	林地面积	0.0002 *** (0.0001)	0.0002 *** (0.0001)	0.0018 * (0.0011)
林权改革第 11 年	0.1028 (0.1326)	0.0783 (0.0816)	-0.0537 (0.0496)	年度固定效应	控制	控制	控制
林权改革第 12 年	0.1059 (0.1167)	0.0679 (0.0735)	0.0418 (0.0529)	常数项	0.7769 *** (0.0514)	0.5817 *** (0.0445)	1.0064 *** (0.1711)
非农劳动力价格	0.0005 (0.0004)	0.0002 (0.0003)	0.0319 *** (0.0035)	观测值	13536	13536	13536
				R^2	0.145	0.099	0.449

注：* 代表变量估计系数在 10% 统计水平上显著；** 代表在 5% 统计水平上显著；*** 代表在 1% 统计水平上显著。

9.8　本章结论

本章利用全国 9 省（区）18 县（市、区）农户调查数据，采用双重差分模型、中介效应模型和调节效应模型揭示林权改革对农户家庭消费的影响及其作用机制。研究发现：第一，林权改革对农户家庭总消费、食品消费和其他消费具有显著正向效应，通过稳健性检验、平衡趋势检验、安慰剂检验等一系列方法验证了实证结果的可靠性。第二，机制分析表明，林权改革引起农户家庭林业收入和非农收入的增长能够显著提升农户家庭总消费、食品消费和其他消费水平，但林权改革对农户家庭总消费、食品消费的影响主要源于林业收入的增长，而对其他消费的影响则来自非农收入。若将生计策略异质性考虑在内，生计策略非农化程度越高，受约束的林权改革林业增收效应将限制林权改革对农户家庭消费的提升能力，而得到强化的林权改革非农增收效应将进一步扩大林权改革对农户家庭消费的约束边界。从农户家庭消费结构来看，林权改革引起林业收入的增长对农户家庭消费的影响主要体现在自给性消费和满足基本性需求消费，而林权改革引起非农收入的增长对农户家庭消费的影响主要体现在刺激购买性消费和非基本性需求消费。第三，异质性分析表明，经济发展水平、森林资源禀赋、人力资本禀赋、代际程度差异下林权改革对农户家庭消费的影响表现出明显的情景依赖性。第四，虽然林权改革对农户家庭消费的提升作用具有较好的可持续性，但林权改革对农户家庭消费的促增效应仍然停留在基本性需求消费层面，缺乏以改善性消费和享受性消费为主的其他消费，存在明显的质量不足问题。

第10章

研究结论与政策含义

2008 年，中国政府全面启动新一轮集体林权制度改革，至今已实施 14 年。林权改革通过强化林地产权稳定性、实现林地产权交易自由化、赋予林地产权抵押担保权能来影响农户各类生产要素的配置结构和经营决策行为，由此对农户生产效率以及家庭生计产生影响。然而，鲜有研究较好地揭示林权改革政策对农户生产效率及其家庭生计的影响及其作用机理。本书在考虑农户生产要素配置决策行为和生计策略异质性的基础上，开展林权改革对农户生产效率及其家庭生计影响的机制分析和实证检验。在厘清林权改革政策净效应后，提出完善和优化林权改革政策的建议。

10.1 研究结论

10.1.1 林权改革促进农户林业资本和林业劳动力等生产性投资的增加

总体上，林权改革增加了农户林业资本和林业劳动力的投资。一方面，林权改革通过强化林地产权稳定性对农户林业资本和林业劳动力投资具有直接激励效应。另一方面，林权改革通过促进林地转入来扩大林地经营规模和提升信贷可得性来缓解林业经营中所面临的信贷约束这两个间接渠道来吸引农户增加林业资本和林业劳动力投资。同时，随着生计策略非农化程度的降低，林权改革对农户林业资本和林业劳动力投资的正向效应呈现增强态势。值得注意的是，林权改革对非农户林业资本和林业劳动力投入并未产生显著影响。纯农户以林业生产为主要收入来源，林权改革一般会激励纯农户继续保持甚至加大原有林业生产投入强度，高林业依赖程度使得林权改革引发的劳动力转移激励效应对其作用效果不大；兼业户对林业生产的依赖程度相对弱于纯农户，此时林权改革对兼业户的林业生产投资激励效应要相对弱于纯农户，这主要是林权改革引发的劳动力非农就业转移弱化了部分林业生产投资激励效应。非农户对林业生产的依赖程度更小，一般不以林业生产为主要生计来源，对林地的生产投资原本就较少，因此林权改革对他们林业生产投资的影响作用相对较小。

虽然林权改革对农户林业资本和林业劳动力投资具有显著正向效应，但是不同类型农户的政策效果仍然存在明显差异。由于对林地的依赖程度、政府响应林权改革政策的执行效果、人力资本禀赋以及因年龄层级导致林地价值观的差异，林权改革对经济欠发达的中西部地区、森林资源禀赋较高的南方集体林区、人力资本禀赋较高的农户和第一代农户林业资本和林业劳动力投资的激励效应更加显著。尤其值得注意的一点是，由于不同林业种植结构的生长周期和投资回报期的差异，林权改革对种植较短生长周期和投资回报期的竹林、经济林和速生丰产林的林业资本和林业劳动力投资产生了显著正向效应，而对种植超长生产周期和投资回报期的一般用材林并未产生明显的政策效应，由此可以发现林权改革后农户仍然会更多地从经济效益出发而偏好于经营生长周期较短的竹林、经济林和速生丰产林，这恰恰是林权改革政策效应只在中短时期表现出较好的可持续性，而未在全时期甚至更长周期内产生显著可持续政策效果的最直接佐证。

10.1.2 林权改革激励农户增加非农劳动供给

林权改革对农户非农就业、非农务工和非农创业劳动投入具有显著正向效应，且农户的行为决策与投入决策具有一致性和持续性，但这种可持续性仅仅是中短期的。一方面，林权改革通过强化林地产权稳定性以大幅降低劳动力非农就业转移过程中可能面临的失地风险，进而对农户非农就业、非农务工和非农创业劳动投入具有直接激励效应。另一方面，林权改革通过促进林地转出来释放因林地“黏性”而被束缚的家庭劳动力和提升信贷可得性来增强非农生产的投资水平和投资能力以激发农户非农创业积极性，但对农户非农务工的中介效应并不成立。这显然与非农务工和非农创业对劳动力和资金的需求属性密切相关。同时，随着生计策略非农化程度的提高，林权改革对农户非农就业、非农务工和非农创业的正向效应均呈现增强态势。需要注意的是，林权改革不会显著影响纯农户的非农劳动供给，但会显著提高兼业户和非农户的非农劳动供给。由于纯农户劳动力非农就业转移的流动性较差，此时林权改革对其劳动力非农就业的激励作用被削弱，降低了通过非农就业来提高家庭总收入的可能性。对于兼业户而言，他们会通过增加非农劳动供给来增加非农收入进而提升总收入水平。而非农户劳动力非农就业转移的流动性相对更高，且对林业生产依赖程度更小，强化林地产权安全性将会激励非农户配置更多劳动力到非农部门。

虽然林权改革对农户非农就业、非农务工和非农创业具有显著正向效应，但是不同类型农户的政策效果存在明显差异。由于经济发展水平引致的市场经济活动参与程度和对林地的依赖程度、因森林资源禀赋造成退出林业生产的难易程度和非农就业转移机会成本、因人力资本禀赋造成非农就业技能和非农就业机会、因年龄层级导致非农就业能力的差异，林权改革的政策效应在经济欠发达的中西部地区、少林的北方地区、较高人力资本禀赋和新生代农户非农就业、非农务工和非农创业中更为显著。

10.1.3　林权改革提升了农户生产效率

林权改革显著提升了农户总生产效率、林业生产效率和非农生产效率，并且通过增加林业生产投资、强化非农劳动供给、提高林地流转发生率和提升信贷可得性这四种间接渠道来提升农户总生产效率、林业生产效率和非农生产效率证明是有效的，说明林权改革对农户生产行为决策的影响在实现生产要素“量”的增加的同时也完成生产效率“质”的提升，不存在过密化的生产要素堆积现象。同时，随着生计策略非农化程度的提高，林权改革对农户林业生产效率的正向效应呈现弱化态势，而对其非农生产效率的正向效应则呈现增强态势，需要指出的是，林权改革对纯农户的非农就业和非农户的林业生产并未实现生产效率的“质”的飞跃，而对兼业户的林业生产和非农就业、纯农户的林业生产、非农户的非农就业均实现了生产效率的提升，这大致符合林权改革对农户林业生产投资和非农就业的影响在不同生计策略中的状态分布，并未出现与事实背离的情况。

虽然林权改革对农户总生产效率、林业生产效率和非农生产效率具有显著正向效应，但是不同类型农户的政策效果也存在明显差异。由于经济发展水平导致的市场经济活跃程度、因森林资源禀赋造成的对自然资源的依存度、因人力资本禀赋引致的实现市场化的要素组合能力和因年龄层级导致生产能力和经营决策偏好的差异，林权改革对经济欠发达的中西部地区、森林资源丰富度更高的南方地区、高人力资本禀赋和第一代农户生产效率的提升效应更加显著，尤其需要指出的一点是，由于不同林业种植结构的生长周期和要素投资集约化程度的差异，林权改革对种植较短生长周期和较高要素投资集约化程度的竹林、经济林和速生丰产林的林业生产效率具有显著正向效应，而对种植超长生产周期和较低要素投资集约化程度的一般用材林的林业生产效率并无显著影响。从非农生产结构来看，林权改革对农户非农务工和非农创业生产效率均具有显著正向效应。

10.1.4 林权改革增加了农户家庭收入

林权改革显著促进农户家庭收入的增加，且林权改革的增收效应有助于缩小农村收入差距，突出表现为“益富更益贫”的特点。此外，林权改革的增收效应具有良好的可持续性，但这种可持续性主要来自林业增收效应的贡献。一方面，林权改革通过改善林地产权安全性对农户家庭总收入、林业收入和非农收入产生直接激励效应。另一方面，林权改革通过增强林业生产投资激励、增加非农劳动供给、鼓励林地流转和提高信贷可得性四种间接途径促进农户家庭总收入、林业收入和非农收入的增加，说明林权改革的增收效应在实现生产效率“质”的飞跃的基础上也实现了“量”的增加。随着生计策略非农化程度的提高，林权改革对农户家庭林业收入的正向激励效应呈现弱化态势，而对非农收入的正向激励效应则呈现增强态势。值得注意的是，林权改革对纯农户的非农收入和非农户的林业收入并未产生显著的增收效应，但却显著促进兼业户林业收入和非农收入、纯农户的林业收入、非农户的非农收入的增加。由此可以判别，林权改革对林业生产和非农就业实现“质”（生产效率）和“量”（收入）的双增效应只显著存在于兼业户当中，而仅对纯农户的林业生产和非农户的非农就业实现“质”和“量”的双增。究其原因，对于纯农户而言，其生计来源以林业生产为主，林权改革将会强化其林业生产积极性，进而遮掩政策对其非农就业产生并无显著影响。对于兼业户而言，林权改革表现出强而有力的增收效应，无论是林业生产还是非农就业，兼业户通过优化林地、资本和劳动力配置而获得更高的家庭总收入。尽管林权改革无法在最大限度上实现最优生产效率，但是政策对其某一方面生产行为的遮掩效应相对有限。因此，林权改革仍然能够在一定程度上促进兼业户林业收入和非农收入水平得到提升。对于非农户而言，其生计来源以非农生产为主，林权改革的实施将进一步加剧非农户的离林趋势，促进其通过强化非农劳动供给以增加非农收入，此时林权改革对非农户的非农增收效应遮掩了未显著发生的林业增收效应。

虽然林权改革对农户家庭总收入、林业收入和非农收入具有显著正向效应，但是对不同类型农户的政策效果存在明显差异。由于经济发展水平、森林资源禀赋、人力资本禀赋和代际程度的差异，林权改革的林业增收效应只显著存在于经济欠发达的中西部地区、森林资源禀赋较高的南方集体林区、高人力资本禀赋和第一代农户家庭中，而非农增收效应显著存在于经济欠发达的中西部地区、森林资源禀赋较低的北方少林区、高人力资本禀赋和新生代农户家庭中。需要注意的一点是，林权改革的增收效应在不同收入结构中表现出明显的情景依赖性，林权改革对农户家庭非农收入结构中的非农务工收入、非农创业收入和林业收入结构中的竹林收入、经济林收入具有显著的增收效果，然而，林权改革对农户家庭用材林收入的增收效应却并不显著。由此可以判别，尽管林权改革的林业生产要素激励效应仅在中短时期具有较好可持续性，但其林业增收效应却能够在全时期甚至更长生产周期中具备良好可持续性，原因在于农户对较短生长周期林产品的种植决策偏好并未发生显著转变，使其能够逐年获得稳定的林业收入，这也是林权改革的增收效应主要源于林业增收贡献的关键所在。然而，虽然林权改革对农户非农劳动供给和非农收入具有显著激励效应，但此作用效果缺乏长期可持续性，这也就是林权改革的非农增收效应对农户家庭收入无法起到可持续的长期贡献的原因所在。

10.1.5 林权改革促进了农户家庭消费增长

林权改革对农户家庭总消费、食品消费和其他消费具有显著正向效应。林权改革引起农户家庭林业收入和非农收入的增长是提升农户家庭总消费、食品消费和其他消费水平的主因，其中，由林业收入增长引起的农户家庭食品消费的可持续增长是农户家庭总消费增长具备良好可持续性的关键所在，而由非农收入增长引起的农户家庭其他消费增长的可持续性相对较弱，这也是其他消费对农户家庭总消费可持续增长的促进作用相对有限的原因所在。从农户家庭消费结构来看，林权改革引起林业收入增长对农户家庭消费结构的影响主要体现在自给性消费和满足基本性需求消费，而林权改革引起非农收入增长对农户家庭消费结构的影响主要体现为刺激购买性消费和非基本性需求消费。同时，随着生计策略非农化程度的提高，林权改革对农户家庭食品基本性需求消费、其他基本性需求消费、自给性消费的正向效应呈现逐渐减弱态势，而对其食品非基本性需求消费、其他非基本性需求消费、购买性消费的正向效应则呈现逐渐增强态势。主要原因在于随着生计策略非农化程度的加深，因受约束的林权改革林业增收效应将进一步限制林权改革对农户家庭消费水平的提升，而得到强化的林权改革非农增收效应将进一步扩大林权改革对农户家庭消费能力的约束边界。

虽然林权改革对农户家庭消费具有显著正向效应，但是对不同类型农户的政策效果存在明显差异。林权改革对农户家庭总消费的影响在中西部地区、南方集体林区、高人力资本禀赋和新生代农户中更为显著，但林权改革对农户家庭食品消费和其他消费的影响在不同经济发展水平、不同森林资源禀赋、不同代际程度、不同人力资本禀赋农户中却表现出明显的情景依赖性。

10.2 关于主要研究结论的讨论

林权改革提高了农户家庭林业生产投资和林业收入水平，得益于林地产权安全性和稳定性的影响。一方面，林权改革直接发挥了林业生产投资激励和林业增收效应，这与已有的一些研究结论相吻合（仇晓璐等，2018；何文剑等，2021）。然而，随着社会经济环境的动态变化，林权改革的林业生产投资激励和林业增收效应也面临着一些挑战，例如，面对日益上升的生产要素价格，较低标准的林业补贴对高投入的林业生产的激励效应相对有限，而农业税费的减免以及日益提高的农业支持保护补贴，则可能进一步削弱林权改革的林业生产投资激励和林业增收效应。如果一时难以找到可替代的保障家庭生计的就业渠道，农户家庭基本生计水平和生计质量势必会受到负面影响，上述推断已经得到本书结论的印证。生计策略非农化程度越低，意味着农户生计来源结构越单一，则农户对林业生产的依存度越高，使其越容易受到市场环境变化的冲击。另一方面，林权改革通过促进林地转入和提升信贷可得性间接提高了林业生产投资水平以及通过林业生产投资、林地转入和信贷可得性间接增加了林业收入。无论是要素价格上升限制农户林业生产投资积极性，还是不规范的林地流转市场引起较低林地转入发生率，抑或是接近或优于林权抵押贷款利率且无需任何实物担保的其他信用贷款削弱林权抵押贷款优势，这些现实情况不仅会弱化林权改革的林业生产投资激励和林业增收效应，还限制了自给自足的传统小农向专业化、职业化的林业大户、林业合作社、家庭林场和林业企业等新型林业经营主体转变以及森林旅游、森林康养等相关林业产业的发展。

林权改革提高了农户家庭非农就业劳动力投入和非农收入水平，得益于强化林地产权稳定性大幅降低农户家庭劳动力非农就业转移过程中可能面临的失地风险。一方面，林权改革通过促进林地转出以消除林地对农户家庭劳动力捆绑的“黏性”，从而提高其非农就业劳动力投入和非农收入水平，但在不同非农就业类型中呈现出异质性作用效果。面对劳动力持续性需求更高的非农创业来说，林地转出的确在林权改革和非农创业中扮演重要的中介角色，但面对劳动力需求呈现短期性、阶段性、灵活性特征的非农务工来说，林地转出并未在林权改革和非农务工两者联通中架起稳固的“桥梁”，主要原因在于：一是非农务工就业特点使得农户往往较为容易实现林业生产和非农务工的同时兼顾。二是非农务工就业不稳定以及因非农产业结构加速迭代升级引致的非农就业技能不足往往容易使农户面临较高的非农务工失业风险，农户担忧并且无法保证拥有稳定的非农务工机会，此时林地则成为保障其生存的最后就业回流地，这就加剧形成农村劳动力在“离农”过程中并不倾向“离地”，虽然“进城”，但并没有“弃地”的局面。此时，若无法在非农就业中正常推进农户林地退出机制，不仅无法形成农村劳动力非农就业的充分转移，造成林权改革的非农劳动供给促增效应、非农增收效应无法在长时期可持续发展，还限制了以适度规模或大规模经营为主要生产模式的林业大户、林业合作社、家庭林场和林业企业等新型林业经营主体的发展。因此，如何弱化直至最终剥离林地的社会保障功能仍然是一个重大的现实问题。另一方面，林权改革通过提升信贷可得性来提高农户家庭非农就业劳动力投入和非农收入水平。虽然林权抵押贷款增强了农户非农创业活动投资能力，但随着农户生计策略非农化程度的加深，因疏于林地的经营管理将会造成林地抵押价值随之下降，此时林权抵押贷款对农户非农创业的正向作用效果也将随之弱化。

林权改革对农户家庭总消费具有显著正向效应。分消费类型来看，相比于其他消费，林权改革对农户家庭食品消费的影响相对较大，且在全时期表现出良好的可持续性。由此可以看出，林权改革对农户家庭消费的促增效应仍然停留在满足生计必须的基本性需求消费层面，缺乏以改善性消费和享受性消费为主的更高层次的其他消费，存在明显的质量不足问题。虽然林权改革引起非农收入增长对农户家庭消费的影响主要体现在购买性消费和非基本性需求消费，但林权改革非农增收效应的长期可持续性效果不佳，而林权改革引起林业收入增长对农户家庭消费的影响主要体现在自给性消费和基本性需求消费，且林权改革林业增收效应具备长期可持续性，这便进一步佐证了上述观点。由此值得关注的一个问题是，在林权改革背景下，如何提升农户家庭消费水平的质量？对于长期从事林业生产的农户而言，林业收入的多寡是其进行消费决策的主要参考，目前来看，这部分收入重点用于全面保障生活的基本消费，在进一步改善农户家庭消费结构方面所起到的作用效果则颇为有限。我们的实证结果表明，虽然林权改革仅对中短时期林业生产投资具备良好的可持续性，但却能长期持续性地促进农户家庭林业收入水平的提升。然而，林权改革林业增收效应现阶段在农户家庭消费结构中仅能提升其自给性消费和基本性需求消费，以及较低程度地提升购买性消费，而无法显著增加其非基本性需求消费，反映出林业收入激励农户家庭提升消费能力和消费质量的作用效果十分有限。久而久之，必然不利于林权制度的深化改革和林业的可持续发展。因此，解决这一问题的关键就在于进一步增加林业收入的数量，而这恰恰需要改变现阶段小农经营的现状，通过增加林业要素投资、改善林业生产效率、大力发展以适度规模或大规模经营为主要生产模式的新型林业经营主体等措施以提高林业产出，进而实现林业生产和非农就业在两部门收益的拉平效应，方能形成林权改革与农户家庭生计的良性正向反馈机制以及林业的可持续发展。另外，林权改革推动农户家庭生产要素向非农行业进行转移配置，但林权改革引起非农收入增加的长期消费可持续性偏差与农户在非农行业中的基本生产特征密切相关。我们在调研农村地区时还发现，因技术水平低、缺乏非农就业技能等方面的约束，在城镇或非农部门从事非农生产活动的大多数农户基本上以体力劳动为主，尽管此类非农生产活动能够在中、短期内为农户提供比较稳定的就业和增收渠道，但从长期来看，市场环境、社会变革以及自身劣势等方面因素造成农户对非农收入的长期稳定预期并不具备完全信心。事实上，我们的实证结果也表明，林权改革的非农劳动供给促增效应、非农增收效应仅在中短期内表现出良好的可持续性，这也就是林权改革只在现期或短期内改善农户家庭消费，尤其是改善以改善性消费与享受性消费为主的非基本性消费和购买性消费，缺乏在长时期具备良好可持续性的原因所在，也是林权改革无法在完全意义上改善农村家庭消费结构和消费质量的根源之处。

此外，针对不同林业种植结构下林权改革对农户林业生产投资、林业生产效率的异质性作用效果问题。林权改革对农户种植竹林、经济林和速生丰产林的林业生产投资、林业生产效率具有显著正向效应，而对种植一般用材林并无显著激励效应的原因在于：一般而言，缺乏保护的林地产权会增加农户林业生产投资的风险，此时农户从事林业生产往往容易出现短视行为，使其更愿意投资生长周期较短的林产品。竹林、经济林和速生丰产林生长周期较短、集约化经营程度较高以及投资回收期较短，而一般用材林的经营特征则恰恰相反。因此，由于不同林种的生长周期不同，决定其相应的林业生产投资水平和林业经营管理水平也存在一定差异。从林权改革后农户对不同林业种植结构的林业生产投资和林业生产效率情况来看，虽然林权改革强化了事实上的林地产权稳定性，但农户仍然更多地只是从经济效益出发而偏好于生长和经营周期较短的竹林、经济林和速生丰产林，而对超长生产周期的一般用材林没有表现出强烈的种植热情，其传统经营理念依然没有发生显著改变。由此需要着重考虑的一个问题是，无论是种植竹林、经济林，还是种植用材林中的速生丰产林，在经营过程中都需要进行集约化管理，通过人工干预、过度施加化肥农药以缩短成林期，进而在短时期内获取更高的经济效益，这必将导致农户营造林种结构过于单一，不利于生态系统服务价值的长期有效供给和森林的可持续经营。尤其在现阶段我国经济发展向“双碳”目标过渡的背景下，占林地总面积50%以上的用材林在保持水土、调节气候、固碳释氧等生态效益中发挥着举足轻重的作用，而对于生长周期较长的一般用材林而言，随着林木生长时间的推移，其固碳能力和固碳量也逐渐提升，自然资源的生态价值也就更高。因此，如何平衡国家的生态需求和农户经济效益是林权改革需要解决的一个重要现实问题。

10.3 政策含义

现阶段，我国正在大力推进生态文明建设以及实施乡村振兴战略。新时期下，如何进一步强化林权改革在激活农村生产要素活力、改善农户生产效率、提高家庭生计水平、平衡国家生态保护与农民经济效益等方面的重要作用是需要面对的现实问题。综合全书，提出如下政策含义：

（1）林权改革是当前农村土地产权制度改革的重要组成部分，且林权改革对农户林业生产投资、非农就业、生产效率和家庭生计具有显著正向效应。为了使林权改革的政策激励效应具有长期性和可持续性，应当进一步深化林权改革。在深化林权改革工作中应该严格控制林地再调整，维持林地产权稳定，在此基础上解决因集体林地林木权属不清导致的林权纠纷不断、责权利不明确导致的利益分配不合理等林权改革历史遗留问题，若这些问题得不到妥善处理，必然导致落实林权改革政策流于表面形式，在一定程度上削弱农户林业生产积极性、降低其经营管理水平以及限制农村劳动力向非农部门的充分转移。因此，强化林地产权安全性是确保农户拥有完整产权权能的前提条件，政策实施的重点不应侧重于追求发放林权证数量，而要提高林地确权质量，通过建立政策的纠偏机制来努力协调与解决林权纠纷问题。此外，中央大政方针需要通过微调实现与地方特情的良好匹配，进而实现政策与地方经济的协同可持续发展，如此方能充分调动农户生产积极性，进而奠定促农增收工作基础。

（2）创新林地流转体系和支撑体制建设，推动林地流转市场化、规范化，并进一步打通林地使用权证与林地经营权证之间的通道。确权只是林权改革政策促农增收的基本前提，应进一步深化林权改革政策内涵，强化市场机制在林地要素配置中的主导作用，通过还权到赋能以切实发挥林地权证在不同比较优势农户之间的合理流动，例如搭建和健全林权流转交易平台、通过采取补助等多种措施降低交易成本、大力支持和发展林地流转市场中介服务组织，不仅能够完善林地产权交易的支撑体制建设，推动林地资源向具有林业生产比较优势的"能人"集中，进而通过实现接近或达到林地规模化经营而从整体上提高林业生产效率，形成当前林业生产技术水平下农户适度规模化经营的生产格局，还能够有效发挥林地流转对农户非农就业劳动力和资产的内生配置效应，形成农村林地、资本、劳动力等生产要素的有序流动和市场化的互动互联，进而为农户非农就业过程中各生产要素的优化配置提供有力支撑，以此实现林权改革的政策效应在流转双方之间的利益"共赢"。

（3）创新林权抵押贷款机制改革，建立和完善林权抵押贷款风险补偿机制以消除规模小且细碎化的林权抵押物处置困难的问题，如政府设立林权抵押贷款风险担保基金，通过制度创新和组织创新进一步减少金融机构在出现违约风险时的处置成本，提高金融机构提供信贷服务供给的积极性。在此基础上，进一步提高金融机构信贷供给的普惠程度，例如降低林权抵押贷款的贷款利率和信贷约束条件、提供多元化小额贷款品种和服务、创立生产投资基金等，通过扩大农户获得林业生产或非农活动资金的便捷渠道来引导和鼓励农村劳动力的充分就业，进一步切实实现农户家庭多种生产要素的有效匹配。同时，应依据农户家庭非农就业行为决策偏好和资金需求属性，通过优化林权抵押贷款制度或完善林权抵押交易市场以合理匹配农村劳动力非农就业结构，例如，通过拓宽林权抵押贷款内容以扶持非农创业农户的发展和壮大，尤其是本地非农企业，这样不仅能够反哺非农务工农户的就业需求，丰富其就业选择，还能满足非农创业农户对资本和劳动力的需求，从而实现非农创业农户和非农务工农户的有机结合和利益共赢。此外，加强构建林权流转和林权抵押融资政策与非农务工农户就业特征相匹配的协调机制，要积极探索林地入股、林地信托、林地证券等新型林业金融形式，进一步挖掘林业金融的市场活力。

（4）生计策略非农化程度越低，农户越倾向于通过增加林业要素投入、转入林地和申请林权抵押贷款来优化林业要素配置结构以及改善林业生产效率。因此，需要重视对低非农化生计策略农户的引导，创造更多的政策扶持和资金支持，引导林业生产方式的转型、升级，尤其是要有针对性地支持和鼓励具有林地资源禀赋优势或生产比较优势农户探索发展当地优势特色产业，积极培育林业大户、家庭林场和林业企业等新型林业经营主体，通过实现规模效应以提升林业生产管理水平和生计水平。此外，要重视对以农为主农户的生计策略进行多元化引导，为其非农就业提供必要的资金和政策支持。

（5）林权改革激励效应在经济发展水平和森林资源禀赋不同区域中存在明显差异性。在深化林权改革过程中，要充分考虑区域间经济发展水平和森林资源禀赋的差异，加大对经济欠发达地区和森林资源丰富区域的政策支持力度，使林权改革能够达到最佳政策激励效果。同时，林权改革要针对当前人力资本禀赋差异和代际差异等现实情况采取差别化策略。对于具有人力资本禀赋优势的农户而言，一方面要引导其向林业合作社、家庭林场、林业龙头企业等新型林业经营主体转变，发挥新型林业经营主体获取规模经济效益的作用；另一方面要强化其非农就业比较优势，进一步深化其非农就业深度。对于具有人力资本禀赋劣势的农户而言，要建立健全林地退出机制，促进资源要素在不同群体间的有效流动，同时大力发展农村非农产业，增加农户非农就业机会，提升其自我发展能力和职业化进程；对于新生代农户而言，加强对其技能培训和就业指导，丰富新生代农户的就业选择；而对于第一代农户而言，应考虑其自身局限性和林业经营经验性特点，鼓励其探索发展当地优势特色产业和林业适度规模经营等多元化林业经营模式，为其提供资金和政策支持。最后，鉴于林权改革对不同林业种植结构下林权改革的差异化政策效应。一方面政府要支持农户开展包括林下经济、森林康养等在内的多元化经营模式，通过最大限度利用森林资源来增加林产品供给多样性，以此在漫长的用材林生长周期内获取更多且相对短期的经济回报，进而激发农户对一般用材林的种植热情或积极性；另一方面要引导农户按照因地制宜原则选择林种，政府部门需要对林业种植结构以发挥森林资源生态效益为主导的经营主体给予多元化补偿，提升农户对长生长周期林产品的种植积极性，进而实现农户经济效益和国家生态建设的平衡。

（6）鉴于林权改革增加了农户家庭消费支出但对改善其消费结构的作用效果有限的研究发现，政府需逐步完善农村社会保障制度，促使农户林地资源能够转得出、抵押得了且稳得住，从而实现农户林地、资本和劳动力等生产要素的优化配置，最大限度消除农户家庭的后顾之忧。同时，鉴于林业收入在农户家庭消费决策中占据主导地位，但无法显著改善其消费结构，而非农收入虽说可以改善农户家庭消费质量，但其消费可持续性偏差的研究发现，在深化林权改革以进一步提升农户家庭收入水平的基础上需要引导农村居民消费观念的迭代更新，使其愿意消费、能够消费且敢于消费，进而实现真正意义上的消费结构优化。

10.4　可能的创新之处

本书以林权改革为背景，以产权理论、制度变迁理论、小农理论以及消费理论为切入点，理论研究并实证检验林权改革对农户生产效率及其家庭生计的影响，具有一定意义的实践政策价值和学术价值。从本书研究内容、理论和方法应用等方面来看，相较于已有文献，本书可能存在如下学术创新：

（1）厘清林权改革通过改变生产行为进而影响农户生产效率及其家庭生计的复杂作用机理。本书从微观农户层面剖析林权改革通过影响林业生产投资、劳动力非农就业进而影响农户生产效率及其家庭生计的理论线索和作用机理，为充实和完善林权改革理论研究提供了重要补充。在分析林权改革对农户生产效率及其家庭生计的影响机制时，已有研究对林权改革政策效果的研究观点缺乏内在影响机制的逻辑证明和实证检验，本书不仅考虑到林权改革的直接激励效应，也考虑到林权改革通过林业生产投资、非农劳动供给、林地流转、信贷可得性而对农户生产效率及其家庭生计产生间接影响。同时，生计策略是农户根据家庭生产要素资源组合和生产能力优势而采取的最优行为策略，反映农户在最大承受风险、要素资源配置和收入之间的最优平衡，本书将生计策略的调节作用纳入林权改革政策效应分析框架中，探讨林权改革影响农户生产效率及其家庭生计的内在作用路径，揭示生计策略的不同所导致林权改革政策效果的差异，以此明晰林权改革政策效果发挥的边际条件，进而有效保证农户不同行为决策与现实情况的吻合程度。

（2）本书深化了林权改革助推农户家庭实现可持续生计的理论路径，消费是衡量农户家庭收入水平的重要指标，也是反映贫困发生率的重要指标。因此，本书将已有“林权改革—农户生产行为—农户家庭收入”的研究分析框架进一步拓展延伸至农户家庭消费，并且在消费结构部分探讨林权改革对农户家庭不同层次和不同来源消费的影响，以此考察林权改革到底是保障农户基本生存状态的基本性需求消费还是改善生活质量和提升个人发展的非基本性需求消费，这关系到林权改革对农户形成何种收入预期以及收入预期的变动如何作用于农户家庭消费。而在研究林权改革对农户家庭自给性消费和购买性消费影响的背后，反映了林权改革对农户生产行为的影响及其作用程度，对于全面检验林权改革政策效应具有重要作用。以上研究思路可能是学界首次探讨林权改革对农户家庭消费的影响，且通过实证检验分析林权改革对农户家庭收入向消费传导的影响过程。

（3）采用自然实验的方法开展实证研究。在相关评估林权改革政策效果的研究中，选择性偏误或内生性问题对林权改革政策效果准确性的影响一直未能得到有效解决。本书在实证检验林权改革对农户生产效率及其家庭生计影响的同时，利用林权改革在各地区实施时间的差异，采用渐进式双重差分模型进行政策分析，通过稳健性检验、平行趋势检验、安慰剂检验等一系列方法来控制模型中可能存在的内生性问题，识别林权改革与农户生产效率及其家庭生计的因果关系，进而提升实证检验结果的准确性和可靠性。

10.5 研究不足与展望

本书虽然在研究内容、理论和方法应用上具有一定的创新，但仍然存在一些值得完善之处。

（1）研究内容的欠缺。本书主要从农户生产行为视角研究林权改革对农户生产效率及其家庭生计的影响，但本书研究成果只揭示了林权改革中主体改革的政策净效应，尚待进一步剖析林地流转、林权抵押贷款等配套政策对农户生产效率及其家庭生计的政策效果。此外，本书的前提假设条件是市场处于完全竞争状态，但实际上市场是不完全竞争的，现实中存在诸多扭曲和不完善，因此，未来的研究需要考虑基于生产要素投入和产出在不完全竞争状态下的林权改革政策效果。

（2）研究数据的不足。本书采用的是大样本长期农户调研数据，无法完全揭示林权改革对农户生产效率及其家庭生计的影响，因而有必要使用村级甚至县级层面数据进一步检验本书的主要结论。

（3）研究对象的局限。本书仅仅聚焦于农户主体的行为决策，而林权改革的政策作用主体除农户之外，还有林业大户、林业合作社、家庭林场、林业企业等新型林业经营主体。新时期党中央、国务院高度重视以专业化、集约化、组织化、规模化为主要发展方向的新型林业经营体系建设，因此，在未来的研究工作中应该要重视林业大户、林业合作社、家庭林场、林业企业等新型林业经营主体对林权改革的响应，为政府制定相关政策提供更加全面且深入的参考依据。

（4）研究视角的拓展。林权改革政策的实施目标是多重性的，既有在经济效益层面上的激励性目的，也有在生态效益层面上的约束性意图。政府在制定林权改革政策推动新时期林业高质量发展的同时，不仅需要考虑农户的经济效益，还要通过约束农户无序且盲目的生产行为以维护并提高森林资源的生态效益或生态价值。因此，下一步研究的关键方向应侧重在聚焦“绿水青山就是金山银山”的核心发展理念，构建基于管理约束机制来评价林权改革政策的生态效益，为政府科学完善林权改革政策提供决策参考。

参考文献

[1] 阿马蒂亚·森，缪尔鲍尔，坎布尔，等. 生活水平 [M]. 北京：机械工业出版社，2015.

[2] 陈会广，刘忠原. 土地承包权益对农村劳动力转移的影响——托达罗模型的修正与实证检验 [J]. 中国农村经济，2013 (11)：12－23.

[3] 陈珂，魏彪，王海丽，等. 辽宁集体林产权主体改革后林农投资行为的调查研究 [J]. 林业经济问题，2008 (3)：246－249.

[4] 陈来，杨文举. 中国农业劳动生产率的稳态趋同：产出增长率与劳动力转移的影响 [J]. 产业经济研究，2005 (2)：11－16.

[5] 陈永富，陈幸良，陈巧，等. 新集体林权制度改革下森林资源变化趋势分析 [J]. 林业经济，2011 (1)：44－49.

[6] 仇童伟，罗必良. 农地调整会抑制农村劳动力非农转移吗？[J]. 中国农村观察，2017 (4)：57－71.

[7] 仇童伟，沈怡，马贤磊. 土地产权环境对农民产权安全认知偏差的影响——基于不同类型农户的比较分析 [J]. 南京农业大学学报（社会科学版），2016，16 (1)：92－104，165.

[8] 仇晓璐，陈绍志，赵荣. 集体林权制度改革对农户收入的影响——基于倾向得分匹配法（PSM）的实证分析 [J]. 中国农业大学学报，2018，23 (12)：211－220.

[9] 杜江，菟春玲，姚永春，等. 对东港市自留山历史遗留问题的探讨 [J]. 现代农业科技，2009 (4)：300.

[10] 范刘珊，王文烂，宁满秀. 林权抵押贷款缓解农户信贷配给的内在

机理、现实困境与路径选择［J］. 福建论坛（人文社会科学版），2021（7）：60－71.

［11］方杰，张敏强，邱皓政. 中介效应的检验方法和效果量测量：回顾与展望［J］. 心理发展与教育，2012，28（1）：105－111.

［12］菲吕博腾，配杰威齐. 产权与经济理论［M］. 1991.

［13］高立英. 集体林地经营规模分析——与林地规模经营观点的商榷［J］. 林业经济问题，2007（4）：376－379.

［14］国家林业和草原局. 中国林业和草原局发展报告［M］. 北京：中国林业出版社，2018.

［15］国家林业局. 中国林业年鉴［M］. 北京：中国林业出版社，2014.

［16］韩家彬，刘淑云. 土地确权对农村劳动力转移就业的影响——来自CHARLS的证据［J］. 人口与经济，2019（5）：41－52.

［17］韩雅清，林丽梅，魏远竹，等. 劳动力转移、合作经营与林业生产效率研究［J］. 资源科学，2018，40（4）：838－850.

［18］何可，张俊飚. 农业废弃物资源化的生态价值——基于新生代农民与上一代农民支付意愿的比较分析［J］. 中国农村经济，2014（5）：62－73.

［19］何文剑，张红霄，汪海燕. 林权改革、林权结构与农户采伐行为——基于南方集体林区7个重点林业县（市）林改政策及415户农户调查数据［J］. 中国农村经济，2014（7）：81－96.

［20］何文剑，张红霄. 林权改革、产权结构与农户造林行为——基于江西、福建等5省7县林改政策及415户农户调研数据［J］. 农林经济管理学报，2014，13（2）：192－200.

［21］何文剑，赵秋雅，张红霄. 林权改革的增收效应：机制讨论与经验证据［J］. 中国农村经济，2021（3）：46－67.

［22］贺东航，朱冬亮. 集体林权制度改革研究30年回顾［J］. 林业经济，2010（5）：13－24.

［23］胡慧敏，王爱民. 河北省集体林权制度改革成效分析［J］. 林业经济问题，2011，31（1）：76－79.

［24］黄斌，徐彩群. 农村劳动力非农就业与人力资本投资收益［J］. 中

国农村经济，2013（1）：67-75，86.

[25] 黄建华．集体林权制度改革下的林地流转问题探讨[J]．防护林科技，2010（3）：93-100，126.

[26] 黄培锋，卢素兰，黄和亮．产权安全感知对林地流转的影响研究[J]．林业经济问题，2020，40（4）：366-373.

[27] 黄韶海，王国峰，邓祥征，等．中国林业生产效率的格局与区域差异分析[J]．世界林业研究，2016，29（3）：80-85.

[28] 黄宇虹，樊纲治．土地确权对农民非农就业的影响——基于农村土地制度与农村金融环境的分析[J]．农业技术经济，2020（5）：93-106.

[29] 黄宗智．中国的隐性农业革命[M]．北京：法律出版社，2010.

[30] 吉登艳，马贤磊，石晓平．林地产权对农户林地投资行为的影响研究：基于产权完整性与安全性——以江西省遂川县与丰城市为例[J]．农业经济问题，2015，36（3）：54-61，111.

[31] 吉登艳，马贤磊，石晓平．土地产权安全对土地投资的影响：一个文献综述[J]．南京农业大学学报（社会科学版），2014，14（3）：52-61.

[32] 蒋宏飞．集体林权改革制度下农户劳动力分配情况分析——基于辽宁省农户调查数据[J]．林业经济问题，2012，32（1）：1-7，13.

[33] 蒋乃华，黄春燕．人力资本、社会资本与农户工资性收入——来自扬州的实证[J]．农业经济问题，2006（11）：46-50.

[34] 柯武刚，史漫飞．制度经济学：社会秩序与公共政策[M]．北京：商务印书馆，2000.

[35] 孔凡斌，杜丽．新时期集体林权制度改革政策进程与综合绩效评价——基于福建、江西、浙江和辽宁四省的改革实践[J]．农业技术经济，2009（6）：96-105.

[36] 孔凡斌．集体林权制度改革绩效评价理论与实证研究——基于江西省2484户林农收入增长的视角[J]．林业科学，2008（10）：132-141.

[37] 孔祥智，李彧挥．福建省永安市集体林权制度改革的经济分析[A]．孔祥智主编，制度创新与林业发展，北京：中国人民大学出版社，2008.

[38] 李芳宁，黄安胜，张春霞．福建省毛竹经营效率DEA实证分

析——毛竹经营效率研究之一［J］．中南林业科技大学学报（社会科学版），2010，4（2）：12－14.

［39］李谷成，冯中朝，范丽霞．小农户真的更加具有效率吗？来自湖北省的经验证据［J］．经济学（季刊），2010，9（1）：99－128.

［40］李桦，姚顺波，刘璨，等．集体林分权条件下不同经营类型商品林生产要素投入及其效率——基于三阶段DEA模型及其福建、江西农户调研数据［J］．林业科学，2014，50（12）：122－130.

［41］李江一．农地确权对农民非农业劳动参与的影响［J］．经济科学，2020（1）：113－126.

［42］李实．中国农村劳动力流动与收入增长和分配［J］．中国社会科学，1999（2）：16－33.

［43］李停．农地产权对劳动力迁移模式的影响机理及实证检验［J］．中国土地科学，2016，30（11）：13－21.

［44］李娅，姜春前，严成，等．江西省集体林区林权制度改革效果及农户意愿分析——以江西省永丰村、上芫村、龙归村为例［J］．中国农村经济，2007（12）：54－61.

［45］李周．林权改革的评价与思考［J］．林业经济，2008（9）：3－8.

［46］廖文梅，孔凡斌，林颖．劳动力转移程度对农户林地投入产出水平的影响——基于江西省1178户农户数据的实证分析［J］．林业科学，2015，51（12）：87－95.

［47］林文声，秦明，苏毅清，等．新一轮农地确权何以影响农地流转？——来自中国健康与养老追踪调查的证据［J］．中国农村经济，2017（7）：29－43.

［48］林文声，王志刚，王美阳．农地确权、要素配置与农业生产效率——基于中国劳动力动态调查的实证分析［J］．中国农村经济，2018（8）：64－82.

［49］林毅夫．关于制度变迁的经济学理论：诱致性制度变迁与强制性制度变迁［M］．1991.

［50］林毅夫．制度、技术与农业发展［M］．上海：上海三联书店，1992.

[51] 刘璨，刘浩，贺胜年. 中国集体林产权制度改革主要政策问题研究[J]. 林业经济，2011 (8)：8－19.

[52] 刘璨，吕金芝，王礼权，等. 集体林产权制度分析——安排、变迁与绩效（续二）[J]. 林业经济，2007 (1)：53－57.

[53] 刘璨，吕金芝，王礼权，等. 集体林产权制度分析——安排、变迁与绩效 [J]. 林业经济，2006 (11)：8－13.

[54] 刘璨，于法稳. 中国南方集体林区制度安排的技术效率与减缓贫困——以沐川、金寨和遂川3县为例 [J]. 中国农村观察，2007 (3)：16－26，40.

[55] 刘丽萍，高岚. 云南省集体林权制度改革中农户林业收入及影响因素分析 [J]. 生态经济，2016，32 (12)：126－130.

[56] 刘珉. 集体林权制度改革：农户种植意愿研究——基于 Elinor Ostrom 的 IAD 延伸模型 [J]. 管理世界，2011 (5)：93－98.

[57] 刘伟平，陈钦. 集体林权制度改革对农户林业收入的影响分析[J]. 福建农林大学学报（哲学社会科学版），2009，12 (5)：33－36.

[58] 刘小强，徐晋涛，王立群. 集体林权制度改革对农户收入影响的实证分析 [J]. 北京林业大学学报（社会科学版），2011，10 (2)：69－75.

[59] 刘晓宇，张林秀. 农村土地产权稳定性与劳动力转移关系分析[J]. 中国农村经济，2008 (2)：29－39.

[60] 龙登高. 地权交易与生产要素组合：1650—1950 [J]. 经济研究，2009 (2)：146－156.

[61] 罗必良，高岚. 集体林权制度改革——广东的实践与模式创新[M]. 北京：中国农业出版社，2013.

[62] 冒佩华，徐骥，贺小丹，等. 农地经营权流转与农民劳动生产率提高：理论与实证 [J]. 经济研究，2015，50 (11)：161－176.

[63] 穆月英，小池淳司. 我国农业补贴政策的 SCGE 模型构建及模拟分析 [J]. 数量经济技术经济研究，2009，26 (1)：3－15，44.

[64] 宁静，殷浩栋，汪三贵. 土地确权是否具有益贫性？——基于贫困地区调查数据的实证分析 [J]. 农业经济问题，2018 (9)：118－127.

［65］秦伟平，李豫新．制度变迁影响下的劳动力转移分析［J］．农村经济与科技，2007（1）：39－40.

［66］冉陆荣，吕杰．集体林权制度改革背景下农户林地流转行为选择——以辽宁省409户农户为例［J］．林业经济问题，2011，31（2）：121－126.

［67］盛洪．分工与交易［M］．上海：上海三联书店，1992.

［68］史若昀，刘伟平．基于产权强度理论的林地流转行为研究——以福建省10县（市）50村农户调查为例［J］．东南学术，2017（4）：86－93.

［69］孙妍，徐晋涛．集体林权制度改革绩效实证分析［J］．林业经济，2011（7）：6－13.

［70］陶然，徐志刚．城市化、农地制度与迁移人口社会保障——一个转轨中发展的大国视角与政策选择［J］．经济研究，2005（12）：45－56.

［71］田传浩，李明坤．土地市场发育对劳动力非农就业的影响：基于浙、鄂、陕的经验［J］．农业技术经济，2014（8）：11－24.

［72］田杰，石春娜，国亮．基于三阶段DEA模型的林业生产要素配置效率研究［J］．林业经济问题，2017，37（6）：72－77.

［73］田杰，石春娜．不同林地经营规模农户的林业生产要素配置效率及其影响因素研究［J］．林业经济问题，2017，37（5）：73－78.

［74］王成军，何秀荣，徐秀英，等．林地规模效率与农户间林地流转：来自浙江省的实证［J］．农业技术经济，2010（10）：58－65.

［75］王良桂，董微熙，沈文星．集体林权制度改革绩效分析［J］．南京林业大学学报（自然科学版），2010，34（5）：133－136.

［76］王庶，岳希明．退耕还林、非农就业与农民增收——基于21省面板数据的双重差分分析［J］．经济研究，2017，52（4）：106－119.

［77］王文烂．集体林权制度改革对农民林业收入的影响［J］．林业科学，2009（8）：144－149.

［78］王翊嘉，黄森慰，苏时鹏．产权异质性、林地流转与林业经营效率——来自福建省664户山区农户的调查［J］．资源开发与市场，2019，35（2）：162－167.

[79] 王雨格，孟全省，陈秉谱．产权强度对公益林区林地流转的影响——基于禀赋效应与安全感知视角［J］．资源科学，2021，43（1）：161－170.

[80] 魏建，尹少华，刘璨．新一轮集体林改对不同类型农户林业生产投入的影响研究［J］．林业经济问题，2019，39（5）：465－473.

[81] 魏建，尹少华，刘璨．新一轮集体林权制度改革对兼业与非兼业农户收入的影响研究［J］．林业经济，2018，40（12）：64－71.

[82] 温忠麟，侯杰泰，张雷．调节效应与中介效应的比较和应用［J］．心理学报，2005（2）：268－274.

[83] 温忠麟，叶宝娟．中介效应分析：方法和模型发展［J］．心理科学进展，2014，22（5）：731－745.

[84] 温忠麟，张雷，侯杰泰，等．中介效应检验程序及其应用［J］．心理学报，2004（5）：614－620.

[85] 谢屹，温亚利．农户林地林木转出行为影响因素的实证分析［J］．北京林业大学学报（社会科学版），2009，8（4）：48－54.

[86] 徐晋涛，孙妍，姜雪梅，等．我国集体林区林权制度改革模式和绩效分析［J］．林业经济，2008（9）：27－38.

[87] 许庆，刘进，钱有飞．劳动力流动、农地确权与农地流转［J］．农业技术经济，2017（5）：4－16.

[88] 许庆，陆钰凤．非农就业、土地的社会保障功能与农地流转［J］．中国人口科学，2018（5）：30－41，126－127.

[89] 许时蕾，张寒，刘璨，等．集体林权制度改革提高了农户营林积极性吗——基于非农就业调节效应和内生性双重视角［J］．农业技术经济，2020（8）：117－129.

[90] 薛彩霞，姚顺波．家庭劳动力配置对西部农户非木质林产品经营效率的影响——基于成本效率和利润效率的分析［J］．林业经济问题，2017，37（5）：65－72.

[91] 薛彩霞，姚顺波．西部地区不同类型农户林地经营行为和技术效率研究——来自四川省雅安市的农户调查［J］．林业经济问题，2014，34（4）：

298－303.

[92] 杨超，宋维明．林权改革条件的林农选择：营林行为与营林规模 [J]．改革，2015（11）：77－85.

[93] 杨水生，徐秀英，石道金．劳动力老龄化对竹林地利用效率的影响——基于中介效应的实证研究 [J]．林业科学，2018，54（10）：132－142.

[94] 杨校生，格日乐图，魏彬．我国南方集体林权制度改革实证追踪之一——农民的收入变化与行为分析 [J]．林业经济，2010（6）：46－49.

[95] 姚洋．农地制度与农业绩效的实证研究 [J]．中国农村观察，1998（6）：3－12.

[96] 姚洋．中国农村改革与变迁：30年历程和经验分析 [M]．上海：上海人民出版社，2008.

[97] 叶剑平，丰雷，蒋妍，等．2008年中国农村土地使用权调查研究——17省份调查结果及政策建议 [J]．管理世界，2010（1）：64－73.

[98] 银小柯．不同经营模式下福建林农林业投入研究 [D]．福建农林大学，2012.

[99] 尹鸿飞，张兵，郝云平．信贷约束与农村家庭创业绩效：影响效应及损失估算 [J]．华中农业大学学报（社会科学版），2021（6）：76－89.

[100] 于艳丽，李桦，姚顺波．林权改革、市场激励与农户投入行为 [J]．农业技术经济，2017（10）：93－105.

[101] 岳爱，杨矗，常芳，等．新型农村社会养老保险对家庭日常费用支出的影响 [J]．管理世界，2013（8）：101－108.

[102] 张寒，程娟娟，刘璨．基于内生性视角的非农就业对林地流转的效应评价——来自9省1497户林农的连续监测数据 [J]．农业技术经济，2018（1）：122－131.

[103] 张红霄，张敏新，刘金龙．集体林权制度改革：林业股份合作制向均山制的制度变迁——周源村案例分析 [J]．中国农村经济，2007（12）：47－53.

[104] 张建龙．继续深化集体林权制度改革 全面提升集体林业经营发展

水平［J］. 林业经济，2016，38（1）：3－8.

［105］张蕾，文彩云. 集体林权制度改革对农户生计的影响——基于江西、福建、辽宁和云南4省的实证研究［J］. 林业科学，2008（7）：73－78.

［106］张笑寒，黄贤金. 论农地制度创新与农业劳动力转移［J］. 中国人口·资源与环境，2003（5）：46－50.

［107］张屹山，于维生. 经济权力结构与生产要素最优配置［J］. 经济研究，2009，44（6）：65－72.

［108］张正. 南平市集体林产权改革成效分析［D］. 北京林业大学，2007.

［109］章元，许庆. 农业增长对降低农村贫困真的更重要吗？——对世界银行观点的反思［J］. 金融研究，2011（6）：109－122.

［110］郑风田，阮荣平，孔祥智. 南方集体林区林权制度改革回顾与分析［J］. 中国人口·资源与环境，2009，19（1）：25－32.

［111］钟甫宁，纪月清. 土地产权、非农就业机会与农户农业生产投资［J］. 经济研究，2009，44（12）：43－51.

［112］周建，艾春荣，王丹枫，等. 中国农村消费与收入的结构效应［J］. 经济研究，2013，48（2）：122－133.

［113］周黎安，陈烨. 中国农村税费改革的政策效果：基于双重差分模型的估计［J］. 经济研究，2005（8）：44－53.

［114］朱冬亮，贺东航. 集体林权制度改革中的林权升值因素分析：对福建林改的思考［J］. 东南学术，2007（3）：25－29.

［115］朱民，尉安宁，刘守英. 家庭责任制下的土地制度和土地投资［J］. 经济研究，1997（10）：62－69.

［116］朱文清，张莉琴. 集体林地确权到户对农户林业长期投入的影响——从造林意愿和行动角度研究［J］. 农业经济问题，2019（11）：32－44.

［117］朱文清，张莉琴. 集体林地确权对农户林地管护投入的影响［J］. 改革，2022（3）：131－145.

［118］朱烨，刘强，吴伟光. 林业劳动力女性化状况及其对林业生产效率的影响——以竹林生产为例［J］. 农业技术经济，2018（5）：104－111.

[119] 郐宝玲，罗必良．农户转入农地规模及其合约匹配［J］．华中农业大学学报（社会科学版），2019（6）：139－148.

[120] Abdulai A, Goetz R, Owusu V. Land tenure differences and investment in land improvement measures: Theoretical and empirical analyses [J]. Journal of Development Economics, 2011, 96 (9): 66－78.

[121] Acemoglu D, Johnson S, Robinso J. Reversal of fortune: Geography and institutions in the making of the modern income distribution [J]. Quarterly Journal of Economics, 2002, 117 (4): 1231－1294.

[122] Acemoglu D, Johnson S, Robinso J. The colonial origins of comparative development: An empirica linvestigation [J]. American Economics Review, 2001, 95 (5): 1369－1401.

[123] Acemoglu D, Robinson J. Why nationals fail? [M]. Crown Publishers: New York, 2012.

[124] Aigner D, Lovell C, Schmidt P. Formulation and estimation of stochastic frontier production functionmodels [J]. Journal of Econometrics, 1977, 6 (1): 21－37.

[125] Alchian A A, Demsetz H. Production, information costs, and economic organization [J]. American Economic Review, 1972, 62 (5): 777－795.

[126] Alchian A A, Demsetz H. The property right paradigm [J]. The Journal of Economic History, 1973, 33 (1): 16－27.

[127] Alchian A A. Some economics of propertyrights [J]. IL Politico, 1965, 30 (4): 816－829.

[128] Alchian A A. Uncertainty, evolution, and economic theory [J]. The Journal of Political Economy, 1950, 58 (3): 211－221.

[129] Ali D A, Dercon S, Gautam M. Property rights in a very poor country: Tenure insecurity and investment in Ethiopia [J]. Agricultural Economics, 2011, 42 (1): 75－86.

[130] Angrist J D, Pischke J. Mostly harmless Econometrics [M]. Princeton: Princeton University Press, 2009.

[131] Bandiera O. Land tenure, investment incentives, and the choice of techniques: Evidence from Nicaragua [J]. World Bank Economic Review, 2007, 21 (3): 487 -508.

[132] Barro R J. Economic growth in a cross section of countries [J]. Quaterly Journal of Economics, 1991, 106: 407 -443.

[133] Barrows R, Roth M. Land tenure and investment in African agriculture: Theory and evidence [J]. Journal of Modern African Studies, 1990, 28 (2): 265 -297.

[134] Barzel Y. Economic analysis of property rights [M]. Cambridge: Cambridge University Press, 1989.

[135] Besley T. Nonmarket institutions for credit and risk sharing in low - income countries [J]. Journal of Economic Perspectives, 1995, 9 (3): 115 -127.

[136] Bingham T. The rule of law [J]. Harmondsworth: Allen Lane, 2010: 37 -38.

[137] Binswanger H P, Deininger K, Feder G. Power, distortions, revolt and reform in agricultural land relations [J]. Handbook of Development Economics, 1995, 3: 2659 -2772.

[138] Böhm - Bawerk E. Whether legal rights and relationships are economicgoods [J]. Shorter Classics of Eugen Von Böhm - Bawerk, 1962, 1: 30 -138.

[139] Bohn H, Deacon R T. Ownership risk, investment, and the use of natural resources [J]. American Economic Review, 2000, 90 (3): 526 -549.

[140] Brauw A D, Mueller V. Do limitations in land rights transferability influence mobility rates in Ethiopia? [J]. Journal of African Economies, 2012, 21 (4): 548 -579.

[141] Braybrooke D, Lindblom C E. A strategy of decision: Policy evaluation as a social process [M]. Free Press: New York, 1963.

[142] Broegaard R J. Land tenure insecurity and inequality in Nicaragua [J]. Development and Change, 2005, 36 (5): 845 -864.

[143] Cai X, Lu Y, Wu M, Yu L. Does environmental regulation drive away

inbound foreign direct investment? Evidence from a quasi – natural experiment in China [J]. Journal of Development Economics, 2016, 123: 73 –85.

[144] Che Y. Mismatch: Land reallocations, recovery land rental and land rental market development in rural China [J]. China Agricultural Economic Review, 2009, 6 (2): 229 –247.

[145] Chernina E, Dower P C, Markevich A. Property rights, land liquidity, and internal migration [J]. Journal of Development Economics, 2014, 110 (9): 191 –215.

[146] Cheung S N. The structure of a contract and the theory of a non – exclusive resource [J]. Journal of Law and Economics, 1970, 13: 47 –90.

[147] Coase R H. The federal communications commission [J]. Journal of Law and Economics, 1959, 2 (1): 1 –40.

[148] Coase R H. The problem of social cost [J]. Journal of Law and Economics, 1960, 2: 1 –40.

[149] Commons J R. Legal foundations of capitalism [M]. Macmillan: New York, 1924.

[150] Commons J R. Races and immigrants in America [M]. Macmillan, 1920.

[151] Deacon R T. Deforestation and ownership: Evidence from historical accounts and contemporary data [J]. Land Economics, 1999, 75 (3): 341 –359.

[152] Deacon R T. Deforestation and the rule of law in a cross – section ofcountries [J]. Land Economics, 1994, 70 (4): 414 –430.

[153] Deininger K, Ali D A, Alemu T. Impacts of land certification on tenure security, investment, and land market participation: Evidence from Ethiopia [J]. Land Economics, 2011, 87 (2): 312 –334.

[154] Demsetz H. Towards a theory of property rights [J]. The American Economic Review, 1967, 57 (2): 347 –359.

[155] Devereux S, Hoddinott J. Fieldwork in developing countries [C]. FAO Working Paper, 1993.

[156] Do Q, Iyer L. Land titling and rural transition in Vietnam [J]. Economic Development and Cultural Change, 2008, 56 (3): 531 - 579.

[157] Eggertsson T. Economic behavior and institutions [M]. Cambridge: Cambridge Univers ty of Press, 1990.

[158] Ellickson R C. Order without law: How neighbors settle disputes [M]. Harvard University Press: Cambridge, 1991.

[159] FAO. Reforming forest tenure: FAO forestry paper [R]. Rome: FAO, 2011.

[160] FAO. Understanding forest tenure in south and southeast Asia [R]. Bangkok, 2007.

[161] Feder G, Feeny D. Land tenure and property rights: Theory and implications for development policy [J]. World Bank Economic Review, 1991, 5 (1): 135 - 153.

[162] Feder G, Lawrence J L, Justin Y, Lin and Xiaopeng Luo. The determinants of farm investment and residential construction in post - reform China [J]. Economic Development and Cultural Change, 1992, 41 (1): 1 - 26.

[163] Feder G, Onchan T, Chalamwong Y. Land policies and farm performance in Thailand's forest reserveareas [J]. Economic Development and Cultural Change, 1988, 36: 483 - 501.

[164] Feder G. Land ownership security and farm productivity: Evidence from Thailand [J]. Journal of Development and Change, 1987, 28 (3): 583 - 595.

[165] Feng S Y, Heerink N. Are farm households' land renting and migration decisions interrelated in rural China? [J]. NJAS - Wageningen Journal of Life Sciences, 2008, 55 (4): 345 - 362.

[166] Foltz J, Larson B, Lopez R. Land tenure, investment, and agricultural production in Nicaragua [J]. Harvard Institute for International Development, Discuss Paper, 2000, 738.

[167] Førsund F R, Lovell C A, Schmidt P. A survey of frontier production functions and of their relationship to efficiency measurement [J]. Journal of Econo-

metrics, 1980, 13 (1): 5 -25.

[168] Fujita M, Thisse J. Economics of agglomeration: Cities, industrial location, and globalization (Second Edition) [M]. Cambridge University Press: New York, 2013.

[169] Gallup J, Sachs J. Geography and economic development [J]. International Regional Science Review, 1999, 22 (2): 179 -232.

[170] Ghebru H, Holden S T. Technical efficiency and productivity differential effects of land right certification: A quasi - experimental evidence [J]. Quarterly Journal of International Agriculture, 2015, 54 (1): 1 -31.

[171] Giles J T, Mu R. Village political economy, land tenure insecurity, and the rural to urban migration decision: Evidence from China [J]. Social Science Electronic Publishing, 2014, 100 (2): 1 -57.

[172] Giles J, Yoo G K. Precautionary behavior, migrant networks and household consumption decisions: An empirical analysis using household panel data from rural China [J]. The Review of Economics and Statistics, 2007, 89 (3): 534 -551.

[173] Glaeser E L, Porta R L, Lopez - De - Silanes F, et al. Do institutions cause growth? [J]. Journal of Economic Growth, 2004, 9 (3): 271 -303.

[174] Gordon H S. The economics of a common property resource: The fishery [J]. Journal of Political Economy, 1954, 62 (4): 124 -142.

[175] Greif A. Institution and the path to the modern economy: Lessons from medievaltrade [M]. Cambridge University Press: Cambridge, 2006.

[176] Hakim C. Research design: Successful designs for social economics research [M]. London and New York: Routledge, 2000.

[177] Hall R, Jones C. Why do some countries produce more output per worker than others? [J]. Quarterly Journal of Economics, 1999, 114 (1): 83 -116.

[178] Hardin G. The tragedy of the common [J]. Science, 1968, 162: 1243 -1248.

[179] Hausenbuiller R L. Soil science: Principles and practices [M]. W C Brown, 1985.

[180] Hayek F A V. The constitution of liberty [J]. Journal of the American Medical Association, 1999, 172 (8): 825 - 826.

[181] Heltberg R. Property rights and natural resource management in developingcountries [J]. Journal of Economic Surveys, 2002, 16 (2): 189 - 214.

[182] Holden S T, Shiferaw B, Wik M. Poverty, market imperfections and time preferences: of relevance for environmental policy? [J]. Environment and Development Economics, 1998, 3: 105 - 130.

[183] Holden S T, Yi Y, Jiang X, et al. Tenure security and investment effects of forest tenure reform in China [M] //Land tenure reform in Asia and Africa. Palgrave Macmillan, London, 2013: 256 - 282.

[184] Holden S T, Yohannes H. Land redistribution, tenure insecurity and input intensity: A study of farm households in southern Ethiopia [J]. Land Economics, 2002, 78 (4): 573 - 590.

[185] Holden S, Deininger K, Ghebru H. Impact of low - cost land certification on investment and productivity [J]. American Journal of Agricultural Economics, 2009, 91 (2): 359 - 373.

[186] Huang J, Rozelle S. Technological change: Rediscovering the engine of productivity growth in China's ruraleconomy [J]. Journal of Development Economics, 1996, 49 (2): 337 - 369.

[187] Hyde W F, Yin R. 40 years of China's forest reforms: Summary andoutlook [J]. Forest Policy and Economics, 2018, 98: 90 - 95.

[188] Jacoby H G, Minten B. Is land titling in Sub - Saharan Africa cost - effective? Evidence from Madagascar [J]. The World Bank Economic Review, 2007, 21 (3): 461 - 485.

[189] Jagger P, Pender J, Gebremedhin B. Trading off environmental sustainability for empowerment and income: Woodlot devolution in northern Ethiopia [J]. World Develop, 2005, 33 (9): 1491 - 1510.

[190] Janvry A D, Emerick K, Gonzalez - Navarro M, Sadoulet E. Delinking land rights from land use: Certification and migration in Mexico [J]. American Economic Review, 2015, 105 (10): 3125 - 3149.

[191] Jones C I, Klenow P J. Beyond GDP? Welfare across countries and time [J]. American Economic Review, 2016, 106 (9): 2426 - 2457.

[192] Kawagoe T, Hayami Y, Ruttan V W. The intercountry agricultural production function and productivity differences among countries [J]. Journal of Development economics, 1985, 19 (1): 113 - 132.

[193] Keefer P, Knack S. Why don't poor countries catch up? A cross - national test of an institutional explanation [J]. Economic Inquiry, 1997, 35 (3): 590 - 602.

[194] Kinder D R, Weiss J A. In lieu of rationality: Psychological perspective on foreign policy decision making [J]. Journal of Conflict Resolution, 1978, 22 (4): 707 - 735.

[195] Knetsch J L. Values of gains and losses: Reference states and choice of measure [J]. Environmental and Resource Economics, 2010, 46 (2): 179 - 188.

[196] Konai J. The affinity between ownership forms and coordination mechanisms: The common experience of reform in socialist countries [J]. Journal of Economic Perspective, 1990, 4 (3): 131 - 147.

[197] Kung J K. Do secure land use rights reduce fertility? The case of Meitan County in China [J]. Land Economics, 2006, 82 (1): 36 - 55.

[198] Laarman J G. Government policies affecting forests in Latin America [M]. Environment Division of Social Programs and Sustainable Development Program, Inter - American Development Bank, Washington DC, 1996.

[199] Larson A M, Barry D M, Dahal G R, Colfer C. Forests for people: Community rights and forest tenurereform [M]. London: Earthscan, 2010.

[200] Larson B A, Bromley D W. Property rights, externalities, and resource degradation: Locating the tragedy [J]. Journal of Development Economics, 1990, 33: 235 - 262.

[201] Li J, Yao Y. Egalitarian land distribution and labour migration in rural-China [J]. Land Reform, Land Settlement and Cooperatives (FAO) Reforme Agraire, Colonisation et Cooperatives Agricoles (FAO) Reforma Agraria, Colonizacion y Cooperativas (FAO), 2002.

[202] Li P, Lu Y, Wang J. Does flattening government improve economic performance? Evidence from China [J]. Journal of Development Economics, 2016, 123: 18 - 37.

[203] Libecap G D. Contracting for propertyrights [M]. Cambridge University Press: Cambridge, 1989.

[204] Lin Y, Qu M, Liu C, et al. Land tenure, logging rights, and tree planting: Empirical evidence from small holders in China [J]. China Economic Review, 2020, 60: 101215.

[205] Liu C, Liu H, Wang S. Has China's new round of collective forest reforms caused an increase in the use of productive forest inputs? [J]. Land Use Policy, 2017, 64: 492 - 510.

[206] Liu C, Wang S, Liu H, et al. Why did the 1980s' reform of collective forestland tenure in southern China fail? [J]. Forest Policy and Economics, 2017, 98: 8 - 18.

[207] Ma X L, Heerink N, Van Ierland E, et al. Land tenure insecurity and rural - urban migration in rural China [J]. Papers in Regional Science, 2016, 95, 383 - 406.

[208] Ma X L, Heerink N, Van Ierland E, et al. Land tenure security and land investments in northwest China [J]. China Agricultural Economic Review, 2013, 5: 281 - 307.

[209] Mackinnon D P, Fairchild A J, Fritz M S. Mediation analysis [J]. Annual Review of Psychology, 2007 (58): 593 - 614.

[210] Mackinnon D P, Lockwood C M, Hoffman J M, et al. A comparison of methods to test mediation and other intervening variable effects [J]. Psychological Methods, 2002 (7): 83 - 104.

[211] Manzer S R. A theory of property [J]. American Political Science Review, 1990, 2: 648 -649.

[212] March J G, Simon H A. Organizations [M]. John Wiley and Sons: New York, 1958.

[213] Markussen T. Property rights, productivity, and common property resources: Insights from rural Cambodia [J]. World Development, 2008, 36 (11): 2277 -2296.

[214] Marshall A. Principles of Economics 8th ed [M]. London: Macmillan, 1920.

[215] Mendelsohn R. Property rights and tropical deforestation [J]. Oxford Economic Papers, 1994, 46: 750 -756.

[216] Mises L V. Socilism: An economic and sociological analysis [M]. Indianzpolis: Liberty Press, 1936.

[217] Moser P, Voena A. Compulsory licensing: Evidence from the trading with the enemyact [J]. The American Economic Review, 2012, 102 (1): 396 -427.

[218] Mullan K, Grosjean P, Kontoleon A. Land tenure arrangements and rural - urban migration in China [J]. World Development, 2011, 39 (1): 123 -133.

[219] Myint H. Economic theory and the under developed countries [M]. Oxford University Press: New York, 1971.

[220] Newman C, Tarp F, Broeck K V D. Property rights and productivity: The case of joint land titling in Vietnam [J]. Land Economics, 2015, 91 (1): 91 -105.

[221] North D C. Economic performance through time [J]. American Economic Review, 1994, 84 (3): 359 -368.

[222] North D C. Institutions and credible commitments [J]. Journal of Institutional and Theoretical Economics, 1993, 149: 11 -23.

[223] North D C. Institutions and economic growth: An historical introduction

[J]. World Development, 1989, 17 (9): 1319 - 1332.

[224] North D C. Institutions, institutional change, and economic performance [M]. Cambridge University Press: New York, 1990.

[225] North D C. The rise of the western world: A new economichistory [M]. Cambridge University Press, Cambridge, 1973.

[226] North D. Structure and changes in economichistory [M]. New York: Norton, 1981.

[227] Ogilvie S, Carus A W. Institutions and economic growth in historicalperspective [J]. Handbook of Economic Growth, 2014, 2: 403 - 513.

[228] Ostrom E, Hess C. Private and common property rights, in G. De Geest (eds) encyclopedia of law and economics [M]. Edward Elgar Publishing, 2010.

[229] Ostrom E. Governing the commons: The evolution of institutions for collectiveaction [M]. Cambridge University Press: New York, 1990.

[230] Otsuka K. Determinants and consequences of land reform implementation in the Philippines [J]. Journal of Development Economics, 1991, 35 (2): 339 - 355.

[231] Owubah C E, Dennis J, Le Master J M, Bowker J G. Forest tenure systems and sustainable forest management: The case of Ghana [J]. Forest Ecology and Management, 2001, 149 (1): 253 - 264.

[232] Pearse P H. Property rights and the development of natural resource policies in Canada [J]. Canadian Public Policy, 1988, 14 (3): 307 - 320.

[233] Pender J L, Kerr J M. The effect of transferable land rights on credit, land investment and use: Evidence from southIndia [J]. Brigham Young University, Department of Economics, Provo, UT, 1994.

[234] Philips K. Rural enterprise: Work on the margins [C]. Paper for the Conference on Workplace Restructuring in Post - Apartheid South Africa, Lilisleaf Farm, Rivonia, Sandton, 2003.

[235] Place F, Otsuka K. Land tenure systems and their impacts on agricul-

tural investments and productivity in Uganda [J]. Journal of Development Studies, 2002, 38 (6): 105 - 128.

[236] Platteau J P. The evolutionary theory of land rights as applied to Sub - Saharan Africa: A critical assessment [J]. Development and Change, 1996, 27 (1): 29 - 86.

[237] Popkin S L. The rational peasant: The political economy of rural society in Vietnam [M]. London, England: University of California Press, 1979.

[238] Powell P T. Traditional production, communal land tenure, and policies for environmental preservation in the south Pacific [J]. Ecological Economics, 1998, 24 (1): 89 - 101.

[239] Qin P, Xu J. Forest land rights, tenure types, and farmers' investment incentives in China: An empirical study of Fujian Province [J]. China Agricultural Economic Review, 2013, 5 (1): 154 - 170.

[240] Robinson B E, Holland M B, Naughton - Treves L. Does secure land tenure save forests? A meta - analysis of relationship between land tenure and tropical deforestation [J]. Global Environmental Change, 2014, 29: 281 - 293.

[241] Rupelle M, Deng Q H, Li S, et al. Land rights insecurity and temporary migration in rural China [M]. Social Science Electronic Publishing, 2010.

[242] Schlager E, Ostrom E. Property - rights regimes and natural resources: A conceptual analysis [J]. Land Economics, 1992, 68 (3): 249 - 262.

[243] Schroeder G E. Property rights and issues of economic reforms in socialistcountries [J]. Studies in Comparative Communism, 1988, 21 (2): 175 - 188.

[244] Schultz T W. Transforming traditional agriculture [M]. New Haven: Yale University Press, 1964.

[245] Scully G W. The institutional framework and economic development [J]. Journal of Political Economy, 1988, 96: 652 - 662.

[246] Sened I. A political theory of the evolution of rights [M]. In J. Knight and I. Sened (eds.). Explaining social institutions. The University of Michigan Press: Ann Arbor, 1995.

[247] Smith A. An inquiry into the nature and causes of the wealth ofnations [M]. New York: G P Putnam's Sons, 1976.

[248] Solow R. A contribution to the theory of economic growth [J]. Quarterly Journal of Economics, 1956, 70 (1): 65 -94.

[249] Stigler R. Principles of political economy by John Stuart Mill [J]. Journal of Political Economy, 1966, 74 (1): 90 -91.

[250] Sugden R. The economics ofrights [M]. Oxford University Press: Oxford, 1986.

[251] Thaler R H, Sunstein C R. Nudge: Improving decisions about health, wealth, and happiness [M]. Yale University Press: New Haven & London, 2008.

[252] Umbeck J R. A theory of propertyrights [M]. Iowa State University Press: Ames, 1981.

[253] Valsecchi M. Land property rights and international migration: Evidence from Mexico [J]. Journal of Development Economics, 2014, 110 (9): 276 -290.

[254] Veblen T. The theory of the leisure class: An economic study in the evolution of institutions [M]. Macmillan: New York, 1899.

[255] Wallace T D, Newman D H. Measurement of ownership effects on forest productivity in North Carolina from 1974 to 1984 [J]. Canadian Journal of Forest Research, 1986 (4): 733 -738.

[256] Wang G, Innes J L, Lei J, Dai S, Wu S. China's forestry reforms [J]. Science, 2012, 318: 1556 -1557.

[257] William O E. Transaction cost economics: How it works; where it isheaded [J]. De economist, 1998, 146 (1): 23 -58.

[258] Williamson D E. The economic institutions of capitalism [M]. Free Press: London, 1985.

[259] World Bank. World Bank report 2015: Mind, society, and behavior [R]. World Bank Group: Washington DC, 2015.

[260] Xie Y, Berck P, Xu J. The effect of forestation of the collective forest

tenure reform in China [J]. China Economic Review, 2016, 38: 116 - 129.

[261] Xie Y, Gong P, Han X, et al. The effect of collective forestland tenure reform in China: Does land parcelization reduce forest management intensity? [J]. Journal of Forest Economics, 2014, 20 (2): 126 - 140.

[262] Xie Y, Wen Y, Zhang Y, et al. Impact of property rights reform on household forest management investment: An empirical study of southern China [J]. Forest Policy and Economics, 2013, 34: 73 - 78.

[263] Xu J T, Hyde W F. China's second round of forest reforms: Observations for China and implications globally [J]. Forest Policy and Economics, 2019, 98: 19 - 23.

[264] Xu J T. Collective forest tenure reform in China: What has been achieved so far [C] //World Bank Conference on Land Governance. World Bank, Washington, DC. 2010.

[265] Xu J, White A, Lele U J. China's forest tenure reforms: Impacts and implications for choice, conservation, and climate change [M]. Washington, DC: Rights and Resources Initiative, 2010.

[266] Xu X, Zhang Y, Li L, et al. Markets for forestland use rights: A case study in southern China [J]. Land Use Policy, 2013, 30 (1): 560 - 569.

[267] Yang D T. China's land arrangements and rural labormobility [J]. China Economic Review, 1997, 8 (2): 101 - 115.

[268] Yang X, Xu J, Xu X, et al. Collective forest tenure reform and household energy consumption: A case study in Yunnan Province, China [J]. China Economic Review, 2020, 60: 101134.

[269] Yao Y, Carter M R. Institutional arrangements, tenure insecurity and agricultural productivity in post reform rural China [J]. Department of Agricultural Economics, University of Wisconsin Working Paper, 1995.

[270] Yi Y, Köhlin G, Xu J. Property rights, tenure security and forest investment incentives: Evidence from China's collective forest tenurereform [J]. Environment and Development Economics, 2014, 19 (1): 48 - 73.

[271] Yin R S, Yao S B, Huo X X. China' s forest tenure reform and institutional change in the new century: What has been implemented and what remains to be pursued? [J]. Land Use Policy, 2013, 30 (1): 825 - 833.

[272] Zhang B, Carter C A. Reforms, the weather, and productivity growth in China's grain sector [J]. American Journal of Agricultural Economics, 1997, 79 (4): 1266 - 1277.

[273] Zhang D, Pearse P H. Differences in silvicultural investment under various types of forest tenure in British Columbia [J]. Forest Science, 1996, 42 (4): 442 - 449.

[274] Zhang Y, Kuuluvainen J, Uusivouri J. Impacts of economic reforms on rural forestry in China [J]. Forestry Policy and Economics, 2000, 1: 27 - 40.

[275] Zhu Z, Xu Z, Shen Y, et al. How off - farm work drives the intensity of rural households investment in forest management: The case from Zhejiang, China [J]. Forest Policy and Economics, 2019, 98: 30 - 43.